Descasaux

487

R. 2529
+A.

VOYAGE DU MONDE DE DESCARTES.

NOUVELLE EDITION.

Revûë & augmentée d'une cinquiéme Partie, ajoûtée aux quatre precedentes.

Par le P. G. DANIEL, de la Compagnie de JESUS.

A PARIS,
chez NICOLAS PEPIE, ruë S. Jacques, au grand Saint Basile.

───────────────

M. DCC II.
AVEC PRIVILEGE DU ROY.

AVERTISSEMENT
au Lecteur.

IL y a neuf ou dix ans que cet Ouvrage parut pour la premiere fois. Il fut reçû du public d'une maniere dont l'Auteur qui n'y avoit pas mis son nom, parce que c'étoit son coup d'essay, eut tout sujet d'être content. Il a été depuis ce tems-là traduit en Anglois, & puis en Italien : On manda de Hollande, il y a quelques années, qu'on étoit sur le point d'en imprimer une traduction latine à Utrecht ; mais on n'a point sçû que ce dessein ait été executé. On a augmenté cette nouvelle Edition d'une cinquiéme Partie, où il est traité de la connoissance des Bêtes, & où l'on ap-

AVERTISSEMENT

porte un Argument general, auquel on croit pouvoir donner le nom de Demonstration, contre l'existence & contre la possibilité même des Tourbillons dont Descartes pretend que le Monde est composé. Cet Argument est si simple, si aisé à entendre, & fondé sur des principes si certains en Physique, & dans la Philosophie Cartesienne même, qu'on ne croit pas qu'aucun Philosophe de cette secte entreprenne de le refuter. Si neanmoins il est concluant, on ose dire qu'il renverse la principale machine du systeme Cartesien; car c'est sur cette supposition de Tourbillons, & sur la maniere dont Descartes les dispose, qu'est fondé tout ce qu'il enseigne touchant le mouvement des Planettes, le flux &

AU LECTEUR,

le reflus de la Mer, la legereté & la pesanteur des corps, sa Doctrine sur la lumiere, & quantité d'autres articles importans de sa Physique.

On trouvera encore dans cette cinquiéme partie, un jugement critique des Livres Philosophiques de Monsieur Descartes, & enfin le dénoüement de toute cette Histoire Philosophique du voyage fait par l'Autheur au monde de Descartes.

L'addition touchant la connoissance des Bêtes a aussi été déja imprimée dans un volume separé, quelque temps aprés la premiere édition du Voyage du Monde de Descartes: on l'y a jointe en celle-cy, comme étant la suite naturelle de ce premier Ouvrage.

On commence la Relation du Voyage fait au Monde de

Contraste insuffisant

NF Z 43-120-14

AVERTISSEMENT

Descartes, par l'occasion que le hazard presenta à l'Auteur de le faire fort commodément.

Dans toute la suite de l'Histoire, selon que les incidents y engagent, on y expose le plus nettement, & le moins desagréablement qu'il est possible, la plûpart des principaux points de la Philosophie de Descartes. On en examine plusieurs en chemin faisant, & on en refute une grande partie d'une maniere, ce semble, assez intelligible, & qui pour l'ordinaire a quelque chose de nouveau. Le Lecteur verra bien que ce qui a déterminé à prendre le tour qu'on a donné à cét Ouvrage, a été le dessein de varier, & d'égaïer un sujet aussi mélancolique, & aussi sec, que le peuvent être des matieres de Philosophie : on a tâché de le

AU LECTEUR.

faire tant par la diverfité des incidents, qui donnent occafion de les traiter, que par quelques points particuliers & affez curieux de l'Hiftoire du Cartéfianifme, & même par quelques converfations affez animées de gens, qu'on ne fera pas fâché d'y entendre parler.

TABLE.

PREMIERE PARTIE.

Relations différentes du Monde de Descartes, page 1

Conversation de l'Auteur de ce Livre avec un Vieillard Cartesien, & l'occasion du Voiage qu'il a fait au Monde de Descartes, 7

Dessein de M. Descartes, de trouver le secret de l'union du corps & de l'ame, & celui de les séparer & de les réunir quand il voudroit, 13

Progrès de M. Descartes dans la connoissance de l'homme, 14

Secret de l'union & de la separation du corps & de l'ame, trouvé par M. Descartes, 21

Usage de ce secret, 27

Que M. Descartes n'est pas mort, 35

TABLE.

Secret de l'union & de la separation du corps & de l'ame, connu avant M. Descartes, 43

M. Descartes se retire dans les espaces indéfinis, & se prépare à y bâtir un Monde semblable au nôtre, 46

L'Auteur est invité par le Vieillard Cartésien, & par l'esprit du Pere Mersenne, à venir voir bâtir le Monde de Descartes. Conversation de l'Auteur avec l'esprit du Pere Mersenne, 54

Explication de la maniere dont se fait l'apparition des esprits, 60

Avanture d'un petit Négre, valet de M. Régius Medecin d'Utrecht, d'abord ami, & depuis ennemi de M. Descartes, 64

L'ame de l'Auteur se sépare de son corps par le secret de M. Descar. 74

Comment, selon les principes de Descartes, tout ce qui se fait dans le corps, quand il est animé, s'y peut faire en l'absence de l'ame, 76

TABLE.

SECONDE PARTIE.

Départ de l'Auteur avec le Vieillard Cartésien & le P. Marsenne, pour le Monde de Descartes, 80

Ce que c'est que l'air, & de quelles parties il est composé, 81

En quoi consiste la fluidité des corps liquides, 81

Le mouvement de luy-même est perpetuel, 87

Fausseté de l'axiome de Descartes, qu'il y a toûjours une égale quantité de mouvement dans le monde, entendant le mot de mouvement selon la définition de Descartes, 90

De la maniere dont les esprits s'entretiennent ensemble, 96

Les Voïageurs rencontrent en chemin Socrate, Platon & Aristote, & à quelle occasion, 98

Leur entretien avec ces Philosophes,

TABLE.

& quelques particularitez assez curieuses de leur histoire, 103

Réfutation de la Méthode & des Meditations de Descartes par Aristote, 109

Railleries du Vieillard Cartésien & du P. Mersenne sur la Sphére du feu, imaginée par Aristote, 124

Contradictions de Descartes, 128

Ses Disciples ont tâché d'en cacher une dans la Traduction Françoise de ses Ouvrages, 131

Procés intenté autrefois aux Cartésiens, touchant la Sphére du feu, 137

Description du Globe de la Lune, 141

Cyrano de Bergerac, trompé par l'esprit familier de Socrate, dans le Globe de la Lune, 142

Les inégalitez que l'on voit dans la Lune, sont en partie des mers & en partie des terres partagées entre les plus illustres Mathématiciens & Philosophes, comme on le voit dans les Cartes de ce Païs, faites

TABLE.

par Grimaldi, & par quelques autres, 143

Des Voïageurs descendent au Gassendi, & de là au Mersenne, 143

Ils parcourent l'Hémisphere de la Lune, opposé à la terre, 145

On leur refuse l'entrée du Platon; & pourquoy, 146

Ils arrivent à l'Aristote, qu'ils trouvent gardé comme une Ville de guerre; & pourquoy, 148

L'Auteur y trouve & y reconnoit son Régent de Philosophie, ancien Professeur de l'Université de Paris, 149

Description du Lycée de la Lune, 153

Le Vieillard Cartésien y reconnoit Voëtius, l'ennemi le plus déclaré de tous ceux que M. Descartes eût en Hollande, 158

Quelques particularitez de la vie de M. Descartes, & de ses avantures durant son séjour de Hollande, 159

Caractére de Voëtius, 163

TABLE.

Négotiation des Voïageurs avec Voëtius, pour la réunion des Péripatéticiens & des Cartésiens, 176

Projet d'accommodement donné par Voëtius aux Voïageurs, 176

Continuation de leur voïage avec deux ames Péripatéticiennes, dont Voëtius les fit accompagner jusqu'au Monde de Descartes, 177

Rencontre qu'ils firent de l'ame d'Hermotime, de celle de Lamia Préteur Romain, & de celle du Docteur Scot, 179. 180

Dispute des ames Péripatéticiennes avec le P. Mersenne & le Vieillard Cartésien, touchant les accidens absolus, 184

Explication du mistère de l'Eucharistie par Descartes insoûtenable, 188

Rencontre de Cardan au Globe de la Lune, dans la presqu'Isle des Rêveries, & les sujets de chagrin qu'il y a, 192

TABLE.

Retour des Voïageurs au Mersenne. 193

Lecture qu'ils y firent du projet d'accommodement donné par Voëtius, contenāt la réfutation de plusieurs points de la Philosophie Cartésienne, 195

Réfutation des démonstrations de Descartes, touchant l'éxistence de Dieu, par un Mandarin de la Chine, 229

Arrivée des Voïageurs au Monde de Descartes, 249

TROISIE'ME PARTIE.

Réception des Voïageurs par M. Descartes, 251

Conversation de l'Auteur avec M. Descartes, touchant l'état où se trouve la Philosophie Cartésienne dans nôtre Monde, 255

Sentimens de M. Descartes, sur la fameuse experience du Vuide, at-

TABLE.

tribuée à M. Pascal, & dont Descartes prétend être l'Auteur, 261

Ce qu'il pensa autrefois du Livre des Sections Coniques, fait, disoit-on, par M. Pascal, à l'âge de seize ans, 262

Sentimens de M. Descartes, touchant les Panégyristes de M. Pascal, & la Préface du Livre de l'Equilibre des Liqueurs, 266

Projets de M. Descartes, pour faire valoir sa Philosophie, lors qu'il étoit encore dans nôtre monde, 271

Comme il voulut engager les Jesuites dans son parti, & ensuite les Peres de l'Oratoire, & M. Arnauld, 272

Décrets de la Congrégation de l'Oratoire contre le Cartésianisme & le Jansenisme, 278

Guerre du P. Malbranche de l'Oratoire, & de M. Arnauld. Caractére du premier, 282

Comparaison de M. Arnauld avec l'Amiral de Châtillon, 286

TABLE.

M. Descartes bâtit son Monde en presence des Voïageurs, & en le bâtissant il explique les principaux endroits de son Systéme, 294.

Embarras des Ambassadeurs de l'Aristote, 313.

Retour des Voïageurs, & leur arrivée dans nôtre monde, 339.

En quel état l'ame de l'Auteur trouva son corps, 339.

Elle se place en qualité d'Ame Cartésienne dans la glande Pinéale, 340.

QUATRIE'ME PARTIE.

Zele de l'Auteur devenu Cartésien, pour le progrés de la Secte, qu'il témoigne à M. Descartes, dans une Lettre qu'il luy écrit aprés son retour, 343.

Il se trouve embarassé par d'habiles Peripatéticiens, 344.

Argumens ordinaires contre le Systé-

TABLE.

me de Descartes, proposez & réfutez, 350

On impose quelquefois à M. Descartes pour le réfuter plus aisément, 352

Le mouvement de la matiere n'est pas impossible dans le Systéme Cartésien, 354

Nouvelle maniere d'en prouver la possibilité, 356

Autres difficultez tirées des principes mêmes de M. Descartes, proposées par les Péripatéticiens à l'Auteur, dont il demande la solution à M. Descartes, 369

Premier Argument. Que par les principes de Descartes, on prouve que le Soleil & les Etoiles doivent estre des corps opaques comme les planettes & la terre, 370

Second Argument. Que selon les principes de Descartes nous ne devrions point voir les Etoiles, ny mesme le Soleil, 377

Troisiéme Argument. Que par les principes de Descartes, il est

TABLE.

impossible que la Terre ait un Tourbillon particulier dans le grand Tourbillon solaire, 391

Consequence de la Démonstration précédente pour l'Astronomie & pour la Physique. La Lune ne doit plus tourner autour de la Terre, ny les Satellites de Jupiter autour de Jupiter, 408

Les corps pesans ne doivent plus descendre vers le centre de la Terre, mais ils doivent aller vers le Soleil, 410

Il n'y auroit plus de flux ny de reflus de la Mer, 412

Le principe général de tous les effets Physiques de ce bas monde ne subsiste plus, 417

Variations de M. Descartes, sur les proprietez de ses Elémens, 417

Les argumens Physiques qui sont foibles contre Copernic, touchant le mouvement de la Terre, sont forts contre les Cartésiens, 420

Propositions de la derniera consé-

TABLE.

quence pour la Physique, avancées sans preuve, & supposées contre toute vray-semblance par M. Descartes, 422

L'Auteur conjure M. Descartes de luy envoïer la solution de toutes ces difficultez, 425

CINQUIE'ME PARTIE.

LEttre d'un Peripateticien, à l'Auteur du Voyage du Monde de Descartes, page 427

Avantages pris par les Cartesiens sur leurs adversaires dans la dispute touchant la connoissance des bêtes, 432

Le Pere Pardies, accusé de prevarication sur cet article, par les Peripatéticiens, 436

Ce qu'on doit accorder sans peine aux Cartesiens dans cette matiere, 436

En raisonnant sur ce que nous con-

TABLE.

voissons en nous même, & sur ce que nous connoissons des bêtes, on ne peut pas raisonnablement penser qu'elles soient de pures machines, 437

Cette proposition generale est dévelopée par plusieurs particulieres, 438

Premiere proposition. Il ne se passe rien en nous qui puisse nous faire penser que les mouvemens des bêtes qu répondent à nos mouvemens volontaires, se fassent par la seule disposition de la machine, 439

Seconde proposition. Nous avons en nous dequoy nous persuader positivement que les mouvemens dont il s'agit, ne se font point dans les Bêtes par la seule disposition de la machine, 444

Troisiéme proposition. Ce qui se passe dans l'exterieur des Bêtes doit nous faire penser tout le contraire de ce que les Cartesiens enseignent, 458

TABLE.

Quatriéme proposition. Jamais les Cartesiens n'ont touché au point essentiel de la difficulté en cette matiere, 464

Cinquiéme proposition. Les Cartesiens ne parlent & ne raisonnent point du tout consequemment en cette matiere, 474

Les Peripatéticiens n'embarassent pas moins les Cartesiens sur ce sujet, que les Cartesiens n'embarassent les Peripatéticiens, 499

Nouveau systeme proposé pour expliquer les mouvemens des bêtes, 504

Notion de l'Ame des bêtes, donnée par les Peripatéticiens aussi nette que celle que les Cartesiens donnent de l'esprit, 510

Réponse de l'Auteur du Voyage du Monde de Descartes, à la Lettre precedente, 517

Dénoüement de cette Histoire Philosophique, 519

Critique des Ouvrages Philosophi-

TABLE.

ques de Monsieur Descartes, 522

Démonstration Physique, touchant l'impossibilité de la disposition & de la conservation des Tourbillons de Descartes, d'où dépend tout son Systeme. 533

FIN.

Extrait du Privilege du Roy.

PAR Lettres Patentes du Roy données à Fontaine-bleau le vingt-quatriéme jour d'Octobre 1700. signées, par le Roy, LE COMTE, & scellé du grand sceau de cire jaune : Il est permis au R. P. DANIEL Prestre de la Compagnie de JESUS, de faire imprimer, vendre & debiter un Livre intitulé *le Voyage du Monde de Descartes, avec les Réponses aux principales difficultez proposées à l'Auteur*, en telle marge, volume & caractere, & autant de fois que bon lui semblera, pendant le temps & espace de six années entieres & consecutives, à compter du jour qu'il sera achevé d'imprimer pour la premiere fois ; iceluy vendre & debiter par tout le Royaume : & défenses sont faites à toutes personnes de quelque qualité & condition qu'elles soient, d'imprimer ou faire imprimer ledit Livre, sous quelque pretexte que ce puisse estre, sans le consentement dudit Exposant, ou de ses ayans cause, à peine de confiscation des Exemplaires contrefaits, & de tous dépens, dommages & interests, ainsi qu'il est plus amplement porté par lesdites Lettres.

Regiſtré ſur le Livre de la Communauté des Imprimeurs & Libraires, conformement aux Reglemens. A Paris le 31. *d'Octobre* 1700. *Signé*, C. BALLARD, Syndic.

Et le R. P. DANIEL a cedé & transporté son droit du present Privilege à NICOLAS PEPIE Libraire à Paris, suivant l'accord fait entr'eux.

Achevé d'imprimer le 29. Novembre 1701.

VOIAGE DU MONDE DE DESCARTES.

PREMIERE PARTIE.

L en est du Monde de Mr Descartes, comme de ces Païs nouvellement découverts, dont on fait des relations si differentes, & qui se contredisent souvent les unes les autres. On n'eut pas plûtôt entendu parler de ce nouveau Monde, qu'une infinité de gens François, Anglois, Hollandois, firent resolution de l'aller reconnoître. Les Espagnols, quelque part qu'ils prennent

aux nouvelles découvertes, voiant qu'il ne s'agissoit là ni de mine d'or, ni de mine d'argent, ni d'indigo, ni de gingembre, parûrent ne s'en pas mettre fort en peine. De quoi ceux qui avoient le plus contribué à celle-ci ne furent pas trop fâchez, croiant avoir sujet d'apprehender que l'Inquisition ne les y vint inquieter. Car entr'autres choses dans ce Monde-là la terre tourne au tour du soleil, aussi-bien que dans celui de Copernic. Et l'on sçait que M. Descartes à cette occasion a fait plus d'une fois reflexion sur l'accident du pauvre Galilée. Je ne sçai même, si ce n'est point pour cela qu'il s'est si fort appliqué à prouver ce paradoxe, que la terre est en repos, toute emportée qu'elle est par la matiere du tourbillon du Soleil autour de cet Astre. Quoi qu'il en soit, plusieurs de ceux qui prétendent avoir le mieux examiné ce païs, en ont fait leur rapport; mais si diversement, qu'on ne sçait presque encore ce qu'on en doit penser. Si on en croit les uns, ce n'est pas un Monde, mais un Cahos : tout y est en desordre & en confusion. On ne peut pas même s'y remuer. Il n'y a ni lumiere, ni couleurs, ni chaud, ni froid, ni secheresse, ni humidité. Les plantes, les

Desc. T. 2. let. 43. 75.

Par. 3. Princ. n. 26.

animaux n'y vivent point. On y a non seulement droit, mais même on y a ordre de douter de tout. On vous y disputera hardiment la qualité d'homme : & quoique vous aïez un visage comme les autres hommes, que vous soiez composé de chair & d'os comme eux, que vous marchiez, que vous mangiez, que vous dormiez, & qu'en un mot vous fassiez toutes les fonctions naturelles d'un homme; on est, dis-je, en pouvoir de vous y disputer cette qualité, jusqu'à ce que vous aïant entretenu & entendu parler conséquemment, on y soit convaincu que vous avez de la raison.

Les gens y paroissent fiers, méprisans, n'aïant nul respect pour l'antiquité : maltraitant sur tout & en toutes occasions Aristote, qu'ils regardent comme un vain parleur, & comme un grand diseur de riens. On n'y est pas même, disent-ils, trop bon Chretien, ni trop bon Catholique. On y débite des principes tres-delicats & tres dangereux dans les matieres, qui ont du rapport à nos plus saints mysteres. On ne voit pas trop clair dans ce qu'ils croïent de la creation de nôtre monde, de la production de la matiere, de la providence de Dieu, qui n'a point dû avoir d'autres soins, que de

A ij

faire piroüetter les petits cubes de la matiere autour de leur centre. Aprés quoi il n'a eu qu'à se tenir en repos: tout le reste s'étant pû faire sans lui.

Les autres au contraire nous assurent, qu'il n'y a rien de mieux ordonné que ce Monde. Que tout y est admirablement concerté. Que tout s'y fait selon les regles & les loix de la nature. Qu'il se trouve à la verité délivré d'une infinité d'accidens, de qualitez, d'especes intentionnelles, comme d'un meuble inutile dont les Philosophes ont embarassé & embroüillé le nôtre : Mais qu'il est faux neanmoins que les sens n'y reçoivent pas les mêmes impressions que dans celui-ci : avec cette difference que les causes en sont plus connuës & mieux expliquées.

Sur le chapitre de la Religion, rien ne paroît plus aisé à faire que l'apologie de ces Messieurs, qu'on attaque peut-être un peu temerairement dans un point de cette conséquence. Peut-on avoir une plus grande idée de Dieu, que celle qu'en avoit M. Descartes ? Idée qu'il ne tiroit pas des creatures visibles, qui ne sont qu'un leger craïon de cet Etre infiniment parfait : Mais que son esprit trouvoit dans lui-même, & qui ne lui laissoit pas la liberté de douter de l'existence d'un être souverain, quand il n'y auroit eu ni ciel, ni terre, ni corps, ni même d'autres esprits que le sien. Peut-on porter la puissance de Dieu plus loin qu'il l'a portée ? Dieu, selon lui, peut faire que deux & trois ne soient pas cinq ; qu'un quarré n'ait pas quatre côtez ; que le tout ne soit pas plus grand qu'une de ses parties ; choses que tous les autres Philosophes mettent sans scrupule au dessus du pouvoir de Dieu. Mais l'Auteur d'un petit Ouvrage intitulé, *Lettre écrite à un sçavant Jesuite*, n'a-t-il pas montré que c'est le Monde de Descartes qui est décrit dans le premier chapitre de la Genese ? Un autre Livre a paru depuis peu en Hollande, intitulé *Cartesius Mosaisans*, qui prétend la même chose. L'Auteur du Livre des Influences des Astres explique la fin du Monde par l'hypothése de Descartes. M. Scottanus dans une nouvelle Apologie, qu'il a faite pour M. Descartes contre ceux qui l'ont voulu rendre suspect d'Atheïsme, nous marque le respect qu'il avoit pour la Religion, en nous assurant, qu'une des raisons qu'il a eû de réduire ses méditations au nombre de six, a été le nombre des six jours

Pag. 37.

Nouv. de la Rep. des Let. m. d'Août 1687.

que Dieu emploia à la creation du Monde. Si nous en croions le Pere Mersenne sçavant & celebre Minime, intime ami de M. Descartes, on ne peut rien voir de plus Chrétien, ni qui inspire si doucement l'amour de Dieu, que la Philosophie de M. Descartes. Enfin il n'y a rien de plus édifiant que la Lettre que ce Philosophe écrit à Messieurs de Sorbonne en leur dédiant ses Méditations; & cela est si vrai, qu'il n'y a pas fort long-tems qu'un de mes amis, qui n'est pas trop fin dans ces matieres, aiant lû par hazard chez moi cette Lettre qui le toucha, & voiant ensuite le titre de Méditations à la tête de l'ouvrage, me pria bonnement de lui prêter ce livre spirituel, pour entretenir sa dévotion pendant la semaine sainte.

Let. de Descart. Tom. 1.

Une si graande diversité de sentimens, & des relations si opposées de ce Monde, d'ailleurs si fameux, piquerent ma curiosité, & me firent résoudre à m'instruire par moi-même de la verité ou de la fausseté de tout ce qu'on en disoit. La difficulté étoit d'avoir un guide pour me conduire dans un païs où l'on ne va ni à pied, ni à cheval, ni en bateau, ni en carosse, ni par mer, ni par terre. Mais fort peu de tems aprés ma résolution prise, je fus assez heureux pour trouver la plus favorable occasion que j'eusse pû souhaiter, de faire ce voiage avec tout le plaisir & toute la facilité imaginable.

Il y a quelques mois qu'étant dans une Ville de Province, je fis connoissance avec un vieillard de prés de quatre-vingts ans, homme d'esprit, & qui avoit eu autrefois beaucoup de commerce avec M. Descartes. Ce commerce l'avoit rendu infiniment zélé pour la doctrine de ce Philosophe, & à force de pester contre la méthode & les opinions de l'Ecole, & contre les préjugez de l'enfance, & de faire éternellement l'éloge de la Philosophie Cartesienne, il s'en étoit laissé lui-même si fort entêter qu'il ne pouvoit plus rien souffrir en matiere de Philosophie, qui s'en éloignât le moins du monde. Dans une conversation que nous eûmes ensemble sur ces sortes de choses, je lui demandai s'il entretenoit encore correspondance avec quelques Cartesiens qui eussent de la réputation. Non, me dit-il, j'ai rompu avec toutes les personnes qui se disent de cette Secte. Je n'y reconnois plus cet attachement que les premiers Cartesiens avoient pour ce grand homme. Chacun se fait des systêmes à sa fantaisie, & se donne la liberté d'ajoûter & de retrancher ce qui lui plaît dans celui que M. Descartes a fait, & qui est un de ces chef-d'œuvres ausquels on ne peut toucher sans gâter tout. Depuis la mort de l'illustre M. Clerselier, je n'écris plus à personne. Je croi que le pur Cartesianisme a été enterré avec lui.

Vous êtes admirables, lui dis-je, vous autres Messieurs. Toutes les Préfaces de vos Livres sont pleines d'invectives & de railleries contre ceux qui s'attachent aveuglément aux sentimens d'un Auteur, & qui font profession de ne l'abandonner jamais. Il semble que vous aïez fait avec tous les autres nouveaux Philosophes, une ligue offensive contre les Sectateurs d'Aristote, pour les batre continuellement sur ce point : & dans le tems que vous leur faites ce reproche, vous tombez dans le même défaut, paroissans plus entêtez cent fois de Descartes, qu'ils ne le sont d'Aristote. Pour moi je ne sçaurois blâmer en cela la conduite de ces Cartesiens un peu mitigez, contre lesquels vous vous chagrinez. Si leur raison leur montre un autre chemin que celui que M. Descartes a tenu, pourquoi ne voulez-vous pas qu'ils le suivent ? Aristote étoit en possession depuis un tres-long-tems de dominer en Philosophie. Plusieurs siecles lui avoient confirmé la qualité de Prince des Philosophes. M. Descartes est un rebelle, qui a fait un parti contre son Prince. Quel droit a-t'il d'exiger qu'on ait plus de soumission pour lui, que lui-même n'en a eu pour Aristote ?

C'est, répondit-il, que la verité & la raison sont manifestement de son côté. Voilà justement, repris-je, la premiere démarche que font les factieux, de faire valoir la justice de leur cause, & de montrer que l'interêt de l'état y est attaché. Mais cependant Monsieur, ajoûtai-je, je suis plus neutre que je ne vous parois l'être dans cette affaire. Je suis resolu de m'instruire à fond de la Philosophie de M. Descartes, dont je n'ai encore qu'une connoissance assez confuse, ne l'aïant jamais étudiée dans lui-même, mais seulement dans les Livres de ses Disciples, à mesure qu'ils paroissoient, & cela sans nulle méthode. Et comme je suis obligé de quitter bien-tôt ce païs, & qu'ainsi je ne pourrai profiter long-tems de vos lumieres en cette matiere ; c'est pour cela que je vous ai demandé si vous n'entreteniez point encore commerce de lettres & d'amitié avec quelque habile Cartesien de Paris, dont vous puissiez me procurer la connoissance; & qui voulût bien instruire un Disciple aussi docile que je prétends l'être.

Cette proposition réjoüit infiniment mon vieillard, & je vis tout d'un coup la joïe se répandre sur son visage. Depuis que je vous connois, me dit-il, en me serrant la main, j'ai toûjours remarqué en vous un grand amour pour la verité. C'est la meilleure disposition, & la premiere que M. Descartes demande pour la connoître. Ne vous mettez pas en peine, vous avez encore deux mois à demeurer ici. C'est autant de tems qu'il en faut. Je dois dans peu recevoir des nouvelles de M. Descartes : sur quoi nous prendrons des mesures, qui abregeront fort vôtre chemin.

Des nouvelles de M. Descartes, lui dis-je ! hé, il y a tantôt quarante ans qu'il est mort. Je serois fâché, répondit-il, que ce mot me fût échapé en presence d'un autre : mais je l'ai lâché exprés maintenant, pour vous donner envie d'apprendre de moi des choses que peu de gens sçavent, & qui vous surprendront d'abord, mais dont la connoissance vous conduira en moins de rien à la fin, où vous prétendez. Ecoutez-moi.

 M. Descartes, continua mon vieillard, non plus que ces anciens Philosophes chefs de secte, n'a pas rendu publics tous les mysteres de sa Philosophie. Il s'en est reservé quelques-uns qu'il n'a communiqué qu'à ses plus intimes, dont j'avois le bonheur d'être. Toutes les lumieres particulieres qu'il a eûës, & qu'il a crû pouvoir être utiles, soit pour la Morale, soit pour faire quelques progrés dans la connoissance des choses naturelles, il ne les a pas refusées au public: Mais la prudence l'a obligé d'en supprimer quelques-unes, dont on auroit pû faire un mauvais usage. L'immortalité de l'ame est un des points sur lesquels il a crû être obligé de garder cette conduite. C'est sans doute un des plus importants de la Philosophie. La prouver d'une maniere claire, facile, intelligible, & qui force l'esprit à se rendre, sans lui laisser aucun scrupule, c'est saper le principal fondement du libertinage & de l'Atheïsme. M. Descartes l'a fait en démontrant la distinction du corps & de l'ame dans l'homme, par la seule idée claire & distincte que nous avons de ces deux especes d'être. Cette démonstration est un

Med. ès de Desc.

des plus beaux & des plus utiles endroits de ses admirables Méditations; & il fut extrêmement surpris de la voir combatuë avec tant de chaleur, sur tout par M. Gassendi, contre qui, après cependant lui en avoir demandé la permission, il s'échauffa aussi, & se chagrina peut-être un peu trop lui-même à cette occasion. Ce qui donna lieu à une reflexion que plusieurs firent alors, & qui entre nous étoit assez vraïe, sçavoir que M. Descartes n'entendoit gueres raillerie. Mais il eut assez de moderation dans l'ardeur du combat, pour ne pas succomber à la tentation qui le sollicita plus d'une fois, de justifier sa démonstration par l'experience, apprehendant qu'elle n'eût quelques suites dangereuses : Et c'est là le mystere que je veux vous apprendre.

Object.

Resp. ad Object. 5.

C'étoit sa coûtume, comme on sçait, de tâcher de confirmer par l'experience, les veritez qu'il avoit découvertes par les seules lumieres de son esprit. Il esperera qu'aïant démontré avec tant d'évidence la distinction du corps & de l'ame, il pourroit arriver jusqu'à pénetrer le secret de leur union, & trouver ensuite celui de les séparer & de les réünir, quand bon lui sembleroit. Les quesstions que lui fit sur ce chapitre son illustre écoliere la Princesse Palatine Elizabeth, & la difficulté qu'il trouva à lui en donner des solutions qui se pussent aisément comprendre, le déterminerent enfin à cette entreprise. Il me proposa un jour ce dessein, & à quelques autres de ses amis. Il nous parut chimerique; & il me souvient que je lui dis en riant, que je croiois qu'on ne pouvoit imaginer qu'un seul moïen pour l'executer, qui étoit de trouver le fameux Caducée de Mercure, dont on a dit que ce Dieu se servoit autrefois par l'ordre de Jupiter, pour séparer les ames des corps, & pour les joindre aprés un certain nombre d'années à de nouveaux corps, selon les principes de la Metempsychose de Pythagore.

 Cela pourtant n'empêcha pas M. Descartes de rêver là-dessus, ne se promettant pas trop d'en venir à bout : mais aussi jugeant qu'il ne devoit pas absolument en desesperer. Ce fut ce qui l'engagea à étudier plus exactement que jamais le corps humain, & ce qui lui donna occasion de faire de tres-belles découvertes en matiere d'Anatomie. La premiere conclusion qu'il tira de l'idée qu'il avoit de l'ame, comme d'un être parfaitement indivisible, fut qu'elle n'étoit pas répanduë dans tout le corps, comme on l'enseignoit communément. Il montra la fausseté de la raison principale, dont on s'étoit servi jusqu'alors pour s'affermir dans ce préjugé. C'étoit qu'en quelque endroit du corps qu'on nous piquât, nôtre ame sentoit de la douleur. Donc, disoient les Philosophes, elle est répanduë par tout le corps. Il fit voir la foiblesse de cette raison par deux experiences, qui prouvent manifestement, que nous pouvons sentir de la douleur & les impressions des objets, dans des endroits où nôtre ame n'est point. La premiere est celle de ces personnes à qui l'on a coupé un bras, & qui de tems en tems sentent des douleurs dans l'endroit où seroient leurs doigts, s'ils n'avoient point eu le bras coupé, quoique leurs doigts n'y soient plus, ni par conséquent leur ame. La seconde est celle de cet aveugle, qu'il apporte si souvent pour exemple, qui au défaut de ses yeux se sert de son bâton pour distinguer la figure & les qualitez de plusieurs objets; qui connoît à la faveur de ce bâton si c'est de l'eau, de la terre, ou de l'herbe qu'il touche: si le plancher est poli ou raboteux, &c. Car il est certain qu'il sent tout cela avec son bâton, quoi que son ame ne soit pas dans son bâton. Il démontra donc que l'impression des objets sur nôtre corps ne pouvant consister que dans l'ébranlement des fibres & des nerfs qui y sont répandus de toutes parts, il n'étoit pas necessaire que l'ame fût étenduë tout le long de ces fibres & de ces nerfs. Mais qu'il lui suffisoit, pour appercevoir les objets, que cet ébranlement pût se communiquer à quelque endroit principal, où elle feroit sa résidence : de même que l'ébranlement causé par la rencontre du corps dur ou du corps mol, du poli ou du raboteux, se communiquoit jusqu'à la main par le moyen du bâton. Que comme le bâton étendu depuis la main jusqu'au corps qu'il touche, servoit à l'ame pour appercevoir les qualitez de ce corps ; de même les nerfs étendus par exemple depuis le cerveau jusqu'à la main pourroient lui servir à appercevoir les qualitez des corps que la main toucheroit : & qu'enfin la douleur qu'elle sent au doigt, quand elle l'approche trop prés du feu, ne suppose pas plus qu'elle soit presente par elle-même à cet endroit de son corps, que le supposoit le mal de doigt dont se plaignoit de tems en tems

Let: de Desc.

une certaine fille à qui l'on avoit coupé le bras sans qu'elle s'en apperceut, à cause qu'il étoit gangrené; car elle ne sentoit ce mal que parce que les humeurs, ou quelqu'autre cause, ébranloient les nerfs de son bras, qui s'étendoient auparavant jusqu'à l'extremité de sa main, & qu'elles les ébranloient d'une maniere semblable à celle qui cût été requise pour lui faire sentir de la douleur dans le doigt, avant qu'on lui eût coupé le bras.

Aprés avoir fait ce premier pas, & tiré une conséquence aussi importante & aussi plausible que celle-là, d'un principe aussi abstrait que l'est l'indivisibilité de l'ame; il lui fut aisé de prouver qu'elle ne peut avoir son siege autre part que dans le cerveau. C'est là qu'aboutissent tous les nerfs, ou plûtôt c'est de là qu'ils tirent leur origine. C'est là que les Philosophes, si vous en exceptez quelque peu, & entr'autres Vanhelmont, à qui il a pris fantaisie de placer l'ame dans l'estomac; c'est là, dis je, que les Philosophes enseignent communément que se trouve ce qu'ils appellent le sens commun; c'est à dire le seul endroit, où l'ame puisse être avertie de toutes les differentes impressions que les objets exterieurs font fur les fens. Mais comme le cerveau a une affez grande étenduë, qu'outre cette fubftance molle & blanchâtre, qu'on appelle cervelle, il a des membranes, des glandes, des ventricules, ou cavitez, il n'étoit pas trop aifé de démêler & de déterminer précifément l'endroit, où l'ame fe trouve placée. M. Defcartes éxamina attentivement les divers fentimens des Philofophes & des Medecins là-deffus; & aprés avoir folidement réfuté la plufpart de ces opinions, qui ne font appuïées que fur des principes fort foibles, il conclut évidemment que le fiege de l'ame devoit avoir trois conditions. La premiere, que cette partie devoit être unique, afin que l'action du même objet qui frapoit en même-tems les deux organes du même fens, ne fît qu'une feule impreffion fur l'ame, & ne lui fît pas voir par exemple deux hommes où il n'y en a qu'un. La feconde, qu'elle devoit être fort proche de la fource des efprits animaux, afin que par leur moien elle pût aifément remuer nos membres. Et en troifiéme lieu enfin, qu'elle fut mobile; afin que l'ame la faifant mouvoir immediatement, elle pût déterminer les efprits animaux à couler

Tom. 24. Let. 364.

vers certains muscles, plûtôt que vers les autres. Conditions qui ne se rencontrent que dans une petite glande qu'on nomme *Pineale* ou *Conarium*, située entre toutes les concavitez du cerveau, soûtenuë & environnée des arteres qui composent le *Lacis choroide*. C'est ce Lacis qu'on peut assurer être la source des esprits, qui montans du cœur par les Carotides, reçoivent dans cette glande la forme d'esprit animal, en se dégageant des autres parties du sang les plus grossieres; & qui de là prennent leurs cours vers tous les differens muscles de nôtre corps, partie dépendemment, partie indépendemment de nôtre ame: ainsi que l'Auteur de la nature l'a reglé, par rapport à la fin qu'il s'est proposée dans la production de l'homme.

Ce fut jusques là que la raison conduisit M. Descartes: & peut-être en fût-il demeuré là, si le hazard, ou plûtôt la bonté de Dieu, qui approuve souvent la loüable curiosité de ceux qui s'appliquent à la consideration de ses admirables ouvrages, ne lui eût découvert d'une maniere extraordinaire le secret qu'il cherchôit. Et ce fut là sans doute un des plus merveilleux effets de ces desirs d'une ame Philosophe, ausquels un fameux

Auteur donne le nom de priere naturelle, qui ne manque jamais d'être exaucée, lors qu'elle se trouve jointe avec un usage prudent & exact de nôtre raison.

P. Malebranches

Me croirez-vous, ajoûta-t'il, si je vous dis que M. Descartes avoit de tems en tems des extases? Hé! pourquoi non, lui dis-je? cela n'est nullement incroiable d'un spéculatif tel qu'il étoit: & la chose n'est pas sans exemple. Qui est-ce qui n'a pas entendu parler de celles où le fameux Archimede se trouvoit quelquefois absorbé par l'extréme application qu'il apportoit à ses méditations Mathematiques; & dont une lui couta la vie? Syracuse où il étoit, aïant été emportée par l'armée Romaine, dans le tems qu'il traçoit des figures dans sa chambre avec cette grande contention d'esprit : le tumulte d'une ville prise d'assaut ne fût pas capable de le faire revenir à lui : & il fut plûtôt percé de coups par les soldats qui avoient forcé sa maison, qu'il ne les eut apperceus.

Helas! reprit-il en soupirant, vous verrez dans la suite de ce que je vais vous raconter, que les Extases de M. Descartes ne lui furent gueres moins funestes, quoi qu'elles fussent d'une autre espece, & qu'elles eussent une cause bien differente. Je le surpris moi-même dans une de ces extases.

Un jour que nous étions à Egmond, petite ville de Hollande, où il se plaisoit fort, il entra d'assez grand matin dans un hypocauste, qu'il s'y étoit fait bâtir semblable à celui où il avoit commencé à philosopher en Allemagne : & là il se mit à rêver à son ordinaire. J'y entrai deux heures aprés : je l'y trouvai accoudé sur sa table, la tête penchée en devant, & soutenuë sur sa main gauche, où il avoit une petite tabatiere, aïant la droite proche du nez en posture d'un homme qui prend du tabac. Au reste il étoit immobile, & avoit les yeux ouverts. Le bruit que je fis en entrant, ne l'aïant pas fait branler le moins du monde : j'eus la patience de le considerer dans cet état prés d'une demie heure, sans qu'il m'apperceût. Cependant il arriva une chose qui me surprit. Il y avoit sur la corniche de la boiserie de l'hypocauste une bouteille d'eau de la Reine de Hongrie : Je fus fort étonné de l'en voir descendre sans que personne y touchât, & venir en l'air vers M. Descartes. Le liége dont elle étoit bouchée s'ôta de lui-même, & la bouteille s'arrêtant à son nez, y demeura quelque tems suspenduë. Je vous avouë que j'apprehendai dans ce moment qu'il n'y eût un peu de diablerie dans les affaires de nôtre Philosophe ; & que quelque esprit familier, semblable à celui de Socrate, ne lui inspirât toutes les belles choses qu'il nous disoit tous les jours. Mais je fus convaincu dans la suite qu'il n'y avoit rien moins que cela ; & je vous prie aussi de suspendre vôtre jugement.

Il se réveilla peu de tems aprés, comme en sursaut, & frapant de la main sur sa table : Enfin cette fois là, dit-il, *je le tiens*. Il parut ensuite encore un moment rêveur. Et puis se levant incontinent tout joyeux de dessus sa chaise sans m'appercevoir, il fit deux cabriolles au milieu de la chambre, répetant toûjours : *Je le tiens, je le tiens*. J'éclatai de rire à la veuë de cette saillie, qui n'étoit pas ordinaire à M. Descartes, naturellement serieux & melancolique : Et lui m'aïant entendu & vû en même tems, il rougit d'abord, & aprés se mit à rire aussi-bien que moi. Comme je le pressois de me dire la cause de sa joie & de son ravissement : Pour vous punir, me dit-il, de m'avoir vû faire une immodestie indigne d'un Philosophe, vous ne le sçaurez pas encore si-tôt. Il sortit en même-tems de la chambre où nous étions, & entra dans un autre cabinet, qu'il ferma sur lui. Neanmoins deux jours aprés il me fit part de son mystere.

Nous allâmes ensemble faire un tour hors de la ville, & après nous être entretenus quelque tems de differentes choses: Hé bien, me dit-il brusquement, sans avoir recours au caducée de Mercure, j'ai trouvé le secret non seulement de l'union du corps & de l'ame, mais encore celui de les separer quand il me plaira. J'en ai déja fait l'experience, ç'a été le fruit de la méditation, où vous me surprîtes avant hier : & quand je vous parus me réveiller tout à coup, je revenois de beaucoup plus loin que vous ne pensez. Il me dit cela d'un ton si sérieux & si affirmatif, qu'il me sembla parler tout de bon. Il ne tiendra qu'à vous, m'ajoûta-t'il, de vous convaincre de la verité de ce que je vais vous dire, & de l'experimenter. Ce secret est le plus beau qui se puisse trouver au monde. Je suis résolu de le confier à fort peu de gens: Mais l'attachement que vous avez fait paroître jusqu'à présent pour moi, ne me permet pas d'avoir rien de caché pour vous. Il continua sans me donner le tems de répondre à cette honêteté, & me raconta toute la suite de cet évenement extraordinaire.

Il me dit que s'étant mis à méditer avec attention sur la question que la Princesse Elisabeth lui avoit proposée, touchant l'union du corps & de l'ame; & repassant dans son esprit les réfléxions qu'il avoit faites en divers tems sur cette matiere; au milieu de cette application extraordinaire, il se trouva tout d'un coup dans un état, qu'il ne pouvoit, au moment qu'il me parloit, se representer que confusément à lui-même : & qu'il ne concevoit d'une maniere bien distincte que lors qu'il y étoit actuellement. Tout ce qu'il pût m'en dire, c'est qu'il tenoit de l'évanoüissement; parce qu'on n'y avoit nul usage des sens, qu'on n'y voioit point, qu'on n'y entendoit point, qu'on n'y ressentoit nulle impression des objets extérieurs (à moins qu'elle ne fût infiniment véhemente) & alors cet état cessoit : mais qu'il en étoit bien différent, en ce que l'ame se sentoit alors elle-même, & s'appercevoit de la cessation de ses fonctions organiques; ce qui n'arrive pas dans l'évanoüissement : Qu'elle avoit alors une infinité de ces connoissances immatérielles ou puremement spirituelles, dont il nous avoit parlé quelquefois : mais qu'elle les avoit d'une maniere bien plus parfaite, & plus vive, que lors que son attention est troublée par les phantômes de l'imagination, qui l'interrompent incessamment. Qu'on découvroit pour lors plus de véritez en un moment, qu'on ne faisoit en dix ans par les voyes ordinaires; & que cette connoissance de la vérité remplissoit l'ame d'une joye si pure & si satisfaisante, qu'il n'est rien de plus vrai que ce qu'Aristote a dit, peut-être aprés une semblable expérience, que la félicité parfaite de l'homme en cette vie, s'il y en a quelqu'une, consiste dans la contemplation de Dieu & des choses naturelles.

Mais il me disoit qu'il ne ressentit cette joie parfaite, qu'aprés qu'il fut entierement éclairé sur le point, qui lui occupoit alors l'esprit. Ce qui se fit en un moment. Il eut le plaisir non seulement de connoître, mais de sentir en quelque façon la vérité de la pluspart des choses qu'il avoit pensées jusqu'alors, & l'évidence des idées qu'il s'étoit formées de l'essence du corps & de l'ame ; de voir celle-ci placée dans sa glande pinéale, comme il l'avoit conjeéturé, que l'union de l'ame avec le corps n'étoit rien moins, que cette extension virtuelle ou plûtôt chimérique, par laquelle on prétend qu'elle est répanduë dans tous les membres : ni rien moins que ces *modes* imaginaires, dont on se sert dans l'école, pour confondre les idées des enfans. Mais enfin le point principal fut, qu'il vit que cette union n'étoit en effet uniquement que le commerce actuel & la correspondance que le corps & l'ame ont ensemble : Commerce qui consiste en ce que les nerfs répandus par tout le corps donnent occasion à l'ame par leur ébranlement, de connoître les différentes impressions, que les objets extérieurs font sur les sens ; & en ce que l'ame détermine ensuite, par le mouvement qu'elle imprime immediatement à la glande pinéale, où tous les nerfs aboutissent, les esprits animaux à couler diversement dans les muscles, pour produire dans les membres d'autres mouvemens, tels qu'elle veut lui donner, & principalement ceux qui sont necessaires pour la conservation du corps.

Après cela, continua mon Vieillard, M. Descartes m'ajoûta tout ce qui lui étoit arrivé dans cette occasion, & toures les autres réfléxions qu'il y avoit faites. La principale fut que son ame en cet état n'appercevant plus les mouvemens, que les objets extérieurs causoient dans son corps, & par conséquent ce commerce, qui fait l'essence de l'union, étant interrompu, elle pouvoit se regarder comme en étant séparée, quoiqu'elle fût encore placée dans sa demeure ordinaire : cette présence locale n'étant que la moindre partie de son union avec le corps. Il lui prit donc envie de s'éloigner de son corps, & de voir pour un moment ce qui arriveroit de cette séparation. Elle ne l'eut pas plûtôt voulu, que cela se fit : & il expérimenta encore ce qu'il nous avoit prédit plusieurs fois, que si la machine du corps avoit tous ses organes sains & libres, & qu'il y eût dans le cœur & dans l'estomac autant de chaleur qu'il y en a ordinairement ; la circulation du sang, la filtration des humeurs, toutes les fonctions naturelles, & tous les mouvemens qui se font dans nous, sans que nôtre ame s'en apperçoive, se feroient dans cette machine en son absence, de même que quand elle y est. Il arriva même que comme elle contemploit ce qui se passoit dans son corps, étant éloignée de lui de quelques pas, une mouche vint le chatoüiller au visage. Aussi-tôt la main se porta vers cet endroit, & chassa la mouche de la même maniere que si son ame eût été presente. Tant il est vrai que la plusfpart de ces mouvemens de nôtre corps, que nous attribuons à nôtre ame, se font par la seule disposition de la machine.

Cette ame, avant que de s'écarter plus loin de son corps, y rentra & en sortit diverses fois, & jugeant par la disposition où elle le voioit, qu'elle pouvoit sans un danger évident le laisser pour quelque tems, elle se hazarda d'entreprendre un assez long voiage. Elle alla en Bretagne dans les maisons de ses parents, & puis à Paris dans celle de quelques-uns de ses amis. Elle eut le chagrin de voir qu'on y avoit fort mauvaise opinion de sa religion. Le païs que M. Descartes avoit choisi pour sa demeure, & quelques fausses conséquences qu'on avoit tirées de ses principies, avoient donné lieu à ces jugemens témeraires. Il est cependant vrai qu'il a toûjours vêcu, & qu'il est sorti de ce monde tres-bon Catholique.

Au reste, ce qu'il y a de bon dans ces voyages, que l'ame fait étant séparée de son corps ; c'est qu'en une minute elle fait si elle veut, des trois & quatre mille lieuës : de sorte que celle de M. Descartes étant partie d'Egmond vers les huit heures & demie du matin, parcourut presque toute la France en une heure & demie, & étoit de retour à dix heures.

Mon Dieu, dis-je alors à mon Vieillard, que cela est commode pour une personne qui a autant de passion de voir le païs que j'en ai. Vous pourrez contenter vôtre curiosité, répondit-il ; mais écoutez-moi jusqu'au bout.

L'ame de M. Descartes étant revenuë de son voiage de France, trouva son corps dans la même situation à peu prés où elle l'avoit laissé. Mais elle n'étoit pas encore pleinement satisfaite. Elle ne connoissoit pas la voie, par laquelle elle étoit arrivée à l'état où elle se trouvoit. Elle consideroit que c'étoit un effet du hazard ; & que s'étant une fois réünie à son corps, elle ne pourroit peut-être jamais s'en séparer de nouveau, que lors que l'heure fatale de la mort arriveroit. Elle s'appliqua donc à considerer attentivement son corps, & la disposition de tous ses organes : elle s'apperceut que les nerfs qui servent au sentiment, & ceux qui servent aux fonctions naturelles, comme au battement du cœur, à la circulation du sang, & à d'autres semblables, étoient dans un état tout différent. Elle vit que ceux-ci étoient tres-tendus ; & jugea que ce pourroit bien être pour cela que les esprits animaux se communiquoient aisément aux muscles où ces nerfs s'unissent, & suffisoient ensuite pour entretenir & continuer les mouvemens naturels que l'ame n'apperçoit point, quand elle est unie au corps : & qu'au contraire les nerfs qui servent au sentiment, & par le moien desquels l'ame apperçoit les objets, étoient presque tous lâchez ; ce qui empêchoit que le mouvement qui y étoit produit par l'impression des objets, ne se continuât jusqu'au siege de l'ame. La difficulté étoit de connoître la vraie cause qui avoit fait ainsi lâcher les uns sans faire lâcher les autres ; & comment elle viendroit à bout de faire tendre de nouveau ceux qui étoient lâchez.

Cependant la tabatiere dont je vous ai parlé, que son corps avoit à la main gauche, fit souvenir M. Descartes qu'avant son extase il avoit pris du tabac, & il crut que peut-être un effet si extraordinaire pourroit bien avoir été causé par la vertu de ce tabac. Celui dont il s'étoit servi étoit d'une nouvelle espece. Un Marchand d'Amsterdam qui l'avoit apporté depuis peu d'une Isle proche de la Chine, lui en avoit fait présent. Il étoit extrémement fort : & M. Descartes pour l'adoucir y avoit mêlé d'une certaine herbe dessêchée, dont il n'a jamais voulu me dire le nom, ni le lieu où elle croissoit, quoiqu'il m'en ait fait présent d'une assez grande quantité. Il en mit une bonne doze sur le revers de sa main droite, & la fit prendre à son corps. Il en vit en même tems l'effet admirable dans son cerveau : car toutes les vapeurs qui s'y étoient élevées depuis la derniere fois qu'il en avoit pris, furent en un instant dissipées. Il remarqua que c'étoit les seuls corpuscules du tabac qui dissipoient les fumées du cerveau ; & que ceux de l'herbe qu'il y avoit mêlée étant plus grossiers, & ayant tres-peu de mouvement, s'attachant aux nerfs qui servent au sentiment, les lâchoient encore davantage qu'ils n'étoient auparavant.

Voiant cet effet, il n'hésita plus. Il conclud que c'étoit l'herbe, qu'il avoit mêlée au tabac, qui lui causoit l'évanoüissement, & lui ôtoit le sentiment ; & que le tabac dans le même tems dissipant entierement toutes les fumées qui pouvoient offusquer le cerveau, laissoit à l'ame la liberté entiere de connoître & de reflechir sur elle-même, comme elle venoit de l'experimenter. Aprés quoi il crut que de l'eau de la Reine de Hongrie étoit suffisante pour faire tendre de nouveau les nerfs qui servent au sentiment, puisqu'on en use pour faire revenir les personnes qui tombent en pâmoison. L'ame prend la bouteille dont je vous ai parlé tantôt, & l'apporte en l'air du bout de la chambre jusqu'à son corps: (C'est justement en cela que consistoit la magie dont j'avois soupçonné M. Descartes) & lui en humecte les narines. La vapeur subtile de cette liqueur eut l'effet qu'il avoit deviné : ces nerfs se bandent incontinent : en même tems l'ame reprend sa place dans la glande pineale, & se trouve unie à son corps tout comme auparavant. Ce fut dans ce moment que je vis M. Descartes revenir à lui. Je vous ai dit qu'il se renferma aussi-tôt dans une autre chambre. C'étoit pour faire une seconde fois les experiences de son tabac & de son herbe, qui lui reüssirent parfaitement. Dés lors ce ne fut plus une affaire pour son ame de se séparer de son corps : &

depuis qu'il m'a communiqué son secret, son ame & la mienne ont fait ensemble cent voiages, pour s'instruire de tout ce qu'il y a de plus curieux dans la nature.

Comme ceux qui lisent les ouvrages de M. Descartes ne sont pas instruits de tout ce que je viens de vous dire, ils s'étonnent avec raison d'une chose, dont vous ne serez plus surpris desormais. Je veux dire du détail où il descend dans ses Livres de Physique touchant les proprietez de ses trois Elemens, tout insensibles qu'ils sont : touchant leurs figures, leurs mouvemens, leur arrangement pour la composition de son Monde, & de tous les Corps en particulier : de la disposition de ses Tourbillons, où il va jusqu'à marquer la differente grosseur des boules du second Element, dont elles sont composées dans leurs differentes parties : comment celles qui sont le plus prés du centre du Tourbillon sont plus petites : celles qui sont un peu plus éloignées, plus grosses, croissant toûjours en grosseur jusqu'à une certaine distance, aprés quoi elles sont toutes égales. La formation de ces parties canelées en figure de vis avec lesquelles il explique la nature

Parte 3. princip.

& les divers phénomenes de l'Aimant, d'une maniere si belle, & si naturelle ; Phénomenes qui avoient fait jusqu'alors le desespoir de tous les Philosophes, même de ceux à qui rien ne paroît inexplicable avec l'aide de leurs qualitez occultes. Il avoit vû tout cela par lui-même, & *intuitivement.* Et moy qui vous parle, pensez-vous qu'à l'âge de soixante & dix-sept ans, étant d'une aussi petite complexion que je suis, pensez-vous, dis-je, que je fusse encore en vie, & que je conservasse toute ma vigueur comme je fais, si je ne connoissois parfaitement la machine de mon corps ? Si je n'en rajustois de tems en tems les ressorts qui s'usent, & se démontent insensiblement ? Non pas en me servant des remedes de la Medecine dont les conjectures sont si incertaines, & dont M. Descartes a si fort dissuadé l'usage frequent à la Princesse Elisabeth : mais en usant de la connoissance exacte que mon ame a de mon corps, dont elle s'est parfaitement instruite, & dont elle s'instruit encore quand il lui plaît, en se metant dans cet état dont je viens de vous parler. Il faut avoüer, Monsieur repris-je alors, que voila un secret admirable, & infiniment utile. Je suis dans l'impatien-

Lettres de D. scartes

ce de l'apprendre de vous, & quand je le sçaurai, je prétends le faire autant valoir, qu'Adam eût fait l'arbre de vie dans le Paradis Terrestre, s'il y fût demeuré. Je ne doute pas même que si Origene l'eût sçû, lui qui regardoit les histoires de l'Ecriture comme autant d'allegories, il n'eût crû que l'Arbre de vie n'étoit point autre chose, que ce secret, que Dieu avoit communiqué à Adam. Mais ce que vous venez de me dire de vôtre santé, me fait naître une difficulté. Comment M. Descartes, ayant toutes ces belles connoissances, est-il mort à l'âge de cinquante-quatre ans? Haïssoit-il si fort la vie, qu'il eût negligé de racommoder les ressorts de sa machine, dont il pouvoit si aisément prévoir les défauts, & les accidents?

Vous croiez donc, reprit-il, que M. Descartes est mort? Je ne sçay pas comment vous l'entendez, lui répondis-je, mais il me semble qu'on n'enterre point le corps d'un homme, qu'il ne soit mort: & toute la terre a sçû qu'en mil six cent cinquante on enterra à Stokolm le corps de M. Descartes avec grande pompe par les soins de M. Chanut son ami particulier, & alors Ambassadeur de France à la Cour de

M. Clerselier.
Pref. les Lettres de Descartes

Suede; que M. Dalibert en a fait depuis transporter les os à Paris, & qu'on les a placez dans l'Eglise de sainte Genevieve, où on lit encore son Epitaphe gravée sur un beau marbre blanc. Il me semble encore un coup que tout cela suppose qu'un homme est mort, autant qu'il le peut être.

Toutes ces particularitez sont véritables, dit mon Cartésien : mais avec tout cela il est faux que M. Descartes soit mort. Car on appelle mourir, lorsque nôtre corps devenant incapable des fonctions de la vie par le défaut des organes qui s'usent dans la suite des années, ou qui se corrompent par quelque maladie, ou qui sont endommagez par quelque blessure, l'ame est obligée de s'en séparer, suivant les loix de leur union établies par le Maître Souverain de toutes choses. Mais l'ame de M. Descartes n'a point été séparée de son corps en cette maniere : & voici la verité du fait.

Trois ou quatre mois aprés son arrivée en Suede, où la Reine Christine l'avoit fait venir, & lui faisoit l'honneur de l'entretenir tous les jours le matin pendant une heure dans sa Bibliotheque, il fut surpris au milieu de l'hyver

Pref. des Lettres de Descartes

d'une inflammation de poûmon, suivie aussi-tôt d'un transport au cerveau. Mais la fiévre ayant quitté le cerveau, il n'eût pas été trop difficile de le tirer d'affaire.

Lettres de Descartes Lui-même avoit écrit peu de temps auparavant à l'un de ses amis, qu'il avoit fait des découvertes dans l'Anatomie qui lui répondoient de cent ans de vie. Et vous sçavez que M. Descartes n'étoit pas avanturier, & qu'il n'avançoit rien sans en être bien seur : mais un malheureux contre-tems rendit sa prediction fausse. Comme il ne reposoit pas encore bien la nuit, il prit envie à son ame d'aller faire un petit voiage, pour se desennuïer. Il prit de son tabac à l'ordinaire, & son ame laissa son corps dans son lit. Par malheur le Medecin contre sa coûtume vint lui rendre visite à minuit. Le bruit qu'il fit en entrant dans la chambre ne reveilla pas le corps de M. Descartes, dont les sens étoient demeurez parfaitement assoupis par la vertu de l'herbe, dont j'ai parlé, qui étoit mêlée avec le tabac : mais luy ayant approché du nez une petite phiole pleine d'une liqueur extrémement spiritueuse pour lui fortifier le cerveau, elle fit encore un plus prompt effet sur l'organe du sentiment que l'eau de la

Reine de Hongrie, dont l'ame de M. Descartes se servoit ordinairement, quand elle vouloit rentrer dans son corps, & faire cesser son évanoüissement. Elle lui fit ouvrir les yeux, & jetter quelques soupirs. Le Medecin lui demande comment il se trouve: la machine qui étoit accoûtumée depuis quelques jours à répondre à cette question, *Qu'il se trouvoit bien mal*, fit encore la même réponse. Mais à d'autres questions, que le Medecin lui fit, comme l'ame n'y étoit pas pour parler consequemment, & répondre à propos, toutes ces réponses ne furent que des extravagances, & des délires, selon que la machine étoit déterminée par la voix du Medecin. Elle parloit sur tout éternellement de la séparation de son ame d'avec son corps: parce que les dernieres pensées que son ame avoit eües en se séparant, étoient des pensées de cette séparation, qui avoient laissé son cerveau emprint des images, ou des traces, qui répondent à ces pensées, & qui déterminoient sa langue au mouvement requis pour prononcer ces sortes de paroles. Ces apparences firent croire au Medecin, qu'il y avoit un nouveau transport au cerveau. On le

Préf. des Lettres de Descartes

fait saigner au pied sur le champ : on lui applique des ventouses : on lui fait plusieurs autres remedes violents, qui épuiserent, & altererent de telle sorte ce pauvre corps, qu'en moins de rien il perdit toute sa force. Sa chaleur se dissipa peu à peu : il se fit un débord de cerveau qui lui remplit la poitrine : en un mot il devint cadavre, & incapable de plus servir aux fonctions vitales, & de recevoir son ame. Voila comme la chose se passa : & ainsi il est vrai de dire, comme vous voiez, que M. Descartes n'est pas mort.

Assurément, Monsieur, lui dis-je, ce n'est pas là mourir dans les formes : cependant le Medecin Suedois seroit disculpé devant toutes les Facultez de l'Europe : car il a suivi les regles de son art. Il a agi sur les apparences, & même s'il sçavoit ce que vous m'apprenez ici, que M. Descartes n'est point mort, il pourroit se vanter d'avoir fait un chef d'œuvre de medecine, qui n'a point d'exemple, je veux dire d'avoir tué un homme sans le faire mourir. Mais, Monsieur continuez, je vous prie, & apprenez-moi, si vous le sçavez, quelle fut la destinée de l'ame de M. Descartes. Car enfin selon les principes incontestables de nôtre foi, une ame au sortir de ce monde reçoit son arrêt pour l'éternité; & elle a pour partage le Paradis, ou l'Enfer, ou le Purgatoire pour quelque tems.

Cette question chagrina mon vieillard: & au nom de Dieu, me repartit-il presque en colere, défaites-vous de cette coûtume ridicule que vous avez prise dans les Classes, de faire entrer des questions de Religion dans des matieres purement philosophiques. M. Descartes a pensé renoncer à la Philosophie, ou du moins à imprimer ses ouvrages pour s'épargner la fatigue de répondre à ces objections fades, qu'on lui a fait cent fois, & à tous propos. Je vous expose un fait tout pur, & vous voulez que je vous y rende compte de la conduite de Dieu. Mais enfin, n'ai-je pas prévenu toutes vos difficultez, en vous disant que M. Descartes n'est point mort? Et puisqu'il n'est point mort, pourquoi me demander s'il a subi un jugement qui ne se fait qu'après la mort?

Je lui demandai pardon de mon imprudence. Je demeurai d'accord avec lui qu'il n'y a rien de plus importun & de plus incommode que ces sortes de questions incidentes, pour un Philosophe, qui s'est fait un systeme sans avoir égard à tout cela. Mais cela même m'avertit de prier ici mes Lecteurs d'user envers moi d'une pareille équité. Qu'on ne s'avise pas de me chicaner sur le chapitre des Ames séparées, que je rencontrai en grand nombre dans mon voiage d'ici au monde de Descartes; & qu'on ne m'oblige pas à répondre sur bien des questions qu'on me pourroit faire à leur occasion. C'est le fond des plus agreables incidents de mon histoire, dont je ne fais present au Public qu'à cette condition. Qu'on se souvienne du privilege de Messieurs les Cartésiens, qui embarassez à satisfaire à l'argument qu'on leur faisoit contre l'essence de la matiere, tiré du S. Sacrement de l'Autel, crûrent avoir droit de se récrier aussitôt, qu'on leur faisoit injure : que leur philosophie faisoit abstraction des choses de la foi : qu'ils étoient Philosophes, & non pas Theologiens : qu'ils entreprenoient d'expliquer les mysteres de la nature, & non pas ceux de la Religion. Qu'on me fasse, dis-je, la même justice, ou si l'on veut, la même grace ; & qu'en cas que quelqu'un fût assez bon, pour me soupçonner de l'heresie de ceux qui enseignoient que les ames au sortir de leur corps n'avoient pas leur sort déterminé pour l'Eternité; qu'on se souvienne encore une fois que je suis ici Historien & Philosophe, & non Theologien: que je fais la relation du Monde de Descartes, & non pas une profession de foi; & que le caractere d'une histoire telle qu'est celle que j'écris, la fait beaucoup plus indépendante des veritez de nôtre Religion, qu'un systême de Philosophie. Il n'y a personne qui s'y connoisse un peu qui n'en demeure d'acord: ce qui étant une fois supposé, je reviens à la narration de mon vieillard, qui poursuivit ainsi.

L'ame de M. Descartes revenant à Stokolm, se trouva dans un embaras pareil à celui de cet Hermotime, dont parle Tertullien, qui aïant le même secret que M. Descartes, laissoit toutes les nuits son corps endormi dans son lit, & s'en alloit courir toute la terre. Toutes deux à leur retour trouverent leur maison hors d'état de les loger.

L. de ani§ ma.

Le parti que prit l'esprit de M. Descartes, fut de me venir trouver à Paris. Il ne me dit rien d'abord de cet accident, & m'invita seulement à venir faire un tour avec lui. Aussi-tôt dit, aussi-tôt fait. Avec une prise de Tabac je me mis en état de le suivre. Mon ame ne fut pas plûtôt hors de mon corps, qu'il me dit en langage spirituel, je vais vous apprendre une étrange nouvelle : je n'ai plus de corps, on doit enterrer aujourd'hui le mien à Stokolm ; & il me raconta ensuite tout ce que je viens de vous dire. Il ne m'en parut pas plus triste. Je lui demandai s'il n'experimentoit point ce que disent les Philosophes, que l'ame étant la forme substantielle du corps, elle est *in statu violento*, quand elle s'en voit tout de bon séparée. Il me répondit qu'il ne sentoit point cette violence, qu'il se trouvoit incomparablement mieux seul qu'avec son corps : qu'il n'avoit qu'une inquietude, sçavoir en quel endroit de ces grands espaces il pourroit fixer sa demeure. Qu'il vouloit prendre mon avis là-dessus, mais qu'il se sentoit porté à aller demeurer dans le troisiéme ciel. Ce troisiéme ciel, selon la division que M. Descartes fait du Monde, est le dernier des cieux, & celui qui est le plus éloigné de nous : car le premier n'est point autre chose que le tourbillon, où nôtre terre se trouve placée, dont le centre est le corps du Soleil, autour duquel la matiere celeste qui compose ce tourbillon nous emporte, & nous fait incessamment tourner aussi bien que les Planetes. Le second ciel qui est incomparablement plus vaste, que celui où nous sommes, comprend tout ce grand espace, où nous voïons les étoiles fixes, qui sont autant de Soleils, & qui ont chacune leur tourbillon dont elles sont le centre, ainsi que nôtre Soleil est le centre du sien. Enfin le troisiéme ciel est toute cette matiere, ou toute cette étenduë indefinie, que nous concevons au de-là de celui des fixes, qui n'a point de bornes, & en comparaison de laquelle, l'espace des autres peut être consideré comme un point.

Plusieurs raisons déterminoient M. Descartes à choisir sa demeure dans ce dernier ciel. La premiere étoit, pour éviter la compagnie d'une infinité d'ames de Philosophes, qu'on voit voltiger de tous côtez dans nôtre tourbillon: car, pour vous dire cela en passant, il est incroïable, combien nous avons rencontré de ces ames dans nôtre chemin; & M. Descartes fut bien surpris, quand il vit que le secret qu'il croïoit avoir trouvé le premier, avoit été connu de tout tems, même par des gens d'un caractere assez mediocre, qui s'en sont prévalus, pour ne point mourir, ou dont les ames ont perdu leur corps par quelque accident pareil à celui de ce Philosophe Mais ce qui a rendu cette compagnie desagreable, & même insupportable à l'esprit de M. Descartes, c'est que ces ames toutes dégagées qu'elles sont de la matiere, demeurent imbuës des préjugez dont elles ont été prévenuës, lorsqu'elles étoient unies avec leur corps ; & que quand il a voulu s'entretenir avec elles des principes des corps, & des causes des divers phénomenes, elles lui ont froidement supposé, ou prouvé par l'authorité d'Aristote, *les formes substantielles, les accidents absolus, les qualitez occultes*, comme on fait encore tous les jours dans plusieurs Ecoles : Et à la reserve de quelques ames du premier ordre, qu'il a converties, & qu'il a faites Cartésiennes, toutes se sont déchaînées & liguées contre lui avec autant de fureur, que les Philosophes de ce Monde l'étoient, lorsqu'il commença à y publier sa Doctrine.

La seconde raison qui l'engageoit à prendre ce parti, c'est qu'il regardoit ces espaces indefinis, comme une nouvelle découverte, dont il étoit l'auteur. Car ce fut après s'être formé l'idée distincte de la matiere, dont l'essence consiste dans l'étenduë, qu'il conclut que l'espace, l'étenduë, la matiere n'étoient que la même chose signifiée par divers noms : Et comme il étoit necessaire d'admettre au de-là de nôtre Monde un espace & une étenduë, puisque nous les y concevons tres distinctement, il étoit évident qu'au de-là du Monde il y avoit de la matiere, & que comme nous ne concevons point que cette matiere ait aucunes bornes, il est necessaire qu'elle soit infinie, ou plûtôt indefinie.

Enfin la troisiéme raison, & la principale, & qu'il ne me découvrit que quand nous fûmes arrivez sur les lieux; c'est que jugeant bien que cette matiere au de-là des étoiles fixes seroit informe, & ne seroit point faite en Monde, il ne desesperoit pas de la pouvoir lui-même mettre en œuvre, & se promettoit qu'en la divisant, & l'agitant selon ses principes, il en pourroit faire un monde tout semblable à celui-ci, excepté qu'il ne pourroit pas y avoir de veritables hommes, mais seulement des machines Automates semblables à des hommes. Ce projet est ce qui fait le sujet de la plûpart des Livres qu'il nous a laissez, & sur tout du *Livre des Principes*, & de celui qui est intitulé le *Monde de M. Descartes*.

Nous partîmes donc incontinent pour le troisiéme ciel. Je ne vous dirai rien du détail de ce voiage. J'espere dans quelques jours vous le faire faire à vous-même : je vous dirai seulement, qu'en arrivant nous trouvâmes cette matiere telle que nous nous l'étions figurée, sans forme, & sans nul arrangement régulier de ses parties, & comme des materiaux brutes, qui attendent la main de l'ouvrier. Nous allâmes de tous côtez, & nous nous promenâmes long-tems dans ces grands déserts de l'autre monde, qui me representoient parfaitement le cahos, & cette masse confuse dont les Poëtes nous parlent. Cette vûë, tout pur esprit que j'étois, me remplissoit d'horreur, & tout m'y paroissoit affreux. C'est pourtant ici, me dit l'esprit de M. Descartes, que je veux m'établir ; & je n'en sortirai point jusqu'au tems que la providence de Dieu disposera de moi pour l'Eternité. Il m'avoit fait naître pour réformer & rétablir la Philosophie dans le monde. J'avois déja commencé assez heureusement. Un accident que je ne pouvois pas prévoir, ne m'a pas permis de poursuivre mon dessein. Cela ne m'empêchera pas de mettre à profit les connoissances qu'il m'a données. Je prétends executer ici le systéme de mon monde, dont vous avez vû le plan : voila de la matiere, autant & plus qu'il ne m'en faut : je n'ay plus besoin que de mouvement. J'ai tout sujet d'esperer que Dieu, qui a la bonté de se laisser déterminer en qualité de cause universelle, par les pensées & les inclinations de ses créatures conformément à leur nature, ne me manquera pas. Etant un Esprit séparé, j'ai droit à des mouvemens encore plus grands, que ceux qui agitent la matiere de tout le bas monde. Je n'aurai pas plûtôt voulu remüer cette matiere, que Dieu, suivant les régles de sa providence, y produira autant de mouvement, que j'y en voudrai produire. Il n'y aura plus qu'à déterminer ce mouvement, & à le distribuer selon le besoin dans chacune des parties de la matiere. Cette détermination, comme je vous l'ai expliqué autrefois, dépend des causes secondes ; & celle-ci dépendra entierement de moi, j'en sçai les régles. Les consequences que j'ai tirées de ces régles sont infaillibles pour l'exécution de mon dessein. En un mot je me vois en état selon mes principes; de pouvoir répondre du succez de mon entreprise. Neanmoins comme la machine que j'entreprends est d'une prodigieuse grandeur, puisque je la prétends faire aussi vaste que vôtre Monde, qu'elle doit être composée d'une infinité de parties differentes, que les ressorts qui la doivent faire joüer, sont innombrables, que les combinaisons & les diverses déterminations des mouvemens y doivent être infinies, ce ne peut pas être l'ouvrage d'un jour, ni d'un an. Un demi siecle à rever un tel dessein n'est pas trop pour l'esprit d'un homme : mais aussi je croi, supposé mes principes, que ce sera assez. On ne me fera point plaisir de venir me voir, & m'interrompre pendant cet espace de tems. Je vais commencer à joüir des plaisirs de la solitude, que je n'ai pu trouver sur la terre, & je vous prie de déclarer sur cela mes intentions à tous ceux de mes amis de vôtre Monde, que vous jugerez à propos d'instruire de l'accident qui m'est arrivé, sans leur dire précisement où je suis : car encore une fois je ne veux pas qu'on sçache trop ce que je suis devenu, & ce que je fais. Les hommes, & sur tout les Philosophes ne sont pas dignes d'avoir la communication de ces grandes choses : ils traiteroient de fables ce qu'on leur apprendroit sur mon chapitre ; comme ils

ils ont pour la plûpart traité de chimeres, tout ce que je leur ai découvert de mon projet touchant la construction d'un monde. Pour vous, mon cher ami, retournez à vôtre corps, il y a prés de deux jours que vous l'avez quitté ; un trop long jeûne pourroit l'échauffer, & lui causer la fievre. Gardez-vous sur tout de vous en séparer pour toûjours de vôtre propre autorité, comme ont fait quelques-uns de mes disciples, & tant d'autres de ces anciens Philosophes, que nous avons rencontrez en divers lieux ; cela est contraire aux ordres de la Providence. Cherchez-moi en vous en retournant, l'esprit du Pere Mersenne, & me l'envoyez. Je le prendrai avec moi pour m'aider, & pour me tenir compagnie.

Aprés avoir reçû ces derniers ordres de ce cher Esprit, & obtenu de lui la permission de le venir voir au moins une fois en trois ou quatre ans, veu la trop grande violence que je me ferois, d'être si long-tems privé de sa presence, nous nous embrassâmes spirituellement l'un l'autre, & je repris la route de Paris. Je parcourus en chemin une infinité de tourbillons & de planetes, sans trouver le Pere Mersenne : mais enfin je le rencontrai dans Mercure, où il se plaît beaucoup, parce que cette Planete est fort jolie. Je lui intimai l'ordre que M. Descartes m'avoit donné pour lui : il le reçût avec joie, aïant été de tout tems son fidele correspondant à Paris. Comme j'étois pressé de m'en retourner, nous n'eûmes pas grand entretien ensemble. Nous nous séparâmes. Il prit le chemin du troisiéme ciel, & mon esprit celui de ma maison, où il se réünit à mon corps.

Depuis ce tems-là j'ai rendu sept, ou huit fois visite à M. Descartes. Il n'y a que deux mois que j'ai fait ce voïage. Il m'assura alors qu'il avoit fait presque toutes ses combinaisons, que presque tout étoit démontré ; & qu'à moins que les plus clairs principes de la Géometrie, de la Méchanique, & de la Statique ne fussent faux, il étoit sûr de l'exécution. Qu'il me feroit avertir vers ce tems-cy de l'aller trouver ; afin que nous puissions ensemble revoir & examiner son dessein, & peut-être même commencer à travailler aussi-tôt à la production de son Monde, c'est-à-dire pour me donner le plus beau divertissement, dont l'esprit de l'homme soit capable. J'attends tous les jours ses ordres pour partir. Il ne tiendra qu'à vous d'être du voïage, m'ajoûta-t'il, & de devenir en un jour plus sçavant que les plus habiles Cartésiens, qui aïent été jusqu'à present. Voila tout ce que j'avois à vous dire.

A peine eût-il prononcé ces dernieres paroles, qu'un homme de qualité de la Province, fort honnête homme de sa personne, mais qui fut alors pour moi un veritable fâcheux, entra dans la chambre en habit de campagne, lui dit que son carosse étoit à la porte, & qu'il étoit tems de partir. C'étoit une partie de promenade pour quinze jours, qu'ils avoient fait ensemble. Cela m'obligea de prendre congé de l'un & de l'autre, & de me retirer.

Je ne sçavois que penser de cette histoire: je n'avois pas reconnu jusqu'alors pour visionnaire celui qui me venoit de la raconter; & certes cette narration me sembloit trop suivie, pour être une vision. Je m'imaginai donc que ce pourroit bien être quelque allegorie mysterieuse qui comprenoit tous les secrets de la Secte, dont il me donneroit ensuite l'explication. Je m'apliquai cependant à lire tout de bon mon Descartes, & j'en vins à bout pendant les quinze jours, non sans qu'il m'en coûtât quelques maux de tête, causez par la trop grande contention que j'apportois à cette lecture : mais la suite me fit connoître que tout ce qu'il m'avoit dit n'étoit nullement allegorique, & qu'il devoit s'entendre au pied de la lettre, ainsi qu'on va le voir.

Mon vieillard étant de retour de la campagne, m'écrivit le lendemain matin un billet, par lequel il m'avertissoit, qu'il me verroit avant qu'il fût vingt-quatre heures, & que j'eusse à me tenir prêt pour le voïage, dont il m'avoit parlé. Je l'attendis tout le jour avec beaucoup d'impatience : mais enfin voïant qu'il ne venoit point, je me couchai sur les dix heures du soir. Une demie heure après étant encore éveillé, je fus surpris d'entendre tirer de tous côtez les rideaux de mon lit, les volets de mes fenêtres s'ouvrir avec un assez grand bruit, & à la faveur d'un fort beau clair de Lune qu'il faisoit alors, de voir au milieu de ma chambre mon vieillard, & un autre avec lui habillé d'une façon extraordinaire. J'avouë que je fus saisi d'une telle fraicur, que les cheveux me dresserent à la tête, & que je suai de tout le corps. Alors le vieillard s'approchant de mon lit me dit : Vous avez peur ; mais reprenez un peu vos esprits, ne me reconnoissez-vous pas ? Je vous reconnois, lui répondis-je en tremblant : mais que puis-je penser de vous en vous voïant dans ma chambre, sans y être entré par la porte, & avec tout le bruit & le fracas qui se vient de faire ? Ce que vous pouvez, & ce que vous devez penser, reprit-il, c'est qu'un Esprit separé de son corps peut entrer par tout sans clef, & sans passer par la porte ; & pour le bruit qui s'est fait, ce n'a été que pour vous réveiller, & pour avoir le plaisir de vous surprendre, & de vous faire un peu de peur. Ne vous souvenez-vous pas de la conversation que nous eûmes ensemble il y a quinze jours ? Je m'en souviens fort bien, lui répondis-je : mais tout ce que vous me dites alors étoit-il vrai ? Tres vrai, dit-il, & je viens ici pour vous tenir la parole que je vous ai donnée, de vous mener au monde de M. Descartes. Voici le R. P. Mersenne qui vient de sa part m'avertir que tout est prêt ; & qu'il est bien aise avant que d'executer tout de bon le dessein de son Monde, d'en faire un essay en presence de quelqu'un de ses amis. Vous serez de la partie, si vous voulez ; & je ne vous conseille pas de perdre une si belle occasion. En même tems le P. Mersenne s'avança ; & m'ayant fait une profonde réverence, il me confirma tout ce que me disoit mon vieillard ; & m'ajoûta qu'ayant sçû de lui la qualité, & la disposition de mon esprit, il pouvoit me répondre que M. Descartes me recevroit agreablement. Pardonnez-moi, lui dis-je, mon Pere, l'étonnement où vous me voïez : je ne suis pas accoûtumé à recevoir de telles visites : je n'avois point encore vû d'Esprits ; & je n'eusse jamais crû qu'ils fussent aussi civils & aussi honnêtes, que vous me paroissez l'être.

Cependant quoique je fisse tout mon possible pour me rassurer, j'avois toûjours peur. J'apprehendois fort qu'il n'y eût ici de la sorcellerie & de la magie ; & que sous pretexte de me mener au Monde de M. Descartes, on ne voulût me mener au sabat. D'ailleurs je craignois de choquer ces Messieurs les Esprits, qui pour l'ordinaire n'entendent pas raillerie ; & ma memoire me fournissoit plus d'un exemple de certaines gens, à qui on avoit fait confidence de semblables mysteres, qui aprés en avoir apris une partie, ne voulant pas aller jusqu'au bout, avoient eu le coû tors par le démon, ou par ceux qui venoient de sa part. Je renonçai donc interieurement à tout pacte ; & je pris toutes les précautions que ma prudence me suggera dans cette conjoncture : aprés quoi je leur parlai le plus honnêtement que je pûs, en cette maniere.

Messieurs, vous faites profession d'une Secte, qui tient pour maxime de ne se rendre jamais qu'à la verité clairement connuë, & c'est ce qui la distingue de toutes les autres, & principalement de la Philosophie de l'Ecole. La conversation que j'eus avec Monsieur, il y a quinze jours, la lecture exacte de M. Descartes, que j'ai faite depuis, & les conjonctures presentes me font naître quelques difficultez dans l'esprit, dont je serois bien aise d'être éclairci, avant que de passer outre. Trouverez-vous bon que je vous les propose ? Nous vous entendrons volontiers, répondirent-ils, & nous vous satisferons : rassurez-vous seulement ; car vous paroissez émû. Soyez persuadé que vous n'avez rien à craindre, & qu'on ne vous fera aucune violence.

Ces dernieres paroles me remirent un peu ; & je commençai à parler d'une voix plus ferme. Il n'y a que fort peu de jours, leur dis-je, que j'ai lû dans M. Descartes que l'essence de l'ame consiste à être une substance qui pense; qu'elle n'est ni étenduë, ni figurée, ni colorée; j'ai peine à accorder cela avec ce que je vois maintenant: car vous me faites entendre que vous êtes de purs esprits, & cependant je vois dans vous diverses couleurs, je vous vois en figure humaine, vous me paroissez comme des choses étenduës: tirez-moi je vous prie de cet embarras. Le P. Mersenne prit aussi-tôt la parole. Ce que vous proposez, dit-il, est de bon sens: mais il est aisé de vous répondre, & de vous expliquer nettement la chose par les principes évidents de la vraie Philosophie. Il est certain que l'ame est essentiellement une substance qui pense, qu'elle n'est ni figurée, ni colorée. Nous sommes de purs esprits en effet; & quoique nous vous paroissions avoir un visage, des mains, des pieds, nous n'avons neanmoins ni visage, ni mains, ni pieds. Il faut être aussi entêté que l'étoit Tertullien, & donner dans l'erreur avec autant de fureur, qu'il faisoit, quand il avoit commencé une fois à s'y engager, pour penser que l'ame non seulement est corporelle, mais encore qu'elle à des membres proportionnez à ceux du corps qu'elle anime, & qu'elle est dans son corps tout ainsi qu'une épée est dans son fourreau. Sa devote qui voïoit pendant son oraison les ames de couleur bleuë, lui avoit renversé l'esprit sur ce chapitre.

l. de animâ.

Pour vous faire donc comprendre comment vous nous voiez colorez, figurez, étendus, avec un visage, des pieds & des mains, quoi que nous n'aions ni étenduë, ni couleur, ni figure, ni pieds, ni mains, il faut que vous sçachiez que vôtre ame, tandis qu'elle est unie à vôtre corps, ne peut pas voir une autre ame telle qu'elle est en elle-même : qu'elle ne peut non plus l'entendre parler, ou pour m'expliquer plus juste, qu'elle ne peut pas avoir la communication immediate de ses pensées. Afin donc que vous sçachiez que nous sommes ici, & que nous vous fassions connoître nos pensées, & le dessein qui nous y amene; il faut nous servir d'un moien proportionné à l'état, où vôtre ame se trouve maintenant. N'allez pas vous imaginer que j'ai eu pour cela besoin de me former un corps de quelque matiere. Mais souvenez-vous seulement de ce que vous avez dû comprendre par la lecture de M. Descartes, que voir un objet à l'égard de vôtre ame, n'est autre chose qu'appercevoir l'étenduë, la figure, & les couleurs de cet objet ; que cette perception n'est point causée immediatement par l'objet, qui étant éloigné de nôtre corps & de nôtre ame ne peut pas agir sur eux par lui-même. Cela se fait donc par le moien de la reflexion d'une infinité de raions de lumiere, qui rejallissant de chaque partie & de chaque point de l'objet, viennent ébranler les divers filets, dont est composé le nerf optique. Cet ébranlement se communique jusque dans le cerveau, & jusqu'à l'endroit où se trouve le siége de l'ame; & c'est en suite, & à l'occasion de cet ébranlement, que l'ame se forme l'idée de l'objet qu'elle perçoit, ou apperçoit de la maniere, qui s'apelle voir; & c'est selon les diverses modifications de cet ébranlement, qu'elle voit les objets à diverses distances, sous diverses figures, & de diverses couleurs. D'où s'ensuit que les perceptions & les idées de l'ame ne dépendent point necessairement des objets, mais uniquement de l'organe interieur : on le prouve par mille experiences, & sur tout par celle des Phrénétiques, qui apperçoivent les objets tout autrement qu'ils ne sont en effet, & qui les voient où ils ne sont point.

Afin que vous apperceviez ici où je suis, un corps, quoiqu'il n'y en ait point, il suffit que vôtre organe interieur soit remué de la maniere qu'il le seroit, si en effet il y en avoit un : & c'est ce que je fais actuellement dans vôtre nerf optique, pour vous faire connoître que je suis ici : c'est ce qui vous y fait voir un corps, quoique dans la verité il n'y en ait pas : & ce que je fais sur l'organe qui vous sert à voir, pour vous faire paroître ici un corps, je le fais à proportion sur celui qui vous sert à entendre, pour vous faire oüir des sons & des paroles. J'imprime un mouvement aux filets de vos nerfs de la cinquiéme conjugaison, tel que les vibrations, & les ondulations de l'air le leur imprimeroient, s'il étoit agité par le mouvement de la langue, & de la bouche d'un homme, qui seroit, où je vous paroîs être, & qui vous diroit les mêmes paroles que vous entendez maintenant.

C'est par ces principes, qu'un Pere de nôtre Ordre a expliqué fort ingenieusement le mystere du saint Sacrement de l'Autel, sans avoir besoin de

P. Maignan.

tout ce fatras d'accidents abfolus, qu'on ne peut concevoir. Car, dit-il, quand on nous enfeigne que le Corps de J. C. eft fous les apparences du pain, on ne veut point nous apprendre autre chofe, finon que le Corps de J. C. eft veritablement où le pain étoit, & nous paroît encore être; & afin que le pain nous paroiffe être où le Corps de J. C. eft en effet, Dieu agit fur nos fens. Il y produit les mêmes mouvements, & y fait les mêmes impreffions que le pain y faifoit auparavant. Ainfi quand nôtre Seigneur fe prefenta à fainte Magdelaine fous l'apparence d'un Jardinier, ce ne fut qu'en agiffant fur fes yeux, de la maniere que le vifage & les habits d'un Jardinier auroient fait, & non pas en fe couvrant des accidents abfolus d'un Jardinier.

Mais ce que l'experience que vous faites maintenant doit vous apprendre, c'eft la maniere dont fe fait l'apparition des morts, qui fe font voir quelquefois aux vivants par la permiffion de Dieu: car ils apparoiffent de la même façon, dont je vous apparois actuellement: Et ces corps d'air ou d'eau, dont on prétend qu'ils fe revêtent, ne font que des chimeres forgées dans l'imagination de ceux qui ont traité de la Démonomanie, en supposant les principes de la Philosophie des Ecoles. Avez-vous encore, me dit-il, quelque difficulté sur cet article ?

Ah! mon Pere, répondis-je, voila un éclaircissement, dont je suis infiniment content : vous parlez en pur esprit. Je ne fais pas grand fond sur l'explication que ce Pere de vôtre Ordre donne du Mystere de l'Eucharistie : je tiens même pour maxime, avec les plus sages des Philosophes Catholiques, que tout ce qui est nouveau dans ces sortes de matieres est dangereux, & doit au moins toûjours être suspect. Vous avez entierement dissipé la difficulté qui me faisoit de la peine. Il y a long-tems que j'avois dans l'esprit, que les sensations ne se faisoient que par le mouvement local des organes : mais cette idée n'y étoit pas débroüillée. Aristote l'avoit dit avant M. Descartes ; mais il ne l'avoit pas expliqué. Je renonce dés à present pour toûjours à une bonne partie des idées que j'avois là dessus. Je fais abjuration entre vos mains de tous les axiomes, qui regardent l'*Intellect Agent*, *Patient*, & *Possible*. Je reconnois que ce ne sont que des termes qui ne signifient rien, &

Arist. in probla.

ne sont bons qu'à étonner les ignorans, qui ne les entendent point, & qui s'imaginent que les Philosophes les entendent.

Aprés cette protestation, l'ame du P. Mersenne remüa mon organe d'une maniere, qui me fit connoître qu'elle lui avoit fort plû, cela me donna la hardiesse de lui proposer une seconde difficulté. C'est, lui dis-je, mon Pere, que je n'entends pas trop ce que c'est que ce Monde de M. Descartes, où vous voulez me mener. En lisant M. Descartes j'ai conçû que son Monde n'étoit point autre chose que celui où nous sommes, expliqué par les principes de sa Philosophie; & je me souviens distinctement d'avoir lû ces paroles dans une lettre qu'il vous a écrite autrefois, Qu'il croiroit ne sçavoir rien dans la Physique, s'il sçavoit seulement dire comment les choses peuvent être, sans démontrer qu'elles ne peuvent être autrement. Cela me parût un peu fanfaron : mais cela me persuade aussi que quand il dit autre part, qu'il ne prétend point parler de ce qui se fait en effet dans ce Monde, mais seulement de ce qui se devroit faire dans un Monde qu'il s'imagine, il seroit fort fâché qu'on le crût.

Let. 37. Tom. 2.

Meth. pag. 39.

Ce que vous dites est veritable, répondit le P. Mersenne, M. Descartes n'eût pas voulu être crû sur cet article. Ainsi le Monde de M. Descartes est en effet ce Monde expliqué par les principes de sa Philosophie. Mais il est vrai aussi qu'il y a, ou plûtôt qu'il y aura bientôt un autre Monde, qu'on apellera encore plus justement le Monde de M. Descartes, puisqu'il sera de sa façon. Et c'est ce Monde là dont Monsieur vôtre ami vous a parlé ; & que nous devons aller voir faire avec vous, si vous le voulez. Il ne se peut rien penser de plus curieux que cela, repris-je ; & il n'est point de carouzel, ni de fêtes de Versailles, que je ne quittasse pour être le spectateur de ce prodige, qui sans doute est le chef-d'œuvre de la philosophie & de l'esprit humain. Mais, Monsieur, dis-je, en m'adressant à mon vieillard, l'exemple de M. Descartes même que vous m'avez raconté, m'inquiéte. Le voiage est bien long. Un monde comme celui qu'il prétend faire, ne se fait pas en une heure de tems. Je sens que mon ame aime bien son corps : qu'elle seroit fâchée au retour de ne le pas trouver en état de la recevoir ; & il peut arriver cent accidents dont personne ne me peut répondre.

Nous avons pourveu à tout, me répondit-il, regardez vers les pieds de vôtre lit. Ah mon Dieu! Monsieur, m'écriai-je tout effraïé, que me faites-vous voir? Le Démon est donc aussi de cette partie; Malheureux que je suis! Je suis perdu: mais j'aime mieux périr que d'avoir le moindre commerce avec lui. Monsieur, retirez-vous. Je renonce à tous vos enchantements, & à toute vôtre magie.

Doucement, me dit-il, doucement. Ne vous allarmez pas: celui que vous voïez n'est pas si diable, qu'il est noir. Ce n'est point du tout un Diable; c'est l'ame d'un petit Négre, qui est au service de M. Descartes, & dont je vous dirai en deux mots l'avanture, pour vous ôter tout scrupule, & toute inquiétude.

Ce petit Négre fut autrefois valet de M. Regius fameux Professeur de Medecine dans l'Université d'Utrect, qui comme vous sçavez, fut d'abord l'intime ami, le disciple, & l'adorateur de M. Descartes. Par ces qualitez il merita de lui la communication de son secret pour la séparation du corps, & de l'ame. Depuis ils se broüillerent ensemble, jusque là que M. Descartes se crût obligé d'é-

Diverses lettres de Desc.

crire contre lui, parce qu'il corrompoit sa doctrine, & la rendoit même scandaleuse. M. Regius dont les manieres n'ont pas toûjours été celles du plus galant homme du Monde, au moins selon que M. Descartes nous l'a dépeint, voulut se vanger de lui, & pour lui faire voir le mépris qu'il avoit pour la chose qu'il estimoit le plus, il apprit son secret à ce petit Négre, qui s'avisa une fois entr'autres de s'en servir. Comme il revenoit un jour de la campagne, où son maître l'avoit envoïé, se trouvant las, & s'étant assis à l'ombre d'un chêne, son ame laissa là reposer & dormir son corps, & s'en alla se divertir je ne sçai où. Cependant des voleurs tüérent un homme là proche. Le grand Prêvôt qui n'étoit pas loin en ayant été averti, vint incessament avec ses Archers : le bruit fut si grand, qu'il éveilla le corps du petit négre ; & il lui arriva quelque chose d'assez semblable à ce que je vous racontois dernierement de l'accident de M. Descartes. La Machine déterminée par ce bruit, & par l'impression forte que la presence de ces gens armez fit sur ses organes, commença à füir. On court aprés, on l'arrête, on l'examine. Il se coupe à chaque mot dans ses réponses, qui en l'abſence de l'ame ne pouvoient pas être fort ſuivies. Le grand Prévôt qui alloit un peu vîte en beſogne, prit ſa fuite & cette fraïeur qui paroiſſoit ſur ſon viſage & dans ſes paroles, pour une preuve convainquante de ſon crime, & le fit ſur le champ pendre à un arbre, comme complice du meurtre qui venoit d'être fait. L'ame revenant un moment aprés, trouva ſon corps faiſant la vilaine figure d'un pendu. Obligée donc qu'elle fut de ſe retirer, elle ſe trouva fort en peine. La plûpart des ames ſeparées qui voltigent dans toute l'étenduë du monde, ſont des ames philoſophes, & des ames d'importance. Dans une aſſemblée que les plus conſiderables avoient faite entr'elles, on avoit déclaré veritable cette opinion de philoſophie, ſelon laquelle on tient que toutes les ames ne ſont pas de même eſpece, & elles ne vouloient pas ſouffrir que l'ame d'un négre ignorant eût le même privilege qu'elles, de ſorte qu'on lui donnoit par tout la chaſſe. Enfin ſon bonheur voulut qu'elle oſât ſortir de nôtre tourbillon, & qu'elle paſſât juſqu'au lieu, où l'eſprit de M. Deſcartes méditoit. Elle lui fit compaſſion, & il lui permit de demeurer auprés de lui. Le Pere Merſenne l'a amenée ici en cas qu'il en eût affaire ; & nous le laisserons auprés de vôtre corps, afin d'en avoir soin.

Le détail d'un histoire si circonstanciée me fit croire qu'on me disoit la verité. Je priai ces deux esprits d'excuser mon emportement : je leur dis que la figure & la couleur sous lesquelles le petit More m'avoit paru, étant celle que prend ordinairement le Démon, quand il veut se rendre visible, elle m'avoit rempli l'esprit de cette funeste idée : que je les priois de me prescrire ce que j'avois à faire, pour me mettre en état de les accompagner dans ce beau voiage, qu'ils me proposoient : que j'esperois profiter infiniment de la faveur qu'ils vouloient bien me faire, & acquerir dans ce voiage & dans leur compagnie des connoissances qui me distingueroient du reste des hommes. Vous avez trois choses à faire, dit le P. Mersenne. La premiere est de vous dégager l'esprit des préjugez de l'enfance, & de la philosophie ordinaire. Car c'est une chose étrange de voir que ces préjugez que l'ame ne prend que par les sens, s'impriment cependant si fortement dans son entendement avec le tems, & par l'habitude qu'elle a de s'en servir pour régle de ses jugemens. De maniere que les ames separées de leur corps autrement que par la mort, quoique dans le tems de cette séparation elles agissent independemment des sens, pensent neanmoins, jugent, raisonnent toûjours conformément à ses préjugez. Sans cette précaution le voiage vous seroit assez inutile, & vous n'y apprendriez rien.

La seconde chose, c'est qu'avant nôtre départ, il faut que vous donniez vos ordres à ce petit esprit sur la maniere dont vous voulez qu'il se comporte à l'égard de vôtre corps. Sur quoy il est bon que vous sçachiez qu'aprés que vôtre ame en sera separée, tout s'y passera à l'ordinaire, non seulement pour les fonctions naturelles, mais encore pour les mouvements qui y seront causez par les objets exterieurs; pourvû que vous laissiez la machine montée de la même maniere qu'elle l'est maintenant. Ainsi si vous avez coûtume de vous lever au son d'une certaine horloge, & à une certaine heure, sitôt que cette heure sonnera, le mouvement du timpan de vos oreilles communiqué à vôtre cerveau fera ouvrir le passage aux esprits animaux pour couler dans vos muscles,

& pour produire dans vos bras, dans vos jambes, & dans tout vôtre corps les mouvements que vous produisez tous les jours pour prendre tous vos habits les uns aprés les autres. Il marchera à son ordinaire : il ira dans toute la maison, il montera, il descendra, il ira se mettre à table quand la voix d'un laquais qui dira, que le dîné est prêt, viendra lui fraper les oreilles : il y mangera, il y boira. En un mot il n'omettra nul des mouvemens ausquels il est accoûtumé, les esprits animaux ne manquant jamais de prendre leur cours vers certains endroits du corps à la presence de certains objets ; & par consequent produisant toûjours de certains mouvements dans le corps en certaines circonstances. Or en toutes les actions que nous faisons à l'exterieur, il n'y a que du mouvement produit de cette sorte : & c'est ainsi que nous voions que les bêtes, qui assûrement sont de pures machines, aussi-bien que nôtre corps, nous paroissent agir en même tems, & si diversement, & si uniformement.

Le seul embarras que vous auriez à craindre, ce seroit en cas que quelqu'un de vos amis vint vous rendre visite ; parce que vôtre corps sans ame ne seroit pas capable de soûtenir la conversation, & ne répondroit pas à propos. Car entre nous, ce n'est que par la conversation, que nous autres Cartésiens connoissons que ces corps que nous appellons des hommes, sont veritablement des hommes, & non pas de pures machines : mais c'est en cela que le petit Négre peut vous être utile. M. Descartes lui a appris tous les differents mouvements que l'on peut donner à la glande pineale, & toutes les diverses déterminations dont les esprits animaux sont capables par son moien : & comme la parole ne se forme dans la bouche, que par le mouvement des muscles, qui remuent la langue, la machoire d'en-bas, & les lévres ; & que de certaines paroles ne se forment que par de certains mouvemens de ces muscles causez par celui des esprits animaux, le discours ne dépend que de cela. Ainsi selon les differentes questions, par exemple que vous fera un ami qui viendra vous voir en l'absence de vôtre ame ; le petit négre par les divers mouvemens, qu'il imprimera pour lors à vôtre glande, & ensuite aux esprits animaux, & aux muscles, formera sans y manquer dans vôtre bouche les paroles qu'il faudra

Rep. 54. de Desc. Tom. 1.

prononcer, & les réponses qu'il faudra donner à ces questions ; & ne craignez pas qu'il fasse répondre à vôtre corps rien d'indigne de vôtre esprit : car je vous assure que tout négre qu'il est, il n'est pas trop sot.

Vous pouvez encore en user d'une autre maniere. Vous n'avez qu'à laisser vôtre corps dans le lit où il est ; & dans l'évanoüissement où le mettra le tabac que vous prendrez, pour en séparer vôtre ame. Cet évanoüissement qui consiste à laisser les nerfs des sens lâchez, est sans consequence : cependant le petit Négre prendra vôtre figure, & se trouvera par tout où vous vous trouveriez, si vôtre ame n'étoit point en voiage : & il fera cela aussi aisément, & de la même façon que je vous parois maintenant sous un habit de Minime, & Monsieur avec le visage & les habits avec lesquels vous avez coûtume de le voir, ainsi que je vous l'ai expliqué il n'y a qu'un moment. Et pour vous faire remarquer cela en passant, vous voiez que la Philosophie Cartésienne apprend à faire sans peché ce qu'Apollonius de Tyane, & plusieurs autres Magiciens n'ont pû faire, sans s'être auparavant donnez au diable.

Enfin la troisiéme chose que vous avez à faire, c'est de prendre un peu de tabac que Monsieur vous a apporté; & puis nous nous mettrons en chemin, pour aller trouver M. Descartes.

Aprés avoir remercié le P. Mersenne de ses instructions, & des lumieres qu'il avoit bien voulu me donner, je lui ajoûtai: Que pour le premier article, je lui répondois de moi: que de tout tems j'avois été un peu sceptique en matiere de philosophie de l'école, & qu'ainsi mon esprit étoit libre des préjugez qu'on y prend ordinairement: que pour les préjugez de l'enfance, la lecture de M. Descartes m'avoit appris à m'en défier; & que dans le tems qu'il me parloit, j'avois fait un nouvel effort sur mon esprit pour me résoudre à ne rien croire que je ne conçusse tres clairement, suivant le conseil de M. Descartes. Je ne lui ajoûtai pas une autre résolution que j'avois faite en même tems, qui étoit de me précautionner pour le moins autant contre les préjugez des Cartésiens, que contre ceux des Philosophes ordinaires, les connoissant aussi entêtez à peu prés que les autres.

Pour ce qui regarde mon corps en l'absence de mon ame, je m'arrêtai à la
seconde

seconde maniere ; parce, lui dis-je, mon Pere, qu'elle me paroît plus simple que la premiere. Je vous sçai bon gré, me dit-il, c'est une de nos maximes en matiere de système, de choisir toûjours le plus simple. Ce n'étoit pas là pourtant la raison qui me déterminoit : mais c'est que je la croiois moins dangereuse ; & que je n'étois pas trop persuadé que mon corps en l'absence de mon ame, dût être si adroit qu'on me le promettoit ; & que l'exemple des bêtes qu'on me proposoit, ne faisoit guéres d'impression sur mon esprit, lequel ne s'est jamais pû defaire du préjugé, qui leur donne une ame capable de sentiment & de connoissance. Je priai encore le Pere Mersenne d'ordonner à son petit Négre de prendre ma figure, pour voir s'il y réüssiroit. Il le fit aussi-tôt ; & je vis un autre moi-même aux pieds de mon lit ; comme le Sosie de l'Amphitryon vit un autre Sosie à la porte de sa maîtresse à son retour de l'armée, avec cette différence que le *moi* qui étoit aux pieds de mon lit, parla fort honnêtement au *moi* qui étoit dans mon lit ; au lieu que le Sosie qui revenoit de l'armée fut bien battu par le *lui*, qui se trouva en même tems à la porte d'Alcméne. Je

D

lui recommandai sur tout de bien fermer la porte de ma chambre, afin que personne n'y entrât, d'avoir de tems en tems soin de rendre visite à mon corps; & de faire en sorte qu'il fût toûjours dans une situation commode.

Aprés cela mon vieillard m'aiant présenté une prise de tabac, je lui demandai si c'étoit du veritable. Que je me souvenois d'avoir oüi parler de l'avanture d'Apulée, qu'un *Qui pro Quo* changea en Asne, dans le moment qu'il esperoit être changé en oiseau. Il me dit qu'il n'en auoit que d'une sorte, & qu'ainsi je ne devois point craindre la méprise. Je le pris donc aussi-tôt, il me fit éternüer quatre fois avec grande violence. En suite je tombai dans un évanoüissement tout semblable à celui de M. Descartes que j'ai décrit auparavant, & en un instant mon ame par un seul acte de sa volonté se trouva hors de son corps.

Je n'entrerai pas ici dans un grand détail des réflexions que je fis sur mon corps & sur mon ame, quand ils furent separez l'un de l'autre. Je dirai seulement, que je commencai dés cet instant à m'appercevoir de la force des préjugez, & de l'entêtement, pour nous empêcher de connoître la verité : combien sage & raisonnable est l'avis que M. Descartes, & ses disciples nous donnent, de nous précautionner sur cet article : & en même tems, combien ces Messieurs ont peu de soin de se servir eux-mêmes des lumieres qu'ils donnent aux autres. Car la premiere chose que mes deux Maîtres voulurent me persuader malgré que j'en eusse, fut que mon ame dans l'instant de sa separation s'étoit vûë dans ma glande pinéale. Comme je ne jugeai pas à propos de commencer avec eux par les contredire ouvertement, je leur répondis que la separation s'étoit faite si brusquement, que je n'avois pas eu le tems de faire cette reflexion. Ce que je disois étoit vrai, & c'étoit aussi tout ce que je pouvois leur dire de moins désobligeant : car je me souvenois parfaitement, & j'étois fort convaincu de ce que j'avois lû depuis peu de jours dans M. Stenon fameux Anatomiste, qui fait grande estime de M. Descartes, & qui le regarde comme un ouvrier ingenieux d'un nouvel homme ; mais qui montre, & qui le fait voir à l'œil, que cet homme étoit tout different de celui que Dieu a fait : que la glande pinéale n'a point la

Anatomie du cerveau

situation, & n'est point capable des mouvemens qu'on lui attribue dans cette hypothese : que les vaisseaux dont elle est entourée, ne sont point des artéres qui puissent lui fournir la matiere des esprits animaux, ainsi que le suppose M. Descartes, mais seulement des veines : que par consequent c'est sans fondement qu'on lui a accordé le privilege & l'honneur de loger l'ame ; & qu'elle n'a peut-être point de fonction plus considerable, & plus distinguée que celle des autres glandes, dont l'emploi pour la plûpart n'est pas fort noble, ni fort illustre dans le corps de l'animal.

C'est là ce que je pensois, & ce que je ne faisois pas connoître : j'affectois même d'approcher de leurs sentimens, autant qu'il m'étoit possible. Je fus le premier à leur faire remarquer, comme la digestion se faisoit dans mon corps, quoi que mon ame n'y fût pas, par la seule vertu de l'Acide, qui se trouve dans l'estomach, qui par l'agitation de ses parties insensibles dissoût les viandes, ainsi que l'eau forte dissoût les métaux : comment des parties separées les unes des autres, les plus subtiles faisoient une espece de liqueur, & de crême qu'on appelle le chile : comment le mouvement periftaltique des boiaux fervoit à poufler les plus groffieres vers le bas, & à faire entrer le chile dans les veines lactées du mezentére par des pores imperceptibles proportionnez à la figure des parties, dont le chile eft compofé : comme la chaleur demeurant dans mon cœur de même qu'auparavant, la circulation du fang fe continuoit à l'ordinaire avec les mêmes effets, tels que font la nutrition, & la bonne conftitution des membres du corps les plus éloignez : comme enfin tous ces mouvemens fe faifoient par les feuls refforts de la Machine.

Enfin nous nous difpofames à partir. Je leur demandai comment les ames en ufoient entre elles pour les noms & les qualitez, qu'elles fe donnoient les unes aux autres dans la converfation : que les ames étant de féminin genre en François, je m'étois fait violence jufqu'alors en donnant à l'ame de M..... le nom de Monfieur : mais auffi que je n'avois ofé l'appeller *Madame*, ni *Mademoifelle*. Pour vous, dis-je à l'ame du P. Merfenne, je me tirerois d'embarras, en vous appellant *vôtre Reverence*. Vous pourriez auffi, me dit-elle, vous tirer

d'embarras, en appellant l'ame de Monsieur, *vôtre Seigneurie* : l'une & l'autre qualité est à la mode d'Italie ; & toutes deux ne sont venuës en France que de ce païs-là : mais ne vous embarrassez pas, ajoûta-t'il, nous gardons le même nom que nous avions dans le monde, quand nous étions dans nôtre corps. M... Descartes s'appelle encore M. Descartes : Monsieur s'appelle encore Monsieur. Je m'appelle le Pere Mersenne, & vous vous appellerez aussi Monsieur.... Nous autres Cartesiens nous sommes un peu Platoniciens en cette matiere : car selon Platon qu'est-ce que l'homme ? C'est une ame qui se sert d'un corps ; & vous pouvez vous souvenir d'un certain endroit, entr'autres, de la méthode de
» M. Descartes, où il dit : Examinant
» avec attention ce que j'étois, & que
» je pouvois penser que mon corps n'é-
» toit rien..., & qu'au contraire si j'étois
» un moment sans penser, je n'ai nulle
» raison de croire que je fusse dans ce
» moment.... J'ai conçû que j'étois une
» chose, ou une substance, dont toute
» la nature & toute l'essence consiste
» uniquement dans la pensée : de sorte
» que moi (c'est-à-dire mon esprit par
» lequel seul je suis ce que je suis) moi,

dis-je, est une chose tout-à-fait distincte du corps : Et je m'étonne, ajoûta le
Pere Mersenne, que les Philosophes, &
les Theologiens scholastiques aient passé cela à M. Descartes, & qu'ils n'aient
pas mis cet article au nombre de ses
prétenduës erreurs : Sur tout M. Arnauld aiant fait cette reflexion une fois
en passant. Mais allons, dit-il, hâtons-
nous, voilà une grande demi-heure que
nous perdons ici. Le tems est précieux.
Aussi-tôt il prend l'essort en l'air avec
l'ame du vieillard. Et moi sans délibe-
rer davantage, je me mets à les suivre.

VOIAGE
DU MONDE
DE
DESCARTES.

SECONDE PARTIE.

E tems étoit fort serain : l'air paroissoit tres pur : la lune étoit dans son plein ; & les étoiles brilloient, ce me sembloit, d'une maniere extraordinaire ; ce qui me donnoit une exrême envie de contempler de prés ces corps lumineux, dont l'éclat, la grandeur, le nombre, la disposition ont toûjours été le sujet de l'admiration de tous les hommes, le plus digne objet de l'étude &

de la méditation des Philosophes, & la preuve la plus sensible de la Divinité. Mes guides cependant me firent faire alte sur une tour élevée de plusieurs toises au dessus du reste de la ville, pour me faire remarquer la nature de l'air de cette basse région, & les parties dont il est composé. Commencez, me dit mon vieillard, à connoître par vôtre propre experience la verité des sentimens de M. Descartes dans l'explication de la nature des êtres corporels. Reconnoissez ce qu'il dit dans le quatriéme livre de ses Principes, que l'air n'est point autre chose qu'un amas de parties branchuës du troisiéme Element, tres petites, détachées les unes des autres & flotantes au milieu des boules du second élement, au mouvement desquelles elles obéïssent. Voiez, comme les parties du premier Element sont mêlées par tout, & remplissent tous les intervalles que les petites boules & les parties branchuës laissent entr'elles: comme la fluidité de ce corps aussi-bien que de tous les autres, qu'on appelle liquides, consiste dans le mouvement de ses parties insensibles, qui se remuent indifferemment de toutes parts. Car comme elles sont toutes dans le mouvement,

& que pour la plûpart elles ont des déterminations fort differentes; on peut aisément concevoir deux choses. La premiere, que si-tôt que le corps liquide cessera d'être enfermé & contenu dans un corps solide, il doit se répandre de tous côtez; puisque ses parties sont en mouvement vers tous les côtez: & la seconde, que si un corps dur se presente pour passer au travers, trouvant toutes ses parties en mouvement, il les separe aisément; puisque pour les separer il n'a qu'à leur donner des déterminations differentes en partie de celles qu'elles avoient auparavant. Etant certain, que quand des corps, & sur tout de petits corps sont en mouvement, & dans un mouvement aussi different que celui, où ces petites parties se trouvent, il n'est rien de plus aisé, que de leur donner de nouvelles déterminations; & par consequent, qu'il est tres facile de diviser un corps liquide & de passer au travers. Or ces deux phénomenes du corps liquide étant expliquez aussi nettement, & aussi intelligiblement, que vous voiez qu'ils le sont par les principes de la Philosophie Cartesienne, Messieurs les Philosophes de l'Ecole auroient grand credit sur mon esprit, s'ils m'obligeoient à reconnoître la liquidité pour un accident absolu, distingué du mouvement des parties insensibles du corps liquide.

Quelque inclination que j'eusse à défendre les interests de la Philosophie ordinaire ; j'avouë que ce raisonnement joint à ce que je voiois par moi-même, fit grande impression sur mon esprit. Car enfin quoi que je n'aperçûsse point ces petites boules du second Element, dont il me parloit, & que ce ne fût en effet qu'une illusion toute pure de cette ame infatuée autant qu'on peut l'être, des idées & des préjugez du Cartesianisme, je ne pouvois m'empêcher de reconnoître dans l'air ces petites parties insensibles détachées les unes des autres, dont les corps liquides sont assurement composez. J'y voiois clairement cette matiere subtile, qu'Aristote même a reconnuë sous le nom de Matiere Etherée, & qui selon lui, est répanduë par tout, & dans un mouvement tres-véhement. Je ne pouvois en suite disconvenir de la netteté de l'explication qu'il me faisoit des proprietez du corps liquide : & j'avouë que si la Philosophie de Descartes étoit aussi raisonnable dans tous les autres points qu'elle paroît l'être dans celui-ci, je serois peut-être un peu tenté d'être Cartésien. Sans m'amuser donc à contester des globules du second élement, & à lui proposer quelques autres difficultez qui me vinrent alors à l'esprit, je fis parfaitement ma cour de tout le reste à mes deux compagnons de voiage : c'est-à-dire, de la matiere subtile & de la matiere rameuse ou branchuë, que j'appellois sans façon en leur langage, matiere du premier & du troisiéme élement. J'aplaudis fort à l'explication de la liquidité, dont je loüai beaucoup la netteté & la simplicité. Mais un petit incident nous fit changer de discours, & pensa me faire perdre tout le fruit de ma premiere complaisance.

Il y avoit au haut de la tour où nous étions arrêtez, une espece de petit moulinet, qui y servoit de giroüete environ de sept pouces de diametre : il étoit d'acier fort mince & fort leger, les ailes en étoient fort égales, & l'essieu fort poli : de sorte que le moindre souffle de vent le faisoit aller, & faisoit en même tems tourner, pour marquer le vent, une verge de fer courbée, dont le bout faisoit l'essieu du moulinet. Le hazard voulut qu'un Soldat d'un Regiment Suisse, qui venoit d'arriver dans la Ville déchargeât son mousquet en l'air. Il étoit chargé de deux bales, une desquelles vint couler contre l'extremité d'une des ailes du moulinet, qu'elle ne fit qu'effleurer; & lui imprima cependant un mouvement fort grand, & qui dura fort long-tems. La bale continua son chemin presque par la même ligne, & alla à fort peu près, aussi loin & aussi vîte que l'autre bale, qui n'avoit point touché le moulinet. Ce n'est pas sans sujet que je marque cette derniere circonstance. Le P. Mersenne ne perdit pas cette occasion de me démontrer un autre principe de Monsieur Descartes. Vous voiez, me dit-il, ce moulinet: si la balle ne l'avoit pas touché en passant, comme il ne fait pas le moindre vent, pensez-vous qu'il eût cessé d'être en repos, & qu'il se fût remué de lui-même? Non assurement, lui répondis-je; & l'état où il étoit, il n'y a qu'un moment, n'a pû se changer en celui où il est à present, que par le moien d'une cause extérieure, qui a fait ce changement. Mais maintenant, ajouta-t'il, qu'il est dans un état tout contraire, pensez-vous qu'il pût cesser d'y être, sans la détermination de quelqu'autre cause, qui détruisît dans lui le mouve-

'ment, comme la bale y a détruit le repos. Mon Pere, répondis-je, cette question me paroît plus difficile à résoudre que l'autre. J'ai toûjours ouï dire, comme un axiome indubitable, que tout corps qui est en mouvement tend au repos, comme à sa fin. Je vous passe, reprit-il, ce galimatias philosophique: *tout corps en mouvement tend au repos, comme à la fin.* Le corps a-t-il de la raison & une volonté, pour avoir une fin & pour y tendre. Mais, si cette proposition est capable de recevoir un sens tolerable, elle ne veut dire autre chose, sinon que dans la situation & dans la disposition que les corps ont entre eux dans le monde, les corps sensibles qui s'y remuent, y perdent en effet peu à peu leur mouvement par la resistance que leur font les autres corps, ausquels ils le communiquent; & se trouvent enfin en repos. Car, si rien ne détruisoit cet état de mouvement, il dureroit toûjours; de même que, si rien ne détruisoit le repos d'un corps, il y demeureroit toûjours. Et c'est dont je veux vous convaincre par l'exemple de ce moulinet, que le hazard nous presente.

Si ce moulinet tournoit au milieu de

l'eau, comme il tourne maintenant au milieu de l'air; il est manifeste que son mouvement seroit bien-tôt détruit par la grande resistance qu'il trouveroit dans l'eau. Si deux de ses ailes étoient beaucoup plus longues, plus larges & plus pesantes que les deux autres; le mouvement cesseroit encore plûtôt, parce que cette inégalité seroit une nouvelle cause d'une plus grande resistance. Enfin, si avec cela l'essieu sur lequel il tourne, étoit fort gros, mal poli, & fort roüillé; le mouvement cesseroit encore plus promptement, par une semblable raison. Mais, parce qu'il est dans l'air, & dans un air assez pur; parce que ses ailes sont dans un parfait équilibre, & que son essieu est fort menu, fort net, & fort limé; la resistance qu'il trouve est bien moindre, & le mouvement est bien plus grand, & durera long-tems. Surquoi il faut raisonner de la sorte. Une grande resistance détruit beaucoup de mouvement. Une moindre resistance en détruit moins. Une resistance encore moindre en détruit encore moins. Donc, s'il n'y avoit nulle resistance, le mouvement ne seroit point détruit. Donc il dureroit toûjours. Donc, tout ainsi qu'un corps demeurera en repos, tandis que nulle cause exterieure ne le troublera dans la possession de cet état, de même il demeurera dans le mouvement, tandis que nulle cause exterieure ne s'y opposera. Et ainsi le grand principe de Monsieur Descartes est établi: Qu'un corps de lui-même demeure dans l'état où on l'a mis. S'il est en repos, il demeurera toûjours en repos. S'il est de figure triangulaire, il demeurera toûjours de figure triangulaire. S'il est en mouvement, il demeurera toûjours en mouvement. Mais au reste, ce principe n'est pas particulier à Monsieur Descartes; Galilée avant lui, Gassendi, Hobbes, Maignan, & plusieurs autres le supposent comme veritable. Je me souviens même, qu'en faisant mes collections pour mes Commentaires sur la Genese, où j'ai fait entrer une infinité de Dissertations Philologiques, Philosophiques, Astronomiques, j'ai marqué plus d'un endroit dans Aristote, où il enseigne, ou suppose cette doctrine; & un des plus subtils Philosophes de l'Ecole, c'est Vaïqués, l'a prouvé fort au long, pour ce qui regarde le mouvement. On peut dire cependant, que personne ne l'a plus fait valoir, & ne s'en est servi plus habilement & plus avantageusement que M. Descartes. Et c'est pour cela qu'on lui en fait honneur, plus particulierement qu'aux autres.

Je suis fort de vôtre avis, repris-je. Ce principe general est assurement un de ceux que l'esprit admet, sans se faire violence : & la difficulté qu'on y trouve quand on veut l'appliquer aux corps considerez dans le mouvement, ne vient que de la fausse idée, qu'on a communement, de ce qu'on appelle *modes* en Philosophie, & de ce que l'on conçoit le mouvement comme un être positif, & le repos comme sa privation ; quoique le mouvement, ne soit pas un être, ni le repos une privation d'être, mais tous deux des états differens & opposez, dont l'être corporel est capable. Mais, mon Pere, ce moulinet m'a fait naître un grand scrupule, dont il faut que je me décharge la conscience. C'est sur un autre principe de M. Descartes, qui regarde le mouvement. Faites reflexion, s'il vous plaît, que la bale qui a touché le moulinet, n'aiant fait que l'effleurer, n'a rien perdu, ou presque rien perdu de son mouvement, qu'elle a été aussi loin, & que nous l'avons vûë arriver au terme de son mouvement, en même tems que l'autre qui n'a point touché, ou à fort peu prés. D'autre part elle a imprimé un tres grand mouvement au moulinet. Car, soit que nous mesurions la quantité de ce mouvement, par la grandeur de la masse & de la superficie du corps qui a été remüé ; soit que nous le mesurions par la grandeur de l'espace que le corps a parcouru, dans le grand nombre de cercles qu'il a décrits, malgré la resistance du milieu, où il se remuë : soit même, que nous considerions la vîtesse de ce mouvement ; il est visible que la bale a beaucoup plus communiqué de mouvement à ce moulinet, qu'elle n'en a perdu. Et au contraire, si nous supposions ce moulinet dans l'état, où vous l'avez supposé d'abord, pour me démontrer la proposition de M. Descartes, c'est-à-dire, que ses ailes n'eussent pas été en équilibre, ni d'égale grandeur ; que l'essieu eût été fort gros, mal poli, & roüillé, & que la bale eût donné contre une des ailes d'une maniere moins oblique ; il est certain que, dans ces circonstances, la bale auroit beaucoup plus perdu de sa vîtesse & de son mouvement, & qu'elle en auroit imprimé, ou communiqué beaucoup moins au moulinet, qu'elle ne lui en a communiqué maintenant. Que deviennent donc ici ces grands principes de M. Descartes ? Qu'un corps ne communique précisément à un autre corps qu'il remuë, qu'autant de mouvement qu'il en perd : & qu'il n'en perd précisément, qu'autant qu'il en communique. Car ici la bale en communique beaucoup, & en perd peu ; & dans l'autre supposition elle en auroit perdu beaucoup, & en eut communiqué peu. Mais que sera-ce de ces autres fameux axiomes, qui sont les fondemens de sa Physique, & de tout son systême du monde ? Sçavoir, que Dieu en créant ce monde ou la matiere, y a créé en même tems une certaine quantité de mouvement, ou de transport d'un lieu à un autre, ainsi qu'il s'exprime lui-même, qui y est toûjours la même, sans croître, ni diminuer ; quoique les parties qui le composent en aient tantôt plus, & tantôt moins : d'autant que ce que l'une perd, passe necessairement dans une autre. Que Dieu est la cause universelle de tout le mouvement, qui se fait dans le monde. Que les créatures n'en produisent point, & ne font que déterminer celui qui est déja produit, & le reste. Car, si un corps en communique plus qu'il

Part. 2 princip. n. 36. Let. 71. Tom. 18.

n'en a, il faut que Dieu, ou le corps même, produise ce surplus de nouveau : & si un corps en perd plus qu'il n'en communique, il faut que ce qu'il perd, & ne communique pas, ne soit plus : & c'en est assez, pour démontrer que la quantité de mouvement n'est pas toûjours la même dans le monde ; & qu'au contraire elle croît, & diminuë à tous momens. En un mot, nous voions ici une grosse partie de matiere se mouvoir maintenant fort vîte, laquelle ne se remüoit point auparavant. Je veux qu'elle fût en équilibre, & fort facile à mettre en mouvement, cela ne fait rien; il est toûjours vrai de dire, qu'il y a un nouveau transport communiqué à une partie considerable de matiere : que ce transport est grand, puisqu'il transporte une grande matiere par un espace fort grand ; & que cependant la bale en perd tres peu, puisqu'elle est elle-même transportée à fort peu prés aussi loin, & aussi vîte, qu'elle l'auroit été, si elle n'avoit rien communiqué. Ce qui me paroît de plus grande consequence en cette matiere, c'est que même l'immutabilité de Dieu y est interessée : car la raison pour laquelle M. Descartes veut qu'il conserve toûjours la m m e quantité de mouvement dans le monde, c'est qu'il est immuable. Voiez, jusqu'où nous conduit nôtre moulinet. Mais quel dommage sera-ce, si l'exemple de ce moulinet, renversant ce principe de la quantité de mouvement, ruine absolument ces sept belles regles du mouvement, que M. Descartes a établies avec un calcul si exact? Elles le supposent toutes cependant, & elles ne subsistent qu'à la faveur de cette supposition. Il ne laisse pas neanmoins d'en conclure l'explication, par ces paroles remarquables: *Toutes ces choses sont si claires, qu'elles n'ont pas besoin de preuves.* Parte 2. Princip.

Mais sans m'arrêter à tirer d'autres consequences, il me semble, mon R. P. que j'aurois du moins quelque raison de dire, que M. Descartes n'a pas ici fort bien gardé le bon propos, qu'il fit dans son Hypocauste d'Allemague, lorsqu'il commença à philosopher: sçavoir, de se donner de garde sur tout de la precipitation dans ses jugemens: de ne jamais poser aucun principe, sans l'avoir examiné avec toute la diligence possible, & sans se l'être rendu plus évident, que les plus claires démonstrations de Geometrie: de prendre tellement garde à tout, & de faire une ana- Meth. pg. 16. & 37.

lyse si exacte de toutes les propositions qu'il avanceroit, qu'il fût assuré que rien ne lui étoit échapé. Car enfin, s'il avoit pris toutes ces précautions avant que de proposer sa doctrine du mouvement; vôtre moulinet, & une infinité d'autres exemples, lui seroient peut-être venus en pensée, & l'auroient apparemment fait changer de sentiment, ou du moins auroient empêché, que *ces choses ne lui parussent si claires, qu'elles ne lui semblassent pas avoir besoin de preuves.*

Je prévoiois que ce discours ne plairoit pas à mes compagnons; & je suis sûr que mon vieillard commençoit déja à se repentir, d'avoir répondu de moi au P. Mersenne, comme d'un homme qui donneroit aveuglément, & de tout son cœur dans le Cartesianisme. Ce Pere me répartit cependant fort doucement, qu'il avoit remarqué trois choses dans tout mon discours : un peu de malignité dans mes reflexions : beaucoup de faux préjugez, dont je n'étois pas encore bien quitte, quelque assurance que je lui eusse donné du contraire; & au fond quelques difficultez, dont il étoit à propos que je m'éclaircisse avec M. Descartes. Mais quelque grandes qu'elles vous paroissent, ajoûta t'il, elles disparoitront, si tôt que vous l'aurez entretenu. J'en ai fait moi-même cent fois l'experience : il n'y a jamais eu personne qui lui ait fait plus de questions que moi, en toutes sortes de matieres, & jusqu'à le fatiguer. Ces difficultez me paroissoient quelquefois inexplicables ; mais une lettre d'une page, qu'il m'écrivoit, dissipoit tous mes doutes, & m'éclairoit plus sur les matieres dont il s'agissoit, que les livres entiers des autres. Je m'attendois bien au reproche des préjugez : car c'est le refuge ordinaire de M. Descartes, & de Messieurs ses Disciples, quand ils se sentent un peu pressez. Je ne le poussai pas neanmoins sur cet article : je me défendis seulement de la malignité, qu'il attribuoit à mes reflexions ; & pour ce qui est de l'esperance qu'il me donnoit de la solution de mes difficultez par M. Descartes, je lui ajoûtai : Vous me réjoüissez, mon Pere : car je suis Cartesien de cœur, quoique je ne le sois pas encore tout-à-fait d'esprit, n'aiant pas assez de lumieres pour me débarrasser de tous les doutes, que la lecture des livres de ce grand homme m'a fait naître : mais j'aime sincerement la verité ; & soiez sûr que je m'y rendrai, si-tôt que M. Descartes me la presentera.

Aprés cette protestation, qui me parut me rétablir un peu dans leur esprit, nous continuâmes nôtre chemin : & il est bon que j'avertisse ici mon Lecteur, une fois pour toutes, que, quelque longues que paroissent sur le papier ces disputes & ces entretiens que je rapporte, ils ne duroient cependant qu'un instant ; parce que les Esprits separez s'entretiennent tout autrement les uns avec les autres, que quand ils sont dans leurs corps, dont la langue ne peut prononcer qu'une syllabe à la fois. Un seul mot spirituel, qu'une ame separée dit à une autre ame, exprime plus de choses, que mille mots prononcez, ou écrits, n'en peuvent faire comprendre à ceux qui les écoutent, ou qui les lisent ; & depuis que j'ai fait ce voiage, il m'est venu une infinité de belles lumieres, pour expliquer la maniere dont les Anges parlent entr'eux. Je ne desespere pas d'imprimer un jour sur cette matiere. Il est vrai que j'y dirai bien des choses qu'on n'entendra pas faute d'usage : mais mon livre n'en sera pas peut-être pour cela moins bien venu, & il pourra avoir le même bonheur que ces livres de Théologie Mystique, qui sont depuis quelque tems si fort à la mode, par cette raison seulement,

ment, que ceux qui les lisent, ne les entendent pas, & que ceux qui les composent font semblant de les entendre. Car on ne sçait que trop par experience, que les Auteurs de ces livres, ne sont pas toûjours d'aussi grands saints, qu'ils tâchent de le paroître.

Nous partîmes donc de dessus la tour, même avant que le moulinet eût cessé de tourner, & nous tirâmes vers le globe de la Lune. Mon ame ressentit un plaisir inconcevable à s'élever ainsi dans les airs, & à errer dans ces vastes espaces, qu'elle ne pouvoit parcourir que des yeux lorsqu'elle étoit unie à son corps. Ce plaisir me faisoit ressouvenir de celui que j'avois goûté quelquefois en dormant, m'imaginant en songe avancer à grands pas dans l'air, sans toucher à terre, au dessus de laquelle je me croiois élevé de plusieurs coudées.

Nous rencontrâmes en chemin une infinité d'ames separées de toutes nations, & même des Lappons, des Finlandois, des Brachmanes ; & je me souvins alors, que j'avois lû en effet dans divers livres, que le secret de la separation de l'ame d'avec le corps étoit connu chez ces peuples. Mais, environ à cinquante lieuës de cette Planete, il y a

O'aüs mag. l. 3. c. 176 Tert. de anima.

une région fort habitée, sur tout de Philosophes la plûpart Stoïciens. Et depuis cet endroit jusqu'à ma sortie du Globe de la Lune, je trouvai de quoi démentir l'histoire, sur le chapitre d'une infinité de personnes qu'elle suppose être mortes, comme les autres hommes; quoiqu'elles ne soient pas plus mortes que M. Descartes. Je parlerai de quelques-unes dans la suite.

La Lune a une Atmosphere, ainsi que la terre, qui peut bien avoir trois lieuës de France de hauteur. Comme nous étions prests d'y entrer, nous vîmes d'assez loin trois ames, qui s'entretenoient ensemble fort serieusement. Nous jugeâmes que c'étoit des ames de consequence, par le respect que plusieurs autres qui les accompagnoient, faisoient paroître pour elles. Nous nous informâmes qui elles étoient, & on nous répondit que c'étoit Socrate, Platon, & Aristote, qui s'étoient donné rendez-vous en ce lieu, pour un interêt commun; qu'ils avoient appris par des nouvelles certaines de nôtre Monde, que les Venitiens avoient conquis sur les Turcs, non seulement l'ancien Peloponese, mais encore la celebre ville d'Athenes, où ces trois Philosophes parurent autrefois avec tant d'éclat : qu'ils venoient d'arrêter dans leur conference, que dés que l'ame de quelque noble Venitien paroîtroit dans ces quartiers, ils la prieroient de recommander leurs interêts au Generalissime Morosini, & à la Republique ; & de leur demander qu'on relevât les statuës que les Atheniens leur avoient fait ériger : qu'on rétablît l'Academie & le Lycée avec tous leurs privileges, & qu'on replaçât dans le Prytanée les marbres, où l'on avoit fait graver la justification de Socrate, avec les execrations dont on chargeoit Anytus, & Melitus, qui l'avoient fait condamner à la mort : qu'en cas qu'ils poussassent leurs conquêtes jusques dans la Macedoine, ils eussent autant d'égard pour Stagyre, appellée maintenant *Liba nova*, qu'Alexandre le Grand en eut de son tems en consideration de son maître Aristote, dont elle étoit la patrie. Je suis surpris, nous dit le P. Mersenne, de voir ces Philosophes : je n'en ai jamais entendu parler ici, & je ne les y ai jamais rencontré dans mes voiages. Il est bien vrai que j'ai remarqué dans mes Commentaires sur la Genese, que Platon, & Trismegiste quittoient quelquefois leur corps, pour contempler plus

E ij

à leur aife le fouverain bien: & que Socrate, au rapport d'Alcibiade chez Platon, avoit de tems en tems de femblables extafes. Il eſt vrai encore, que je n'ai jamais crû qu'Ariſtote eût été affez fol, pour fe jetter dans l'Euripe la tête la premiere, de rage & de defefpoir de ne pouvoir comprendre le flux & le reflux de la mer: & que bien des chofes, que j'avois lu dans ce Philofophe, m'ont fait foupçonner qu'il fçavoit le fecret de la feparation: mais je ne m'étois pas avifé de m'informer, fi ces Meffieurs s'étoient fervis de leur fecret, pour s'empêcher de mourir. Vous verrez, ajoûta-t'il, que comme M. Defcartes s'eſt déterminé à executer le projet qu'il avoit fait d'un Monde, lorfqu'il vivoit encore fur la terre, Platon auffi aura pris la refolution d'executer celui de fa République, qu'il fe fera établi dans quelque endroit de ces grands efpaces inhabitez, qui font au de-là du Ciel, & qu'il y aura mené une colonie d'ames feparées, pour compofer cette Republique.

Si cela eſt, dit nôtre vieillard, Lucien n'avoit de gueres bonnes nouvelles de l'autre Monde, puifque, dans fes dialogues des morts, il parle fi fouvent de Socrate, comme d'un homme qui avoit passé le Styx dans la barque de Caron, & comme d'un ancien habitant des enfers. Mais que diriez-vous, Messieurs, repris-je, de nôtre nouveau Lucien, je veux dire de l'Auteur des nouveaux dialogues des morts, qui place sans façon M. Descartes dans les enfers, & qui l'y fait entretenir avec le faux Démetrius de Moscovie ? Cet Auteur n'est-il pas fort agreable de croire, parce qu'il nous dit dans cet ouvrage de fort jolies choses, & nous y divertit par quantité de traits d'histoire fort choisis, de croire, dis-je, sous ce pretexte avoir droit de nous debiter toutes les plaisanteries de son imagination, sans avoir nul égard à la verité ? Mettre M. Descartes dans les enfers, tandis qu'il est au de-là des Cieux, n'est-ce pas, pour m'exprimer dans le stile Quolibetique de nôtre ami M.... *Aberrare toto Cœlo* ?

Nouveaux Dial. des morts.

Cependant nous vîmes ces trois Philosophes s'avancer vers nous. On sçait que c'étoit les trois plus honêtes gens de tous ceux qui ont porté ce nom dans l'antiquité; & qu'on les a toûjours fort distinguez d'avec cette canaille de Sophistes, & de Cyniques, qui n'étoient pour la plûpart que de vrais bâteleurs ;

& qui ne s'acqueroient la reputation de sages, que par les extravagances les plus outrées. Socrate fit le compliment, & nous dit fort obligeamment: Qu'il voioit bien que nous étions François: non seulement parce que nous arrivions par le chemin de France, mais encore parce qu'il reconnoissoit dans nous le caractere & l'esprit de la nation: que c'étoit le peuple le plus poli, qui fût maintenant sur la terre: que, quoi qu'il eût peu de commerce avec nôtre Monde, il en avoit neanmoins assez, pour sçavoir cette particularité. Il nous demanda ce qui nous amenoit, & où nous allions.

Le Pere Mersenne prit la parole, & lui répondit que nous allions voir un de nos amis, qui demeuroit assez loin de là: & que nous étions heureux de pouvoir en passant rendre nos tres humbles respects à des personnes qui avoient fait l'admiration & la gloire de l'Antiquité, & dont les noms aprés deux mille ans étoient encore connus, & en veneration chez toutes les nations de la terre.

On nous croit morts en ce païs-là, dit Socrate. Il est vrai, repartit le P. Mersenne, & j'étois dans cette erreur commune. Mais voici deux Messieurs, continua-t-il, en nous montrant, qui sont encore habitans du bas monde, & qui détromperont les hommes sur cet article. Je n'en serai pas fâché pour mon particulier, repartit-il; & il est bon qu'on sçache que l'ame d'un Philosophe de ma sorte n'a pas attendu, pour sortir du monde, les ordres d'une faction de Juges scelerats, & les cris d'une populace animée par l'envie & par les turlupinades d'un maraut de Comedien. Voici donc comme la chose se passa. Connoissant la fureur & le credit de mes ennemis, je ne me vis pas plûtôt arrêté, que je quittai mon corps, ordonnant à mon esprit familier d'y entrer en ma place, & de faire bonne contenance jusqu'à la fin ; étant encore plus sûr de lui, que de moi même, quelque constance que je me sentisse. Il s'acquitta fort bien de sa commission ; & je crois qu'on n'a pas encore oublié dans le monde la fermeté qu'il fit paroître sur mon visage & dans mes paroles, lorsqu'on me vint prononcer l'arrêt de ma mort : l'intrepidité avec laquelle on me vit prendre de la main du bourreau la potion de ciguë, qui empoisonna mon corps, & la rage de mes ennemis, qui penserent crever de dépit, de me voir Philosophe jusqu'au bout. Il est vrai, repris-je alors, que cette derniere action de vôtre vie vous fait encore aujourd'hui grand honneur parmi les hommes; & je ne sçai s'il est de vôtre gloire que nous publions trop la verité du fait, que vous venez de nous raconter. N'importe, repondit-il, j'aime encore mieux la verité que ma gloire, & je m'interesse plus pour elle que pour moi-même. Ho! la belle réponse, m'écriai-je. Elle vaut seule toute la harangue que vôtre esprit familier fit à vos amis, pour les consoler de vôtre mort; & je la ferai assûrément valoir ce qu'elle vaut. Si un bel esprit de nôtre Monde l'avoit entenduë, il vous auroit sans doute canonisé : lui qui lisant vôtre histoire, avoit toutes les peines du monde à s'empêcher de vous invoquer, & de dire : *Sancte Socrates, ora pro nobis.* (On sçait que cette extravagance est d'Erasme,) & Socrate même trouva la chose fort impertinente.

Ensuite, Aristote nous chargea aussi de desabuser le monde sur les divers bruits qui avoient couru de sa mort; les uns le faisant mourir d'une colique : les autres assûrant qu'il s'étoit empoisonné lui-même : d'autres, qu'il s'étoit précipité dans l'Euripe. Ces derniers approchoient le plus de la verité. Il nous dit donc, qu'aïant été disgracié & chassé de la Cour, sur le soupçon qu'on eut, qu'il avoit trempé dans la conspiration de Callisthene son ami, contre Alexandre, il se retira à Athenes, où il tint école de Philosophie: qu'il y fut accusé d'Atheisme, aussi faussement que Socrate, par un Prêtre de Cerés, ce qui l'obligea de se retirer à Calcis: que s'étant un jour allé promener sur le bord de l'Euripe, & aïant rappellé dans son esprit les belles occasions qu'il avoit perduës, de faire une grande fortune: voïant toutes ses esperances renversées: qu'il n'y avoit plus rien à faire pour lui à la Cour, ni à Athenes, le chagrin dont il étoit saisi le détermina à quitter le monde: que pour cela il se servit du secret que lui avoit appris Esculape, dont il avoit l'honneur de descendre en droite ligne par Nicomaque son pere, jadis medecin du Roi Amyntas grand pere d'Alexandre: qu'il se servit de ce secret pour se separer de son corps, qu'il laissa dans un endroit où le flux de la mer étant monté, elle l'emporta. Comme on eut trouvé son corps noïé, chacun dit sa conjecture. Les gens de Cour qui sçavent l'impression que la

E v

disgrace fait sur l'esprit d'un courtisan; & qui sont plus sujets qu'on ne pense à la tentation du desespoir, raisonnoient assez juste sur ce point-là. Mais l'opinion des disciples d'Aristote prévalut. Il leur expliquoit en ce tems-là la question du flux & du reflux de la mer. Il leur avoit avoüé, contre sa coûtume, qu'il n'y voioit pas bien clair, & que cela le chagrinoit fort. De là ils conclurent, sans hésiter, que c'étoit là la cause de sa mort. Un d'eux l'écrivit hardiment en divers endroits de la Grece. Et comme s'il eut été derriere lui dans le tems qu'il s'étoit jetté dans l'eau, il ajoûta les paroles qu'il avoit dites à la mer en se précipitant: *Puisque je ne te puis comprendre, comprend moi.* L'antithese parut fort jolie. Elle servit à donner cours au bruit. Et c'est avec ce passeport qu'elle est venuë jusqu'à nous.

Il y a assurement du merveilleux dans ces particularitez, aussi-bien que dans celles de l'histoire de Socrate; & plusieurs de ces circonstances ne se trouvent point dans les Auteurs qui en ont écrit. Cela me fait esperer qu'elles seront bien receuës du public; puisque c'est par là que plusieurs faiseurs d'histoires de nôtre tems se font reputation,

& se distinguent des autres : que les paradoxes en matiere d'histoire sont à la mode plus que jamais : qu'un manuscrit, qui dit le contraire de ce qu'on a pensé jusqu'alors, sur tout s'il est médisant, ne manque gueres de l'emporter sur tous les autres : que les extraits qu'on envoie aux Auteurs des Journaux de Hollande, & des nouvelles de la Republique des Lettres pour faire valoir les Livres, ne contiennent pour l'ordinaire que ces nouvelles & surprenantes découvertes. Car enfin ce ne sont pas des manuscrits que je cite, pieces fort sujettes à caution : mais c'est le témoignage des personnes qui sont le sujet de l'histoire, & qui ont eux-même fait, ou souffert les choses que je raconte. Et je défie tous les plus chagrins critiques de me convaincre ici de faux, par les histoires du Roiaume de la Lune.

Pour Platon, il nous dit qu'il ne se mettoit pas fort en peine de ce que les hommes pensoient de lui, & nous remercia des offres de service que nous lui faisions. Mais nous fûmes convaincus par l'experience, de la verité de la conjecture du Pere Mersenne, touchant sa Republique. Et même si ce Pere avoit été un peu mieux instruit de ce qui se passé au globe de la lune, il n'auroit pas été surpris de rencontrer Platon & Aristote, dans l'endroit où nous les rencontrâmes; puisque le premier y a établi en effet sa Republique, & le second son Lycée, & qu'on voit l'une & l'autre marquées dans les Cartes de ce Païs, faites fort exactement par le P. Grimaldi Jesuite, un des plus habiles Mathematiciens de ce siecle. Nous ne sçûmes rien d'asseuré de la demeure de Socrate: mais il y a grande apparence que son sejour ordinaire est dans la Republique de son cher disciple Platon.

Cartes Selenographiques.

Aprés ce petit entretien, comme nous prenions congé de ces Messieurs, Socrate nous demanda quel étoit l'ami que nous allions voir. Le Pere Mersenne répondit qu'il s'appelloit Descartes. Descartes! reprit Aristote. Quoi cet extravagant, qui est venu de l'autre monde il y a plus de trente ans? Qui a été la choüette de tous les Philosophes, qui n'ont pû le souffrir ici, & qui l'ont obligé à deserter? Vraiment c'est un fort joli homme, de m'avoir traité aussi cavalierement, & avec autant de mépris, qu'on dit qu'il a fait: Moi, qui ai été Précepteur du plus grand Prince & du plus grand Conquerant qui fût jamais!

Moi à qui Philippe & Olympias firent élever des statuës! Moi, qui ai enseigné la Philosophie à Athenes, qui ai fait tant de Livres, qui ai eu tant de Commentateurs! Moi, dont les paroles sont depuis si long-tems des oracles & des décisions dans l'Ecole! Moi enfin, que tous les Philosophes se font honneur d'avoir dans leur parti, sans vouloir, & même sans oser avoüer que je sois dans le parti contraire! Je voudrois bien voir cet Avanturier sur les bancs. J'ai vû ses Livres; ils font pitié.

Devineriez-vous, continua-t-il, en s'adressant brusquement à Socrate & à Platon, la premiere démarche qu'il fait faire à son Sage pour le conduire seurement à la connoissance de la verité? Il le fait d'abord douter de tout, & tenir même pour faux les principes les plus clairs: Que deux & trois sont cinq: Que le tout est plus grand que sa partie, &c. Vous sçavez Messieurs, nous dit-il, qu'on l'a furieusement tourmenté dans le monde sur cet article. Mais pour moi je ne voudrois lui faire qu'une question. Prétend-il qu'on doute en effet de toutes ces choses, ou ne le prétend-il pas? S'il ne le prétend pas, pourquoi en fait-il le premier precepte de sa methode?

Car en matiere de precepte & de methode, il faut les pouvoir mettre en pratique. Et s'il le pretend, pourquoi dit-il plus d'une fois, dans ses Meditations, & dans sa Methode, que les argumens des Sceptiques, qui sont à peu prés les mêmes, que ceux qu'il apporte pour nous engager dans ce doute, n'ont jamais été capables de faire douter de ces veritez une personne qui eût la raison saine ? Croit-il, que ceux qu'il instruit, n'aient pas la raison saine ? ou s'imagine-t-il que les argumens des Sceptiques auront plus d'efficace dans sa bouche, ou dans ses écrits, que dans ceux de ces Philosophes, qui ne songeoient pour la pluspart, qu'à faire de la peine aux autres Sophistes, & à se divertir de ceux qui entreprendroient de les refuter ; & qui n'eussent jamais esperé qu'un Descartes dût un jour mettre leurs sophismes à la tête d'une Methode.

In Synopsi Medit.

Rép. aux Inst. de Gassendi.

Mais, si une fois Descartes m'avoit persuadé de douter que deux & trois fissent cinq, que le tout fût plus grand que sa partie, de quelle methode useroit-il pour me lever ce doute, & pour me rendre ma premiere certitude ? Il ne le pourroit faire, que par le moien de quelque autre proposition, qui me fût plus évidente, dont il se serviroit pour me convaincre que celles-cy, dont j'ai commencé à douter, doivent être indubitables. Or quelle est, selon lui, cette admirable proposition, qui doit communiquer sa clarté à toutes les autres, ainsi que le soleil communique sa lumiere à toutes les planetes ? La voici : *Je pense, donc je suis.* Car, dit-il, il n'est pas possible que je pense sans être : beau raisonnement ! Hé quoi, est-il plus possible que deux & trois ne soient pas cinq ? Est-il plus possible que le tout soit moindre que sa partie, qu'il est possible que je me trompe sans penser, & que je pense sans être ? Et si je puis faire un effort sur mon esprit, pour douter des deux premieres propositions ; aurai-je besoin d'un plus grand effort pour douter de la troisiéme ? Et si un Sceptique a l'impudence de me nier celles-là, lui en faudra-t'il davantage pour me nier celle-ci ? & ne me trouverai-je pas dans une égale impuissance de les lui prouver toutes trois ? Descartes, en procedant de la sorte, pretend-il faire taire un Sceptique, qui le défie de lui rien démontrer, ou me montrer l'évidence d'une proposition, dont il suppose qu'il m'a fait douter ? Le Sophiste déterminé à nier l'évidence des propositions les plus claires, se moquera de lui. Et je m'en moquerai aussi, en lui disant, que je demeure dans le doute des propositions, dont il m'a fait douter; puisque celle qu'il m'apporte pour me tirer de ce doute, n'est pas plus évidente, que celle dont il m'a fait douter.

Mais apparemment, continua-t'il en nous raillant : vous étes charmez du progrés surprenant qu'il fait ensuite dans sa methode. Faisant reflexion, dit ce grand Philosophe, sur cette premiere connoissance : *Je pense, donc je suis*; je remarque qu'elle ne m'est certaine que parce que j'ai une perception claire & distincte de ce que j'y affirme; & qu'ainsi je puis prendre pour une regle generale, que tout ce que je conçois clairement & distinctement est vrai. Mais, est-ce-là un privilege particulier de sa proposition favorite : *Je pense, donc je suis* ? Et supposé, que Descartes m'eût laissé dans la possession où j'étois, & où je ne puis pas cesser d'être, de la certitude de ces propositions, Deux & trois font cinq : Le tout est plus grand que sa partie ; ne pourrois-je pas faire sur ces propositions, la même reflexion qu'il fait sur la sienne;& n'ayant à chercher que pour moi, & non pas pour les Sceptiques une regle de verité, dont je pûsse me servir dans tous mes jugemens, ne pourrois-je pas raisonner sur mes propositions, comme il fait sur la sienne ? La raison pour laquelle ces propositions me sont certaines, c'est-à-dire, pour laquelle, non seulement je n'en doute point, mais même je sens que je n'en puis pas douter ; c'est que j'ai une perception claire & distincte de ce que j'y affirme ; & puisque je l'ai, puis-je douter que je ne l'aie ; puisque l'avoir, & juger, ou plûtôt sentir que je l'ai, c'est le même acte d'entendement ? Car en effet c'est de là, c'est de ma propre conscience, que vient l'impossibilité où je suis de douter de cette proposition, Deux & trois font cinq ; aussi-bien que de celle-ci : *Je pense, donc je suis* ; ainsi qu'en conviennent tous ceux qui sçavent juger un peu delicatement de ces matieres. Je pourrois donc tirer également, de ces deux propositions & d'une infinité d'autres, cette conclusion que tire Descartes de la sienne pour lui servir de regle de verité : *Tout ce que je connois clairement & distinctement est vrai*. Et il est inutile, & même impossible, de faire dépendre la certitude & l'évidence de ces sortes de propositions de la certitude & de l'évidence d'aucune autre ; parce qu'elles les ont d'elles-mêmes, & non d'aucun antecedent, ni d'aucun préjugé. Toutes ont une évidence égale; & rien n'est plus absurde, ni plus contre la methode, que de se vouloir convaincre des unes par les autres. C'est pour cela, qu'on les appelle propositions immediates; & même Descartes sçaura que ce principe general : *Tout ce que je conçois distinctement est vrai*, n'est nullement la regle de la verité de ces sortes de propositions : mais que leur regle de verité, c'est-àdire, ce qui me convainc de leur verité, est, comme je viens de le dire, la seule experience, & le seul sentiment interieur que mon esprit a de cette verité, dans l'instant même qu'il les forme.

Aristote, que le seul nom de M. Descartes avoit mis en humeur, ne demeura pas en si beau chemin ; & il continua à pousser vigoureusement sa critique. Le plus grand plaisir, dit-il, que j'aie eu en lisant ce bel ouvrage, c'est de voir un homme s'enferrer lui même d'une maniere, à ne pas échaper, non pas au plus subtil des Sceptiques, mais à un petit Logicien, qui joindroit avec un peu d'esprit & de bon sens quelque usage des regles de

Logique. Il parcourut en même tems la Methode, les Meditations, & la premiere partie du Livre des Principes, d'une maniere à nous faire connoître qu'il les avoit fort examinez. Il nous montra, en nous rapportant l'ordre & l'arrangement des propositions de Descartes, qu'on ne pouvoit pas s'y prendre plus mal, qu'il s'y étoit pris, pour trouver & pour s'établir une regle de verité. Qu'aprés nous avoir fait douter de tout, & ensuite nous avoir fait commencer le chemin de la science par ce principe : que, *tout ce que nous connoissons distinctement est vray* ; il nous le rend suspect aussi-tôt aprés par ce discours tiré de sa troisiéme Meditation. Mais plusieurs « choses, qui m'avoient paru autrefois « évidentes, me sont devenuës douteu- « ses. Ce qui m'a déterminé, à douter « jusqu'à present, si deux & trois faisoient « cinq : c'est qu'il m'est venu en pensée, « que peut-être il y avoit un Dieu, qui « pourroit m'avoir fait de telle maniere, « que je pusse me tromper dans les cho- « ses qui me paroissent les plus éviden- « tes. Et toutes les fois que cette pensée « de la puissance de Dieu me vient à l'es- « prit, il m'est impossible de ne pas a- « voüer, que s'il veut, il lui est tres-fa- «

» cile de faire ensorte que je me trompe,
» dans les choses que je conçois le plus
» clairement. Mais d'ailleurs, lorsque
» j'envisage les choses que je conçois di-
» stinctement ; j'en suis si fort convain-
» cu, que je ne puis m'empêcher de m'é-
» crier : Me trompe qui voudra : Il ne
» pourra jamais faire, que, tandis que je
» pense, je ne sois pas, que je n'aie ja-
» mais été, puisqu'il est vrai maintenant
» que je suis ; & peut-être même ne
» pourra-t-il pas faire non plus, que
» deux & trois soient plus ou moins que
» cinq, & ainsi des autres, où je vois une
» manifeste contradiction. Et certes
» n'aiant nulle occasion de croire qu'il y
» ait un Dieu trompeur, & ne sçachant
» pas même encore s'il y en a un, la rai-
» son qui me fait douter, n'étant fondée
» que sur ce soupçon, est bien petite ; &,
» pour m'exprimer ainsi, n'est que méta-
» physique. Mais pour lever ce doute là
» même, il faut que j'examine s'il y a un
» Dieu ; & en cas qu'il y en ait un, s'il
» peut être trompeur.

Là dessus Aristote fit ses reflexions ; sçavoir, que Descartes n'avoit plus droit de regarder comme une regle de verité, cet Axiome, *Tout ce que vous concevons distinctement est vrai* ; puisqu'il le rendoit douteux, par la raison tirée de la puissance de Dieu : raison, qui lui paroissoit si forte, qu'il lui étoit impossible, y faisant attention, de ne pas avoüer, que, si ce Dieu vouloit, il ne pût tres facilement faire en sorte, que nous nous trompassions dans les choses que nous concevions tres distinctement : Que, supposé cela, l'autre regard qu'il jettoit sur l'évidence des propositions, ne devoit, tout au plus, que le faire balancer, & lui rendre probable la verité de sa regle. Qu'il ne devoit pas même avoir cet effet; puisqu'il ne pouvoit l'avoir qu'en vertu de l'évidence des propositions ; regle qui lui devenoit tres incertaine, par ce seul argument, auquel il lui étoit impossible de ne se pas rendre, quand il y faisoit attention. Que la raison, qui le fait douter de son axiome, quoique fondée sur le seul soupçon de l'existence d'un Dieu, laquelle il n'a point encore examinée, ne doit pas être petite, par rapport à un homme, qui suivant sa Methode, reconnoît que la puissance de ce Dieu, en cas qu'il existât, s'étendroit à tout, & peut-être jusqu'à nous créer tels, que nous nous trompassions dans les choses que nous connoîtrions le plus clairement. Et qu'enfin il étoit contre toutes les regles de la methode, qu'un Philosophe, qui avoit encore quelque doute sur la verité de cette proposition: *Tout ce que je connois distinctement est vrai*; songeât à se prouver l'éxistence de Dieu, pour se delivrer de ce doute. Car le moien de se convaincre de l'existence de Dieu, que par quelque demonstration évidente? & comment s'en convaincre par une démonstration évidente, tandis qu'on doutera, si ce qu'on conçoit tres-distinctement est vrai?

D'où Aristote concluoit que Descartes dans sa Methode faisoit un cercle, qui est le plus vilain de tous les defauts, que puisse avoir un raisonnement. Car selon lui, il ne peut être parfaitement sûr de ce principe, *Tout ce que je connois distinctement est vrai*: que, parce qu'il y a un Dieu, & que ce Dieu n'est point un trompeur. Et il ne peut sçavoir, qu'il y a un Dieu, & que ce Dieu n'est point un trompeur, que parce qu'il connoît distinctement l'existence de Dieu par l'idée qu'il en trouve dans lui-même; & que parce qu'il conçoit distinctement, que, tromper est une chose indigne de Dieu. En un mot, qu'il prouvoit la premiere proposition par la seconde, & la seconde par la premiere, sans avoir droit de supposer la verité ni de l'une ni de l'autre. Mais, Messieurs, continua-t'il en nous insultant, je pardonne en vôtre consideration, cette fausse démarche à vôtre bon maître. C'est un grand pas qu'il a fait à tâtons : aprés tout cependant, il se trouve sur ses pieds. Il a conclu l'existence de Dieu, & qu'il a beaucoup de veritez que nous connoissons avec évidence & certitude. La conclusion est vraie, quoique la consequence soit fausse. Mais trouvez bon, que j'ajoûte encore un mot ; & qu'en raprochant ses principes & ses axiomes les uns des autres, je vous fasse voir, combien est mal fondée la reputation, qu'on dit, qu'il a d'un Philosophe qui parle fort consequemment, & d'une maniere fort suivie. Il me souvient d'avoir lû dans cet Auteur une proposition, qui me paroissoit assez gaillarde : sçavoir, que Dieu peut changer les essences des choses : que les propositions, qu'on appelle necessaires, ne sont vraies, que, parce que Dieu le veut; & qu'ainsi, si Dieu avoit voulu, comme il pouvoit le vouloir, que deux & trois ne fussent pas cinq, cette proposition, Deux & trois font cinq, seroit maintenant fausse.

In Resp. ad object. 5.

Quand Descartes avance ce paradoxe, il affecte de faire paroître un grand respect & une grande soûmission pour la toute puissance de Dieu; & se fâche même contre les autres Philosophes, & les accuse presque de blasphéme, parce qu'ils osent dire que Dieu ne peut pas faire, que deux & trois ne soient pas cinq. Cependant quand on suit un peu Descartes, on s'apperçoit bien, que ce n'est pas tout-à-fait par devotion, qu'il soûtient cette these : mais, que c'est parce qu'on conclut évidemment cette proposition absurde de quelques points de sa doctrine. Admettre une proposition aussi dure que celle là, par contrainte, & comme une conclusion qui suit évidemment d'un principe qu'il a posé, cela ne lui auroit pas fait d'honneur, & auroit pû rebuter les gens : c'est pourquoi il a pris le parti de nous prevenir, de faire lui-même le saut, & de s'étonner le premier, que les Philosophes eussent eu la temerité de mettre ainsi des bornes à la toute-puissance de Dieu. Je n'examine pas maintenant l'absurdité de cette proposition : je n'entreprends pas de relever toutes les béveües de ce pretendu heros de la Philosophie; & il seroit trop glorieux de sçavoir que je me fisse une affaire de le critiquer.

critiquer. Mais en demeurant dans le sujet dont il s'agit, je dis, que quand tout ce que j'ai avancé contre sa Methode, seroit faux; que, quand tous les argumens dont on l'a combatuë dans le monde, seroient nuls; ce paradoxe seul la renverse entierement; & qu'en le supposant vrai, il lui est impossible de nous donner une regle de verité. Car s'il est vrai que la verité des propositions necessaires dépend tellement de Dieu, qu'il a pu faire que celles qui passent pour necessairement vraies, fussent fausses, il a pu faire que ces deux-ci fussent aussi fausses: *Ce que je conçois clairement est vrai. Etre trompeur est une imperfection.* Si Dieu l'a pu faire, qui a dit à Descartes qu'il ne l'a pas fait? Quelle raison a-t'il de le croire, plûtôt que le contraire? Dieu le lui a-t'il revelé? Sur son principe, je ne douterai pas seulement en Sceptique, de ces deux propositions, mais j'en douterai serieusement. Ainsi ses deux regles de verité, cessent d'être regles de verité. Qu'il vienne donc maintenant me faire sa belle proposition: *je pense, donc je suis:* sans être Sceptique je ne voudrai pas l'admettre. Pourquoi? Parce que je ne sçai pas, si Dieu de toute éternité a voulu qu'elle fût vraie ou fausse. Et je ne le puis sçavoir que par revelation ; encore faudroit-il examiner, si la revelation pourroit être une regle de verité dans ces circonstances. Ainsi le sage de Descartes, qui étoit déja parvenu jusqu'à sçavoir qu'il pensoit, & qu'il étoit, perd malheureusement ici la tramontane. J'aurois encore bien des reflexions à faire, & je ne tarirois jamais sur cette belle Metaphysique : sur les démonstrations nouvelles, qu'on prétend y donner de l'existence de Dieu, de la distinction du corps & de l'ame : sur la maniere dont il répond aux objections qu'on lui a faites sur le reste de sa Methode : si je voulois vous faire remarquer comment, lorsqu'on attaque ses propositions, & en même tems la suite de ses propositions, ou la methode dont il se sert pour parvenir à la connoissance de la verité, il se contente quelquefois de défendre ses propositions bien ou mal, sans entreprendre de justifier sa methode, qui est pourtant l'endroit par où il a pretendu se faire le plus valoir ; & qui au fond, est ce qu'il y a de plus méchant, ainsi que je crois vous l'avoir bien prouvé. Mais ceci suffit pour vous convaincre que le jugement, que je porte de vôtre maître, n'est pas sans connoissance de cause ; & puis, je vous arrête trop long-tems. Adieu Messieurs les Cartésiens, je suis fort vôtre serviteur : mes complimens à vôtre illustre maître.

Socrate & Platon le suivirent, en prenant congé de nous un peu plus civilement que lui; & Platon nous ajoûta qu'il étoit ravi qu'on décriât Aristote dans le monde : qu'il le meritoit, quand ce ne seroit que par la conduite qu'il avoit tenuë à l'égard des Philosophes ses predecesseurs, & principalement à son égard : qu'il avoit fait tout ce qu'il avoit pû, pour détruire la reputation qu'ils avoient dans le monde ; qu'il l'avoit épargné moins que les autres, quoi qu'il eût été son Maître ; & qu'il lui avoit enlevé par ses calomnies, en matiere de doctrine, la qualité de Prince des Philosophes.

Vous ne sçavez pas, lui dis-je, ce qui peut arriver encore ; & vous ne devez pas desesperer de revenir sur les rangs. La Philosophie d'Aristote a eu des fortunes bien diverses depuis quinze cens ans ; & je vous dirai pour nouvelle de nôtre Monde, qu'il n'y a gueres que quatre-vingts ans, que le souverain Pontife des Chrêtiens fut sur le point d'ordonner qu'on enseignât à Rome vôtre Philosophie au lieu de celle d'Aristote; & il n'en fut détourné que par un homme illustre de ce tems-là, nommé Bellarmin. Si cela avoit une fois passé à Rome, c'en étoit fait de la Philosophie d'Aristote, & la vôtre l'auroit emporté par tout. Vous me surprenez agreablement, me répondit Platon, & vous me réjoüissez: je vous suis très-obligé de cette nouvelle: Aristote la sçaura; & je m'en servirai, pour vous vanger de l'incartade qu'il vient de vous faire.

Vie de Bellarmin.

Cependant mes deux guides enrageoient d'entendre ainsi traiter leur maître. Ils avoient attendu la fin du discours d'Aristote, pour lui répondre: mais voiant qu'il s'en alloit, sans leur en donner le loisir, ils firent ce qu'ils pûrent pour l'arrêter. Comme il n'en voulut rien faire, le vieillard lui demanda de loin en se moquant, où étoit la sphere du feu: qu'ils ne l'avoient point encore rencontrée, quoiqu'ils eussent lu dans ses écrits, qu'elle étoit au dessus de l'air, & au dessous de la Lune. Pour moi, au contraire, cette rencontre & cette conversation me rejoüirent fort. J'eus le plaisir de voir que les Esprits Philosophes ne pouvoient s'empêcher de disputer, non plus que les Philosophes corporels ; & qu'ils n'étoient pas moins jaloux de leurs sentimens & de leur reputation. J'eus ce divertissement plus d'une fois dans le voiage, en diverses occasions dont je parlerai.

Aprés le départ de nos trois Philosophes, je dis au P. Mersenne : Hé bien, mon Pere, que pensez-vous d'Aristote ? A la verité il me paroît un peu chaud : mais après tout il ne dispute point trop mal Cette maniere de suivre pas à pas M. Descartes dans sa Methode de rechercher la verité, est malicieuse & capable de faire naître au moins des scrupules ; sur tout ce dernier argument tiré de la verité des propositions necessaires, qui, selon M. Descartes dépend de Dieu, me paroît assez embarassant. Et je ne me souviens point que personne jusqu'à present, se soit avisé de s'en servir à cette occasion.

Bagatelles que tout cela, me répondit-il. Dans tout ce qu'Aristote a dit, il n'y a rien de tolerable que ce cercle, qu'il reproche à M. Descartes. Mais cela n'est pas nouveau. Je lui en touchai moi-même quelque chose autrefois ; comme vous le pouvez voir dans les secondes Objections qui suivent ses Meditations, & qui sont de moi aussi bien que les sixiémes. Je suis bien-aise que vous m'appreniez cela, repartis-je. Les unes & les autres sont dignes de vous, & tres bien proposées : & ce m'est un prejugé que ce cercle n'est pas tout-à-fait chimerique. Car enfin le P. Mersenne, Aristote, M. Arnaud, qui est l'Auteur des quatriémes Objections, & plusieurs autres, ne se sont pas tous rencontrez dans ce même point, qu'ils n'y aient au moins apperçû quelque chose de fort approchant, de ce qu'ils ont pensé y voir. Mais entre nous, la réponse que M. Descartes a faite pour se tirer de ce méchant cercle, & que personne n'a relevée, vous satisfait-elle, & vous paroît-elle supportable ? Il répond, que *Lettres de* quand il a dit que nous ne connoissons *Descartes.* rien avec certitude, avant que d'être convaincus de l'existence de Dieu, il avoit marqué expressément, qu'il ne parloit que de certaines conclusions, qui peuvent nous revenir en memoire, dans le tems que nous ne faisons plus d'attention aux principes dont nous les avons tirées.

Il seroit peut-être difficile de donner un bon sens à cette proposition ; mais il est tres-aisé de montrer que ce n'est qu'un échapatoire, & de lui disputer même la verité du fait qu'il avance. Il n'y a qu'à lire l'endroit même qu'Aristote vient de nous citer de sa troisiéme Meditation; les pages trente-cinquiéme & trente-sixiéme de sa Methode, le nombre cinquiéme de la premiere partie de ses Principes; & on verra qu'on nous y fait douter de tout, même des principes connus par eux-mêmes, & enfin de ce principe, *Ce que je conçois clairement, est vrai*; & cela par ce seul soupçon que nous avons, qu'il y a un Dieu, qui pourroit peut-être nous avoir fait de telle nature que nous nous trompassions, même dans les choses que nous connoissons distinctement. Quand il dit donc, que nous ne sçavons rien assurément avant que d'avoir connu Dieu, il ne parle pas seulement de quelques conclusions, qui se presentent à nôtre esprit separées de leurs principes; mais il parle de toutes sortes de connoissances, & même de celle-ci, que, *ce que nous connoissons distinctement, est vrai*. Et c'est là-dessus que Vous, Aristote, M. Arnaud, & les autres, lui avez reproché qu'il faisoit un cercle.

Je sçai que cette réponse se trouve dans quelques-unes de ses lettres à l'occasion de la même difficulté qu'on lui propose de nouveau. Je sçai qu'il la repete, non point par maniere de réponse, mais la coulant adroitement dans la premiere partie de ses Principes, où il fait un abregé de sa Methode & de ses Meditations: mais cela ne sauve point le fait dont il s'agit. Ces paroles même font un tres mauvais effet dans la premiere partie de ses Principes. Car elles sont si proches de celles par lesquelles il nous fait douter des principes connus par eux-mêmes, à cause du soupçon que nous avons qu'il y a un Dieu, qui peut-être emploie sa puissance à nous tromper, que la contradiction saute aux yeux.

Et il en est de même de l'éclaircissement qu'il y donne de sa fameuse proposition, *Je pense: donc je suis*. Car comme il nous eut donné cette proposition pour la premiere, dont nous pûssions être surs, on lui fit voir que cette proposition ne pouvoit pas être la premiere; puisque sa certitude supposoit necessairement la verité de quelques autres, & entr'autres de celles-ci : Il ne se peut pas faire que ce qui pense, ne soit pas : Il y a contradiction, que celui qui pense, ne soit pas dans l'instant qu'il pense. Proposition par laquelle (ce qui est remarquable) il prouve celle-ci, *Je pense, donc je suis*, en même-tems qu'il pretend qu'elle est la premiere de toutes. Il nous declare donc, que quand il a dit que cette proposition : *Je pense, donc je suis*, étoit la premiere & la plus certaine de toutes celles qui se presentent à l'esprit d'un homme qui s'applique à philosopher avec methode, il n'avoit pas pretendu nier, qu'il falloit auparavant être certain de celle-ci : *Il ne se peut pas faire que celui qui pense, ne soit pas*, aussi-bien que de quelques autres. Joignez cet aveu avec ce qu'il dit dans la page precedente. Nous douterons même des autres choses, que nous avons tenuës pour les plus certaines, même des démonstrations Mathematiques, même des principes que nous avons crû jusques à present être connus par eux-mêmes. Qui sont donc les principes, qu'on appelle connus par eux mêmes, sinon ceux-ci ? Il y a contradiction, qu'une chose soit & ne soit pas : Une chose ne peut être & n'être pas en même-tems; ne peut pas agir & n'être pas, & autres semblables. Il ne suppose donc pas la verité de ces principes, puisqu'il en doute. Et en effet, la raison qu'il apporte, pour nous faire douter des principes connus par eux-mêmes, s'étend également à tous. Nous devons douter, dit-il, des principes qu'on appelle connus par eux-mêmes, parce que nous avons entendu dire, qu'il y a un Dieu, qui peut tout; & nous ignorons si, peut-être il ne nous a pas faits de telle sorte, que nous nous trompions toûjours, même dans les choses qui nous paroissent les plus évidentes. Et faites reflexion encore, mon Pere, à ce qu'a dit Aristote en finissant: Qu'on doit trouver moins à redire aux propositions de M. Descartes, qu'à la suite de ces propositions, & à leur arrangement, dans la methode qu'il tient, pour arriver à la verité; & qu'on ne lui dispute pas absolument la verité de certaines propositions, mais seulement par rapport à la methode qu'il suit; selon laquelle, il n'a pas droit de les supposer, toutes vraies qu'elles sont: parce que selon cette methode il n'a pas pû encore en connoître la verité: & c'est peut-être pour cela, qu'il s'est mis en mauvaise humeur contre M. Gassendi, & contre le P. Bourdin Jesuite; qui sont ceux, qui l'ont serré de plus prés de ce côté là. Leurs difficultez sont proposées en Latin d'une maniere fort vive ; & il s'en faut bien que la traduction Françoise égale les originaux Latins. Mais à propos de traduction Françoise.

Je vous ajoûterai ici une petite remarque, que j'ai faite depuis quelques jours, & que je ne voudrois pas communiquer à d'autres. Les chers disciples de M. Descartes, ayant peut-être eu peine quelquefois (du moins à ce que je m'imagine) à se tirer de ces petits embarras, dont je vous parlois maintenant : ils ont un peu adouci dans la traduction Françoise, qui a été faite de ses ouvrages, & que lui-même a approuvée, cette proposition incommode du nombre cinquième de la premiere partie de ses Principes. Il y a dans le Latin. *Dubitabimus etiam de reliquis, quæ antea pro maxime certis habuimus : etiam de Mathematicis demonstrationibus, etiam de iis Principiis quæ hactenus putavimus esse per se nota.* Il étoit naturel de traduire de la sorte. Nous douterons des autres choses, que nous tenions auparavant pour certaines, même des demonstrations Mathematiques ; même de ces sortes de principes, que nous avons crû jusqu'alors être connus par eux-mêmes. Ils ont, dis-je, traduit en François cet endroit, d'une maniere à faire entendre que M. Descartes ne parle pas des principes connus par eux-mêmes en general, mais seulement des principes de Mathematique. *Nous douterons aussi de toutes les autres choses qui nous ont semblé autrefois tres-certaines: même des démonstrations de Mathematique, & de ses principes, encore que d'eux-mêmes ils soient assez manifestes.* Si cela s'est fait à dessein, comme on a quelque sujet de le penser, c'est une petite supercherie innocente, qui fait plaisir à M. Descartes, sans faire tort à personne; & qui empêche au moins, que la contradiction ne soit si visible. Mais pour revenir à la réponse que M. Descartes fait au cercle, dont on l'accuse: je vous demande, mon Pere, si c'est là se bien défendre? Si ce n'est pas là faire retraite & capituler avec ses ennemis? ou plûtôt, pour parler plus nettement & plus juste, si ce n'est pas là se dédire & se contredire? De bonne foi, mon Pere, avoüez-le franchement: vous avez traité ici M. Descartes un peu en ami, ou du moins en genereux ennemi. Vous l'aviez desarmé: il n'étoit pas homme à vous demander la vie: vous prévoyiez même, qu'il feroit encore le brave après le combat; qu'il défieroit encore quiconque. Avec tout cela, vous avez jugé à propos de lui faire quartier, comme à un homme qui meritoit qu'on l'épargnât, en consideration des autres grands services qu'il a rendus à la Philosophie. Je louë vôtre generosité. Et vous n'avez pas sujet de vous en repentir.

Cette petite douceur, dont je temperai l'amertume de ma critique, fit l'effet que je pretendois, qui étoit de ne pas chagriner tout-à-fait le P. Mersenne. Il la reçût assez agreablement; & me répondit seulement, comme en raillant : Vous étes un chicaneur, qui ne cherchez qu'à quereller. Et de l'humeur dont je vous connois, si vous aviez été du tems de M. Descartes, vous n'eussiez pas manqué de vous attirer de sa part quelque bon chapitre. Tout ce que vous dites là, sont des riens, comme je pourrois vous le faire voir aisement. Mais cette discussion de faits & de contradictions, est un entretien trop ennuieux pour des voiageurs. Je vois même que cela fatigue Monsieur, ajoûta-t'il en montrant nôtre vieillard ; il ne lui manque qu'une bouche pour bailler. Allons, dit-il, Monsieur, vous me paroissez tout triste, reveillons-nous un peu. A quoi pensez-vous ?

Je ne pense à rien, répondit le vieillard. Ah! Monsieur, repris-je, que venez-vous de dire là? c'est un blasphéme contre la doctrine de nôtre maître. Si Aristote vous avoit entendu, que diroit-il? Vous ne pensez à rien? Hé, l'essence de l'ame, selon M. Descartes, c'est de penser. J'aimerois donc autant que vous me dissiez, que vous n'êtes pas, que de me dire, que vous ne pensez pas. Il me répondit d'un air assez serieux, & qui marquoit assez que mon discours lui avoit plus déplû, qu'au Père Mersenne. Vous donnez un mauvais sens à ma proposition, qui ne veut point dire autre chose, sinon, que je n'ai pas l'esprit occupé d'idées tristes, comme vous le pensez. J'en suis ravi Monsieur, lui dis-je: car la gaieté n'est jamais plus necessaire qu'en voiage. Mais puisque nous sommes tombez par hazard sur l'essence de l'ame, expliquez-moi, je vous prie, un peu nettement ce que M. Descartes enseigne là-dessus. Tout pur esprit que je suis, je ne vois pas encore trop clair dans mon essence, & j'en suis surpris. C'est mauvais signe, répondit-il; cela veut dire, que vous avez encore l'esprit offusqué de préjugez, comme je ne l'ai déja que trop remarqué. Et je vois bien que ce fat, que nous venons de rencontrer, vous a donné encore de nouveaux scrupules par ses sophismes. Monsieur, repris-je, pour ne vous rien déguiser, je vous dirai franchement la disposition d'esprit, où je me trouve. Je suis ravi de rencontrer des gens qui contredisent la Philosophie de M. Descartes : cela m'ouvre l'esprit. Mais quelque fortes que leurs raisons me paroissent, je ne m'y rends pas ; & je conserve toûjours une parfaite docilité pour les instructions de ce grand esprit ; en cas qu'il ait le loisir & la bonté de m'en donner quelques-unes, quand j'aurai l'avantage de le voir. Pour la plûpart des préjugez de l'école & de l'enfance, je m'en suis défait, ainsi que je vous erai assuré, avant que de me separer de mon corps. J'avouë toutefois, qu'il m'en est resté quelques-uns sur l'essence du corps, & sur l'essence de l'ame, que j'ai peine à appeller de ce nom, dans la signification que vous y donnez ; parce qu'ils me paroissent fondez sur l'experience, & sur de grandes raisons. J'ai pourtant trop de respect pour M. Descartes, pour m'assurer entierement, que ces préjugez ne soient pas faux : ainsi je me contente de reconnoître, pour parler en termes de pretieuse, qu'il fait encore fort sombre dans mon esprit sur ces articles; & que je n'ai pas eu jusqu'à présent le privilege des ames Cartesiennes, d'avoir les idées tres-distinctes de ces deux especes d'être, qui composent le Monde: mais encore un coup, je serai docile à vos instructions & à celles de M. Descartes.

Alors il commença à me déveloper la doctrine de M. Descartes sur cette matiere, & ne me dit rien, que ce que j'avois lû dans ses Meditations, dans sa Methode, dans la premiere partie de ses Principes, & dans quelques-unes de ses lettres. Je ne ferai point ici l'exposition de cette doctrine, parce qu'une avanture, qui nous arriva au globe de la Lune, me donnera encore occasion d'en parler. Je fis semblant, par complaisance, de la goûter un peu plus que je n'avois fait, & d'y trouver plus de solidité, qu'il ne m'y en avoit paru, lorsque je l'avois lûë en particulier. Cela remit mes compagnons en belle humeur, qui aprés diverses plaisanteries, qu'ils firent sur la Philosophie d'Aristote, en revinrent à la sphere du feu, qui se trouve marquée au dessous de la Lune dans la carte du Monde, que ce Philosophe avoit faite, & dont cependant nous n'avions pas vû la moindre apparence dans nôtre voiage. Ils en raillerent fort, & me firent ressouvenir du procez intenté, il y a quelques années, par les Péripateticiens aux nouveaux Philosophes, qui les troubloient dans la possession où ils étoient de cette sphere depuis tant de siecles, & de l'arrêt qui fut rendu en faveur des disciples d'Aristote, en consequence d'une descente faite sur les lieux, qu'on supposa faussement. On ordonna que la sphere du feu seroit toûjours, où Aristote l'avoit placée. Comme cet arrêt, me dirent-ils, ne fut qu'un arrêt sur réquête & non contradictoire, les nouveaux Philosophes pourroient bien un jour reveiller l'affaire, & faire remettre le procés sur le bureau ; & en ce cas, vous pourriez rendre témoignage à la verité, & convaincre les Peripateticiens de la nullité de leurs titres sur un fait de cette importance.

Vous avez beau dire, leur répondis-je, quoique cette sphere ne se trouve point, si j'étois juge dans ce procés, je ne voudrois pas condamner si aisément Aristote. Elle a pû se dissiper depuis prés de deux mille ans : tant d'étoiles qui paroissoient autrefois dans la ciel, ont disparu. Qu'est devenuë la septiéme Pléiade, & celle qui parut le siecle passé dans la Cassiopée? Et qui eût voulu, aprés que celle ci eût cessé de paroître, intenter procés à Tyco Brahé, & aux autres qui l'observerent, comme à des faux témoins, qui abusoient de la credulité du Public, auroit-il été recevable? Et enfin M. Descartes lui-même, ne nous fait-il pas apprehender que nôtre tourbillon, infiniment plus grand que la sphere du feu, ne soit absorbé quelque jour, lorsqu'on y pensera le moins? Et quand, par cette *absorption*, le Soleil sera devenu Terre; & que peut être en même tems la matiere subtile, qui est enfermée dans le centre de nôtre terre, aiant forcé & rompu les croûtes qui la couvrent, l'aura fait devenir Soleil; si les livres de M. Descartes subsistoient dans quelque autre tourbillon, où il y eût des hommes, ne regarderoient-ils pas comme des fables tout ce qu'il dit de nôtre Monde.

Quoi qu'il en soit, quand cette sphere de feu n'auroit pas été, elle étoit toûjours tres-bien imaginée. Jamais systéme n'a été plus juste, que celui qu'Aristote a fait des Elemens. Ils y ont chacun le rang, que la noblesse ou la bassesse de leur nature merite. La Terre comme l'élement le moins actif, & le moins noble, est dans le plus bas lieu. L'eau moins grossiere que la Terre a pris sa place au dessus. L'Air par sa subtilité se trouve élevé plus haut que l'Eau. Et le Feu le plus noble, & le plus vif de tous, ne reconnoît au dessus de lui que les étoiles, & la matiere celeste, où nagent les Planettes. L'étenduë de chacun est aussi proportionnée à l'excellence de sa nature : ils ont partagé, comme freres, les quatre qualitez : ils en ont chacun deux, dont ils en possedent une dans le souverain degré. La Terre est froide & seche : l'Eau est froide & humide : l'Air est chaud & humide ; & le feu est chaud & sec. Et afin qu'ils se maintiennent toûjours dans les combats continuels, qu'ils se livrent les uns aux autres, si la qualité dominante des uns est plus active, la qualité dominante des autres les met en état de resister plus fortement à l'action de leur ennemi. Peut-on rien voir de plus juste, & de plus ingenieusement pensé ? Enfin, combien cette sphere du feu, & cette disposition des Elemens a-t-elle fourni de belles pensées aux Prédicateurs d'autrefois ? Combien en fournit-elle encore aujourd'hui à ceux d'Italie ? Et pour parler de quelque chose de meilleur dans son genre, la seule devise du P. le Moine, dont la sphere du feu fait le corps, merite qu'il y en ait eu une; & meriteroit qu'elle fût encore, & qu'elle durât toûjours. Voulant exprimer, que plus les amitiez sont pures, plus elles sont durables, il a dépeint la sphere du feu avec ces mots Espagnols: *Eterno porquè puro*. Ce feu est éternel, parce qu'il est pur. Quel dommage n'est-ce pas que cette pensée, toute belle & toute solide qu'elle est, se trouve fausse, faute d'une sphere du feu?

C'est ainsi que je defendois, du mieux qu'il m'étoit possible, les interêts du Peripatetisme, lorsqu'enfin nous arrivâmes au Globe de la Lune. Je n'en ferai pas une ample description, parce que d'autres l'ont déja faite. Je dirai seulement, que la Terre nous parut, en la regardant de la Lune, comme la Lune nous paroît, en la regardant de la Terre, excepté que la Terre nous sembla beaucoup plus grande, parce qu'elle l'est en effet. Ainsi nous jugeâmes que la Terre, à l'égard de ceux qui la regarderoient de la Lune, auroit les mêmes phases, que la Lune à l'égard de ceux qui la regardent de la Terre ; qu'elle auroit ses quadratures, ses oppositions, ses conjonctions, excepté, qu'elle ne pourroit jamais être totalement éclipsée, à raison de sa grandeur, en comparaison de la Lune, dont l'ombre ne peut pas avoir un diametre aussi grand que la Terre, qui étoit alors en conjonction.

La Lune est une masse d'une matiere assez semblable à celle, dont la Terre est composée. On y voit des campagnes, des forêts, des mers, & des rivieres. Je ne vis point d'animaux : mais je croi que, si on y en transportoit, on pourroit les y nourrir, & peut-être qu'ils s'y multiplieroient. Il est faux qu'il y ait des hommes, quoi qu'en dise Cyrano : mais c'est de bonne foi, qu'il nous a trompez, après avoir été trompé lui-même. Une de ces ames separées, qu'on y trouve en assez grand nombre, & qui y étoit, lorsqu'il y arriva, m'apprit la cause de cette erreur. Plusieurs de ces ames surprises de voir un homme avec son corps, dans un païs, où l'on n'en avoit jamais vû, voulurent sçavoir ce que c'étoit. Elles convinrent ensemble de lui apparoître en forme humaine : elles l'aborderent, & s'informerent des moïens, dont il s'étoit servi, pour faire

Empire de la Lune.

un si grand voïage : lui firent raconter ce qu'il sçavoit de nôtre Monde : & comme on le vit pareillement fort curieux de sçavoir ce qui se passoit dans le Monde de la Lune, & comment les hommes de ce païs-là vivoient entr'eux, l'esprit familier de Socrate, qui se trouva alors dans cette compagnie, prit la parole ; & lui aiant declaré qui il étoit, comme cet Historien le raconte lui-même, il lui fit sur le champ un systéme grotesque de republique & de societé, qui est celui qu'il nous expose dans sa relation, où il nous dit bonnement, qu'il y a des hommes dans la Lune, nous fait le caractere de leur esprit, nous décrit leurs occupations, leurs coûtumes, leur police. Mais, il est bon de sçavoir que, quelques sottises qu'il y a mêlées ne lui ont jamais été dites dans ce païs-là, ainsi que l'ame m'en assûra ; & que quelques allusions peu honnêtes, & plusieurs reflexions fort libertines, qu'il y fait, ne sont que les fruits d'une imagination corrompuë, & d'un esprit gâté, tel qu'étoit celui de cet écrivain, ou de l'imitation d'un Auteur encore plus impie que lui; je veux dire, de Lucien, dont un des ouvrages lui a servi de modele dans son histoire de la Lune.

Les inegalitez qui nous paroissent dans le disque de la Lune, sont en partie des Isles, dont les mers de ce globe sont agreablement diversifiées, & en partie des éminences, & des vallées de son continent. Elles appartiennent à divers fameux Astronomes ou Philosophes, dont elles portent les noms, & qui en sont les Seigneurs. Nous descendîmes dans le Gassendi. Ce lieu nous parut fort joli, & fort propre, & tel, en un mot, que l'a pû rendre un Abbé, comme Monsieur Gassendi, qui a de l'esprit, de l'art, de la science, & qui n'a que faire de ses revenus, pour joüer, & pour se bien traiter. Nous n'y trouvâmes point le Seigneur du lieu, que nous aurions salüé volontiers : car on dit, qu'il conserve toûjours l'honnêteté & la moderation, qui lui étoient naturelles; & quoi qu'il ait eu autrefois quelques démêlez avec M. Descartes, il reçoit toûjours fort civilement, & distingue même les Cartesiens, qui vont lui rendre visite, & sur tout le P. Mersenne, qui étoit son ami intime. Gassendi étoit un homme qui avoit autant d'esprit, que M. Descartes, une bien plus grande étenduë de science, & beaucoup moins d'entêtement. Il paroît être un peu Pyr-

Grimaldi Selenogr.

rhonien en Physique, ce qui à mon avis, ne sied pas mal à un Philosophe, qui, pour peu qu'il veüille se faire justice, connoît par sa propre experience les bornes de l'esprit humain, & la foiblesse de ses lumieres.

Du Gassendi, le Pere Mersenne nous mena à la Terre qui porte son nom. Elle est fort agreablement située sur la même côte, que le Gassendi, au bord de la Mer Ronde, que d'autres appellent la Mer des Humeurs, qui est un grand Golphe de l'Ocean lunaire, terminé d'un côté par le continent, où le Mersenne est placé, & de l'autre par un Isthme, au bout duquel, vers le Septentrion, est la Presqu'isle appellée des Reveries. Le Mersenne n'a rien d'agreable, que sa situation & sa vûë. C'est un lieu fort sec & fort sterile, à cause de la chaleur, qui y est si grande, qu'on appelle ce païs-là, la Terre de la Chaleur.

Nous demeurâmes dans cet endroit environ un demi quart d'heure : après quoi, je temoignai au P. Mersenne, qu'avant que de passer plus outre, je serois bien aise de parcourir l'hemisphere de la Lune, où nous étions. Cet hemisphere est toûjours tourné du côté de nôtre Terre ; & il est faux que ce globe tourne sur
son

son centre, comme quelques-uns se le sont imaginé. Il a seulement un mouvement de libration, qui le fait balancer d'Orient en Occident, & d'Occident en Orient; mouvement, dont Galilée s'est apperçû le premier: aiant remarqué avec la lunette d'approche, que ce qu'on apelle aujourd'hui le Grimaldi, paroissoit tantôt plus proche, & tantôt plus éloigné du limbe oriental de la Lune, & que la Mer Caspienne, qui lui est opposée, paroissoit aussi tantôt plus proche, & tantôt plus éloignée du limbe occidental. Le P. Mersenne consentit volontiers à ma proposition, d'autant que lui-même n'avoit pas encore fait ce voiage. Nous traversâmes le grand Ocean: nous laissâmes à gauche l'Isle des Vents, & à droite celle de Copernic: nous passâmes sur celle de Pitheas; & nous poussâmes jusqu'à la Mer des Pluies, qui est bornée par une grande terre, laquelle s'étend de l'Orient à l'Occident, assez semblable par sa figure à l'Amerique, telle qu'on nous la presente dans les Cartes; & dont la partie Orientale s'appelle la Terre des Broüillards, & l'autre la Terre de la Grêle, qui nous parûrent comme deux grands deserts. Vers le milieu de cette terre, sur le bord de la Mer des Pluies, nous decouvrîmes une espece de ville fort grande, de figure ovale, que nous eûmes la curiosité d'aller voir : mais nous en trouvâmes toutes les avenuës gardées par des ames, qui nous refuserent l'entrée, quoi qu'assez civilement. Nous demandâmes à une d'elles, ce que c'étoit que cette ville, & pourquoi on ne vouloit pas nous permettre d'y entrer. Elle nous répondit, qu'elle s'appelloit le Platon : que c'étoit là, que le Philosophe dont elle portoit le nom, avoit établi sa Republique : qu'on n'y recevoit personne, qu'il ne l'eût auparavant examiné lui-même : qu'il gardoit cette precaution, de peur que quelque étranger n'y apportât les mauvaises maximes de l'autre monde, qui étoit l'unique peste, que cette Republique eût à craindre : que Platon n'étoit pas maintenant dans la ville : qu'il seroit de retour dans peu ; & qu'en cas que nous voulussions y être admis, nous pouvions, en attendant le retour de Platon, aller commencer nôtre quarantaine au Lazaret, qui est une petite éminence, qu'elle nous montra à quelque distance de la ville ; & que cette quarantaine n'étoit pas une quarantaine de jours, mais une quarantaine d'années ;

parce que les maux contagieux, dont un esprit pouvoit être atteint, se dissipoient beaucoup plus difficilement, que le mauvais air des corps qui venoient des lieux infectez. Nous la remerciâmes de ses offres, & lui dîmes, que nous n'étions pas venus à dessein de nous établir là, que nous passions outre : que si Platon s'étoit trouvé dans la ville, il auroit peut-être eu pour nous quelque condescendance : que nous l'avions rencontré en chemin, où il nous avoit fait de grandes honnêtetez : & que nous tâcherions de nous consoler, de n'avoir pû satisfaire nôtre curiosité dans cette occasion. Nous continuâmes donc nôtre chemin, assez mécontent de la Republique de Platon, où nous n'eussions pas crû qu'on traitât ainsi les étrangers à la Japonoise.

De là, nous traversâmes toute cette terre du Nord au Midi : aprés quoi, nous decouvrîmes une autre mer, appellée la Mer du Froid, dans laquelle nous vîmes une Isle assez belle, qu'on nous dit être l'Aristote : nous ne balançâmes pas à prendre par là nôtre route. Nous deliberâmes seulement, si en cas qu'on nous demandât, qui nous étions, nous nous declarerions Cartesiens. Mon sentiment étoit, de ne pas faire si fort les braves dans un païs ennemi : mais le P. Mersenne & mon vieillard conclurent à se déclarer sans façon, disant, que nous n'avions rien à craindre : que si nous étions attaquez, nous avions de quoi nous défendre : qu'en matiere de combats d'esprit, le nombre devoit être compté pour rien ; & que ce n'étoit pas la premiere fois, qu'on avoit vû un Cartesien, aller affronter lui seul avec succez, une classe de quatre cens Peripateticiens, commandez par un Regent d'une experience consommée. Que seulement nous nous garderions de faire aucune insulte, ni aucune raillerie, capable de choquer aucun de ceux qui nous parleroient.

Mais nous fûmes bien surpris en approchant, de voir cette Isle beaucoup mieux gardée encore que le Platon. On y étoit alerte, comme dans une ville, qui a l'ennemi à ses portes, & qui se voit à la veille d'un siége. Il y avoit des corps de garde avancez fort loin dans la campagne : des vedettes sur toutes les éminences d'alentour, & de tous côtez dans les airs. Quand nous fûmes environ à trois cens pas de la place, nous vîmes une escoüade de douze ames, se détacher d'un corps-de garde, & venir à nous. Celui qui les commandoit, nous demanda, qui vive, & de quelle Secte nous étions. Nôtre vieillard répondit hardiment: Vive Descartes & les Cartesiens. Il nous parut surpris, nous ordonna de ne pas avancer, & envoia aussi-tôt avertir l'Officier de garde.

L'avis ne fut pas plûtôt venu à l'Officier, que toutes ses troupes, à un signal qu'il leur donna, se mirent sous les armes, & nous firent connoître par leur contenance, qu'elles étoient prêtes à recevoir l'ennemi: c'est-à-dire, que nous les vîmes incontinent armées de syllogismes, en toutes sortes de figures & de formes, dont les uns concluoient pour l'ame des Bêtes, les autres pour la necessité des Formes Substantielles dans les Mixtes, les autres pour les Accidents absolus, & d'autres choses semblables, contre lesquelles Descartes s'étoit declaré. L'Officier étant venu lui-même, nous nous reconnûmes aussi-tôt. C'étoit un ancien Professeur de l'Université de Paris, qui avoit été autrefois mon Regent en philosophie. Hé quoi, dit il, en m'adressant la parole, j'ai donc la douleur de vous voir dans le parti de nos ennemis, jusqu'à leur servir d'espion?

Est-ce là la récompense des peines que j'ai prises pour vous ? Avez-vous trouvé un Cours de Philosophie meilleur que le mien, qui passoit alors pour le plus net & le plus solide de toute l'Université de Paris ? Où est-ce respect & cet attachement, que vous faisiez paroître dans vôtre jeune âge pour le Prince des Philosophes ? Qui vous a obligé à prendre ainsi les armes contre lui ? Monsieur, lui répondis-je, je conserve toûjours le respect, l'estime, & l'amitié, que je vous dois; & je suis ravi de vous rencontrer ici, pour vous en faire une nouvelle protestation. Je ne viens point du tout en ces lieux, ni en ennemi, ni en espion, & vous m'y recevrez, s'il vous plaît, en qualité de voiageur. C'est la seule curiosité, qui m'amene ici en passant. Pour ce qui est de la Philosophie, je vous avoüerai que, depuis que je vous ai quité, je suis devenu un peu libertin en cette matiere, & que je ne sçai pas encore trop ce que je suis : je veux tâter de toutes les Sectes, avant que de me déterminer. Ainsi, Monsieur, regardez-moi comme un homme qui vient d'un païs neutre, & qui ne forme nul mauvais dessein contre vôtre République. Ces Messieurs, à la verité sont

Cartésiens declarez, mais ils sont Philosophes en gens d'honneur, qui estiment les personnes de merite du parti contraire, & qui croient que la liberté de conscience en matiere de Philosophie, est un droit inviolable parmi les honnêtes gens. Mais, lui ajoûtai-je, je suis extrémement surpris des mouvemens & des inquiétudes, que l'on se donne en ce païs-ci : il n'y a point de ville Espagnole en Flandre, qui soit si vive à l'alarme, que la vôtre me paroît l'être. Qu'avez-vous donc tant à craindre ?

Ce que nous avons tant à craindre, me dit-il, c'est l'ennemi irreconciliable de nôtre Prince : c'est vôtre Descartes, qui étant sur la terre, a fait tout ce qu'il a pû, pour détruire les Peripateticiens, & qui ne l'a quitée, comme nous le sçavons de bonne part, que pour venir les rüiner en ce païs-ci. Il y a plus de trente ans, qu'on y fait une garde tres exacte, pour n'être point surpris, sur ce qu'on nous a assuré, que depuis ce tems-là, il se fait des partisans de tous côtez, & amasse autant de forces qu'il peut, pour nous venir insulter. C'est l'avis que nous avons reçû par un professeur de philosophie Hollandois, qui est venu s'habituer ici, & qui y commande actuellement en l'absence d'Aristote. Mais Descartes n'a qu'à venir, vous voiez bien, qu'on est tout prêt à le bien recevoir.

Ho bien, Monsieur, lui dis-je, soiez en sureté de ce côté-là : je vous assure que M. Descartes ne pense point à vous venir attaquer : il est plus loin de vous mille fois, qu'il n'y a d'ici à la terre. Il songe à se bâtir un nouveau monde au de-là de tous les Cieux : il nous a invité à venir voir l'execution de ce grand dessein : c'est là où nous allons. Et pour vous convaincre de la verité du fait, vous n'avez qu'à nous donner, quand nous partirons d'ici, quelques ames de ce païs, pour nous accompagner jusques là, elles vous rendront compte à leur retour, de ce qu'elles auront vû.

Vous me rejoüissez, dit-il ; car nos Peripateticiens s'ennüient de ces longues fatigues : mais trouvez bon que j'execute mes ordres, & que je vous conduise au Commandant de la Place, selon la coûtume, qui est que tous les Philosophes de Secte differente de la nôtre, arrivant ici, vont lui rendre compte du dessein qui les y amene. Ce n'est que depuis les allarmes que nous a donné Descartes, qu'on en use de la sorte. Nous prîmes ainsi le chemin de la place, escortez d'une cinquantaine d'armes, la plus part gens d'Université & de College, qui paroissoient ne nous pas vouloir trop de bien. Cette Place n'est autre chose qu'un grand jardin, qui representé le Lycée d'Athênes, où Aristote enseignoit autrefois ses disciples en se promenant, ce qui leur fit donner le nom de Peripateticiens. Il est d'une tres grande étenduë, & fort bien entretenu. Il est coupé par quantité d'allées, dont les quatre principales viennent rendre au milieu du jardin à un grand rond d'eau, d'où s'éleve un magnifique pied d'estail du plus beau marbre, que j'aie jamais vû, sur lequel on voit la statuë d'Alexandre le Grand, couronnée de lauriers par la Victoire, foulant aux pieds des sceptres, des couronnes, des boucliers, des armes brisées, & les tresors de l'Asie. Quatre grandes statuës enchaînées aux quatre coins, representent les principales nations qu'Alexandre a subjuguées. Je trouvai ce monument si semblable à celui de la Place des Victoires, que j'aurois cru que celui-ci n'étoit qu'une copie de l'autre, si je n'avois fait en même tems reslexion, que la resemblance des deux Héros pourroit aisément avoir fait naître les mêmes idées dans l'esprit des deux entrepreneurs. Toutes les figures du monument, aussi-bien que les autres statuës, que l'on voit en divers endroits du jardin, comme celles de Philippe, d'Olympias, & de plusieurs autres personnes illustres, qui honorerent autrefois Aristote de leur amitié, sont d'argent : car l'argent est fort commun au globe de la Lune ; & c'est apparemment pour cela, que les Chymistes toûjours mysterieux dans leurs paroles, appellent ce métal du nom de Lune.

Aprés que nous eûmes été quelque téms à considerer ce beau monument, nous fûmes surpris de voir sortir tout d'un coup des quatre angles du pied d'estail, quatre beaux jets d'eau, les plus gros, & les plus hauts qu'on vît jamais : ils avoient pour le moins quatre cens toises de hauteur, & venoient d'une riviere, qui se trouvoit derriere une montagne voisine, plus haute encore que le Puy de Domme en Auvergne, sur laquelle on avoit fait monter l'eau par le secret admirable de l'ancienne Philosophie, qui, en supposant l'horreur du vuide dans la nature, apprenoit à élever l'eau à l'infini, avec des pompes aspirantes, secret qui s'est malheureusement perdu dans nôtre Monde : car depuis le tems de Galilée, on ne peut plus élever l'eau, par le moien des pompes aspirantes, qu'à la hauteur de trente-deux ou trente-trois pieds. On voioit de ces jets d'eau de toutes parts, dont les moindres passoient de beaucoup les plus hauts arbres, qui entourent ce jardin. Enfin du centre du jardin, où nous étions, on découvroit quatre salons de figure & d'architecture différente, un au bout de chacune des quatre allées. On nous conduisit dans le plus grand, qui est d'une propreté, & d'une magnificence achevée : ce n'est qu'or, qu'azur, que pierres prétieuses. Des deux côtez, dans les intervales des fenêtres, on voit des bas reliefs d'argent, tres-bien travaillez ; mais qui font un contraste assez bizarre. Car, d'une part à droite, sont representez les grands exploits d'Alexandre, la défaite de Darius auprés d'Arbelle, l'attaque de l'armée de Porus, le passage du Granique, & la prise de la ville de Tyr ; & de l'autre, on voit les triomphes d'Aristote sur tous les autres Philosophes, & les extravagances de ceux qui avoient passé pour sages avant lui.

Le premier à gauche représente Pytagore, enseignant ses disciples, & leur présentant une espèce de tablettes, où sont écrits ces trois preceptes entr'autres. Le premier, qu'ils doivent l'écouter pendant cinq ans sans jamais dire mot, pour le contredire. Le second, leur ordonne de prêter souvent l'oreille, sur tout pendant la nuit aux concerts & à l'harmonie des spheres celestes, que les Sages seuls sont capables d'entendre. Et le troisiéme, de ne point manger de féves.

Dans le second on voit Démocrite riant de toute sa force, & Heraclite pleurant à chaudes larmes, & une troupe de petits enfans courants aprés eux, comme aprés deux foux.

Dans le troisiéme, on reconnoît Diogene le Cynique, habillé en Tabarin, monté sur la pierre d'un carrefour, au pied de laquelle est son tonneau, & se faisant écouter d'un auditoire semblable à peu prés à celui des chanteurs du pont neuf.

Dans le dernier, Aristote est assis sur un siége élevé, qui a plus l'air d'un trône, que d'une chaire d'école, & à ses pieds sont tous les Philosophes, qui ont vécu avant lui, le regardant avec admiration, & l'écoutant comme un oracle. Devant le trône d'Aristote on voit un tas de livres, qui représentent les écrits de ces mêmes Philosophes ses predecesseurs, ausquels on met le feu, pour en faire un sacrifice à la Sagesse qui est là representée, dont la tête est comme un Soleil, dardant ses raïons sur le visage d'Aristote, qui en paroît tout lumineux.

Au fond du salon, sur une espece d'Autel, est une fort grande statuë d'argent de la belle Pythias autrefois épouse d'Aristote, dont il fut si passionné, que son amour alla jusqu'à lui offrir des sacrifices.

Enfin le haut du salon, est un plafond de fort belles peintures, fait depuis peu de tems, partagé aussi entre Aristote & Alexandre, suivant l'idée des bas reliefs. Car, d'un côté est le Heros, qui reçoit un foudre de la main de son pretendu pere Jupiter Ammon, pour foudroier tous les Princes de l'Asie ; & de l'autre, est le Philosophe, qui reçoit aussi un foudre de la main de Minerve, pour mettre en poudre tous les chefs des nouvelles Sectes de Philosophie, entre lesquels nous reconnûmes aisément M. Descartes. Monsieur Gassendi, le

Pere Maignan, & plusieurs autres.

Comme nous étions occupez à considerer toutes ces diverses pieces de sculpture & de peinture, le Commandant de la place entra, pour nous donner audience. Jamais homme ne fut plus surpris, que mon vieillard le fut à la vûë de ce Commandant : il l'avoit autrefois connu en Hollande, lorsqu'il y accompagna M. Descartes. Ce Commandant s'appelloit M. Voëtius le plus zelé Peripateticien qui fût jamais, le plus declaré de tous les ennemis de M. Descartes; celui qui troubla le plus le repos qu'il étoit venu chercher en Hollande, & qui traversa avec le plus d'obstination & de succés le dessein qu'il avoit de s'y faire beaucoup de sectateurs. Comme cet homme a beaucoup de part dans l'histoire du Cartesianisme, dont j'ai promis au commencement de cette relation, de toucher quelques points, quand l'occasion s'en presenteroit; & que dans l'entrevûë dont je parle, nous entrâmes en negociation avec lui sur un projet de paix entre les Peripateticiens & les Cartesiens, on ne sera pas fâché de voir ici en peu de mots les démêlez qu'il eut avec M. Descartes, & le motif qui le détermina à venir s'établir au Lycée de la Lune.

M. Descartes, aprés avoir achevé son cours de Philosophie au College de la Fléche, ne cessa pas pour cela d'être Philosophe : il prétend même, qu'il ne commença à l'être qu'en ce tems-là. Persuadé qu'il étoit, que les livres les plus curieux des bibliotheques n'apprennent rien en comparaison du grand livre du Monde, le plus beau & le plus instruisant de tous, quand on sçait y étudier comme il faut, il prit le parti de voïager. Il courut pendant neuf ou dix ans plusieurs païs, frequenta la Cour, & même les armées de plusieurs Princes étrangers, mais toûjours en philosophe, c'est à dire, faisant sans cesse de serieuses reflexions sur l'esprit & sur le cœur humain, sur les differentes coûtumes des païs, sur les jugemens opposez, que les hommes portent des mêmes choses conformement aux diverses idées qu'ils en ont ; tâchant toûjours, en tout cela, de démêler le vrai d'avec le faux, & de profiter également des sottises & de la sagesse des autres hommes, pour se faire un systême de vie, dressé & reglé par la seule raison ; & dont le bonheur, autant qu'il se pourroit, fût independant des incidens & des caprices de la fortune.

Dissert. de meth.

Il commença à executer ce projet dans un certain lieu d'Allemagne, qu'il ne nomme point, où il passa l'hiver au retour du Sacre de l'Empereur Ferdinand III. & où renfermé seul les jours entiers dans un hypocauste, il rappella dans son esprit toutes les reflexions qu'il avoit faites sur la conduite des hommes ; & s'en servit, pour se faire ces regles de Morale, qu'on voit dans son livre, intitulé, *Dissertation de la methode de bien user de sa raison*: d'où passant aux connoissances metaphysiques, & de celles-ci aux physiques, il fit le plan de la plûpart des ouvrages, que nous avons de lui : faisant même dèslors un essai de sa physique, dans l'explication mechanique du mouvement du cœur & des arteres, qui n'est pas assurement le plus méchant morceau de ses œuvres.

Ibid.
Ensuite il delibera sur le lieu, qu'il choisiroit pour fixer sa demeure. Il resolut de ne pas s'arrêter en Bretagne, qui étoit sa patrie, & où sa famille tenoit & tient encore aujourd'hui un rang considerable ; prévoïant qu'il trouveroit parmi ses proches des embarras qui l'empêcheroient de satisfaire sa passion dominante de philosopher. Enfin

il choisit la Hollande comme un païs de repos; où chacun, dit-il, pense plus à ses propres affaires, qu'à celles d'autrui, & où l'on sembloit alors n'entretenir de nombreuses troupes, qu'afin de faire goûter avec plus de sureté à tout le païs, les avantages de la paix, au milieu de la guerre la plus allumée.

Il y passa en effet près de huit ans assez tranquillement, demeurant ordinairement à Egmond, petite ville sur la côte de Hollande; de sorte que pendant tout ce tems là, il ne quitta ce païs que pour ses affaires domestiques, qui l'obligerent indispensablement à faire quelques voïages en France. Heureux, si le zele de l'utilité publique, & la compassion qu'il eut du pitoiable état où la Philosophie se trouvoit alors, ne l'eût point emporté sur la belle maxime de Morale qu'il s'étoit prescrite lui-même, de laisser le monde comme il l'avoit trouvé, & si, sans entreprendre de le reformer, & de rectifier ses idées, il eut songé seulement à trouver la verité pour lui seul, & à vaincre ses passions: mais il succomba à celle d'imprimer, & enuite à toutes les autres, ausquelles les Auteurs sont sujets, quand on contredit leurs sentimens. Car assurement, quoi-

Ibid.

Ibid. pag. 20.

que M. Descartes se fût formé l'idée d'un Sage, assez semblable à celui des Stoïciens, on s'apperçoit aisement, en lisant quelques-uns de ses ouvrages, qu'il n'étoit pas encore parvenu à cette apathie, & à cette indolence, qui en faisoit le caractere essentiel.

Il n'eut pas plûtôt imprimé sa Dioptrique, & ses Meteores, en suite sa Dissertation de la méthode, & puis ses Meditations, qu'il se vit attaqué de toutes parts : toutes les Universitez de Hollande prirent l'allarme. Le Docteur Revius, pour celle de Leyde, Voëtius & Dematius, pour celle d'Utrech, Schook pour celle de Groningue, firent une triple alliance contre ce nouvel ennemi, qui de son côté, avant que de se declarer, & de lever l'étendart contre Aristote, s'étoit fait sous-main un parti considerable. Revius ayant engagé dans ses interêts le Docteur Tkil, homme ardent & vigoureux, entreprit de faire censurer les Meditations de Descartes par tous les Professeurs de Theologie ; & l'affaire alla si loin, que les amis de M. Descartes lui conseillerent d'interposer l'autorité de M. le Prince d'Orange, & de l'Ambassadeur de France, pour empêcher qu'on ne la poussât trop : mais il se contenta d'écrire & de demander justice aux Curateurs de Leyde, qui crûrent lui avoir fait une grande grace d'imposer silence à leurs Docteurs, & de leur défendre de faire nulle mention de Descartes, & de ses opinions dans leurs exercices Academiques; procedé, dont M. Descartes ne fut guéres content. Il eut un peu plus de satisfaction du côté de l'Université de Groningue, qui à la sollicitation de l'Ambassadeur de France, blâma hautement la conduite emportée de Schook.

<small>Tom. 3. Let. Apolog. à M. d'Utrech.</small>

Mais la plus grosse affaire sans comparaison, fut celle d'Utrecht, où Voëtius se déchaîna contre lui. Voëtius étoit un de ces supports d'Université, que sa qualité de Professeur en Theologie, celle de Ministre & de Recteur, dont il avoit été honoré, jointes à ses cheveux gris, rendoit venerable & redoutable dans une Ville, où le corps de l'Université tient un des premiers rangs. Il avoit sçû profiter de ces avantages, pour se rendre maître des esprits. De sorte que ses sentimens étoient des décisions dans l'Université, & des oracles dans la ville. On sçavoit quels ils étoient sur le chapitre de la nouvelle Philosophie, & c'étoit l'unique chose qui empêchât les par-

<small>Ibid.</small>

Lettres de Descartes tisans de M. Descartes, de se declarer. Enfin neanmoins le medecin Regius, que M. Descartes appelle son premier martyr, ne put contenir plus long-tems dans lui-même la haine qu'il avoit conçuë contre les formes substantielles. Il fait des Theses publiques, où il les proscrit, pour substituer en leur place la diverse configuration des parties insensibles de chaque corps. Grande rumeur s'excite dans l'Université : les esprits se partagent : on ne parle d'autre chose dans la ville : tréve de nouvelles & de politique : on ne s'entretient plus dans la Bourse que des formes substantielles.

Cependant Voëtius ne s'endormit pas dans une affaire de cette importance. Il alla aux premieres disputes de Regius : il aposta, & plaça en divers endroits de la salle quantité d'écoliers, qu'il avoit gagnez, qui d'abord que le disciple de Regius commençoit à parler de *matiere Subtile*, de *Boules du second Element*, de *parties Rameuses & Canelées*, éclatoient de rire, faisoient des huées, frapoient des mains, & étoient parfaitement secondez par les Docteurs, amis de Voëtius. Ce charivari démonta le pauvre Regius, qui fut obligé de faire finir la dispute. Il écrivit à M. Descartes, pour lui demander conseil dans cette conjoncture, & comment il en devoit user à l'égard de Voëtius, qui avoit aussi-tôt fait paroître des Theses pour la défense des Formes substantielles, & contre les autres points de la Philosophie Cartesienne. Il les avoit particulierement adressées à la Faculté de Medecine, & aux Professeurs de Philosophie, dont il imploroit la protection pour les formes substantielles contre Regius.

Tom. 1. Lettres de Descartes.

M. Descartes lui conseilla de ne plus faire de disputes publiques, de tâcher de gagner Voëtius, de répondre à ses Theses, mais avec toute la modestie & toute la civilité possible, affectant de faire paroître beaucoup de respect & d'estime pour son adversaire, en soûtenant cependant toûjours courageusement la verité. Regius prit ce parti, non pas sans craindre, qu'il ne lui en coûtât sa Chaire de Medecine, & certes il en courut grand risque; Voëtius l'entreprenit, fit écrire son fils le jeune Voëtius, & Schook contre lui : il ne s'en fallut rien, qu'il ne le fît condamner par les Theologiens, comme un Heretique : il le défera aux Magistrats, & Regius ne se tira d'affaire qu'en leur promettant de suivre

Tom. 1d Let. 89e

exactement l'ordre qu'ils lui donnerent par une Sentence publique, de ne plus enseigner la Philosophie de Descartes, de s'en tenir aux anciens Dogmes, & de ne plus attaquer les Formes Substantielles.

Tom. 3. Lett. à Messieurs d'Utrech. Tom. 1. Let. 91.

M. Descartes sentit vivement ce coup ; quoique dans les lettres qu'il écrit à Regius, il veüille paroître le mépriser : de sorte qu'il ne put s'empêcher de s'en venger, en faisant courir sous main un papier qu'il appelle l'Histoire de Voëtius, où il le traitoit mal, & le traduisoit en ridiculr. Cela fit tourner tête contre lui à Voëtius, qui laissant là désormais Regius, qu'il voïoit terrassé, & qu'il regardoit comme un enfant perdu, que Descartes avoit lâché, pour attacher l'escarmouche, crut qu'il devoit redoubler ses efforts, pour attaquer la nouvelle Secte dans son chef. Le malheur voulut encore, que Descartes & Regius se broüillassent ensemble, jusqu'à écrire l'un contre l'autre ; & il semble que le destin de ce Philosophe fût alors, d'avoir pour ennemis tous les Sçavans de Hollande, dont les noms étoient terminez en *ius*, Revius, Demmatius, les deux Voëtius, & Regius.

Lettres de Desc.

La premiere chose qu'on fit à Utrecht,

fut de parler de M. Descartes dans toutes les compagnies, comme d'un Athée, d'un second Vanimus, qui faisant semblant d'établir par ses raisonnemens l'éxistence de Dieu, n'avoit point d'autre but que de la combattre. Voëtius déclamoit éternellement contre lui dans ses leçons, dans ses disputes, dans ses prêches. Il fit exprés des Théses de l'Atheïsme, où il fit entrer tout ce qui pouvoit rendre Descartes odieux ; & on réussit si bien à le décrier, que quand la nouvelle de sa mort vint à Utrecht plusieurs années aprés, la prévention où l'on étoit sur son chapitre, y fit ajoûter des circonstances éffroïables, & le bruit courut dans la ville, qu'il étoit mort comme le plus scélérat & le plus impie des hommes, sans foi, sans réligion, en Julien l'Apostat, & en vomissant mille blasphêmes contre J. C. *Créihgtor Ep ad Regium.*

Voëtius entreprit de lui débaucher ses plus intimes amis; & tout Ministre Protestant qu'il étoit, il écrivit en France au P. Mersenne pour faire ligue avec lui, & l'exciter à écrire contre Descartes: mais il ne réussit pas dans cette négociation. Il l'accusa d'être un ennemi caché de la Réligion du païs, & sembloit par là le vouloir déférer comme un criminel *Tom. 2. des Lettres de Desc.*

d'Etat. Il ajoûta, qu'il étoit l'émissaire & l'espion des Jésuites, qu'il avoit avec eux un commerce de lettres; & en produisoit sur tout contre lui une, qu'il avoit écrite au Pere Dinet, qui fut peu de tems après Confesseur du Roi. Tant il est vray, que Titus Oats n'est pas le prémier, à qui il soit venu en pensée, de persuader aux Protestans de son païs, que les Jésuites donnoient des commissions en Angleterre, pour lever une armée, dont ils disposoient de toutes les Charges, & faisoient les Officiers généraux, les Colonels, & les Capitaines.

Hist. Conjur. Angl.

Enfin, Voëtius vint à bout par son crédit & ses intrigues, de faire condamner par toute l'Université, dont il étoit alors Recteur, la Philosophie de Descartes. Il le fit citer, par l'ordre des Magistrats avec grand bruit, au son de la cloche, & par l'Officier de justice, pour répondre sur les calomnies, qu'on disoit, qu'il avoit écrites contre Voëtius. De sorte que ses amis lui manderent d'être sur ses gardes, n'étant pas en sûreté dans le lieu où il étoit, quoiqu'il fût hors du ressort de la Seigneurie d'Utrech. Deux écrits, où M. Descartes avoit parlé de Voëtius, un desquels étoit la lettre qu'il avoit écrite au Pere Dinet,

net, furent déclarez libelles diffamatoires. Cette déclaration fut imprimée, affichée, & envoyée dans les principales villes des Provinces Unies. Si nous en croyons M. Descartes, on ne prétendoit pas moins, que de le faire bannir par Arrêt, de toutes les provinces, de le faire condamner à de grosses amandes, de faire brûler ses livres par la main du bourreau, avec qui disoient quelques-uns, Voëtius étoit déja convenu, qu'il feroit un si grand feu en les brûlant, que la flamme en seroit vûë des païs d'alentour. En un mot M. Descartes fut obligé, pour sortir d'affaire, d'employer le crédit de tous ses amis, & même de l'Ambassadeur de France, qui empêchêrent qu'on ne passât outre.

Let. de Descart. à Messieurs d'Utrecht

Toutes ces querelles durerent plusieurs années; & M. Descartes prévoyant que les Apologies qu'il avoit dessein de faire présenter aux Magistrats de Leyde & d'Utrecht, pour se justifier, & pour demander réparation d'honneur, ne luy procureroient pas les satisfactions, qu'il prétendoit lui être dûës, songea plus d'une fois à se retirer de Hollande, où il ne trouvoit plus le repos qu'il y étoit venu chercher. Les lettres qu'on lui écrivit dans ce tems-là, de la Cour

Let. 19. Tom. 1.

H

de France, avec promesse d'une bonne pension, s'il vouloit venir s'établir à Paris, le déterminerent à partir : mais les troubles du Royaume arrêtérent malheureusement le cours de sa bonne fortune. On lui avoit expédié des Lettres en parchemin fort bien scellées, & pleines des plus beaux éloges du monde, mais ce fut là tout : il n'eut pas même ses Lettres *gratis*. Et jamais parchemin, comme il le dit assez plaisamment, ne lui coûta plus cher, & ne luy fut plus inutile, que celuy là. Il ne put s'empêcher de retourner en sa chere Hollande, sans craindre de s'exposer de nouveau aux insultes des Voëtius, des Schook, & des Revius : mais peu de tems aprés la Reine de Suede le fit venir à Stokolm, où l'on prétend qu'il mourut.

Ibid.

Tout ce que nous avons dit jusqu'ici des démêlez de Voëtius avec M. Descartes, a été tiré pour la plûpart des lettres de ce Philosophe. Voëtius nous apprit au Globe de la Lune le reste de ce qui le concerne ; c'est à sçavoir, qu'aprés le départ de M. Descartes de Hollande, il se réconcilia avec le medecin Régius, qui dans le festin de reconciliation, pour marque que c'étoit tout de bon qu'il vouloit être désormais son ami,

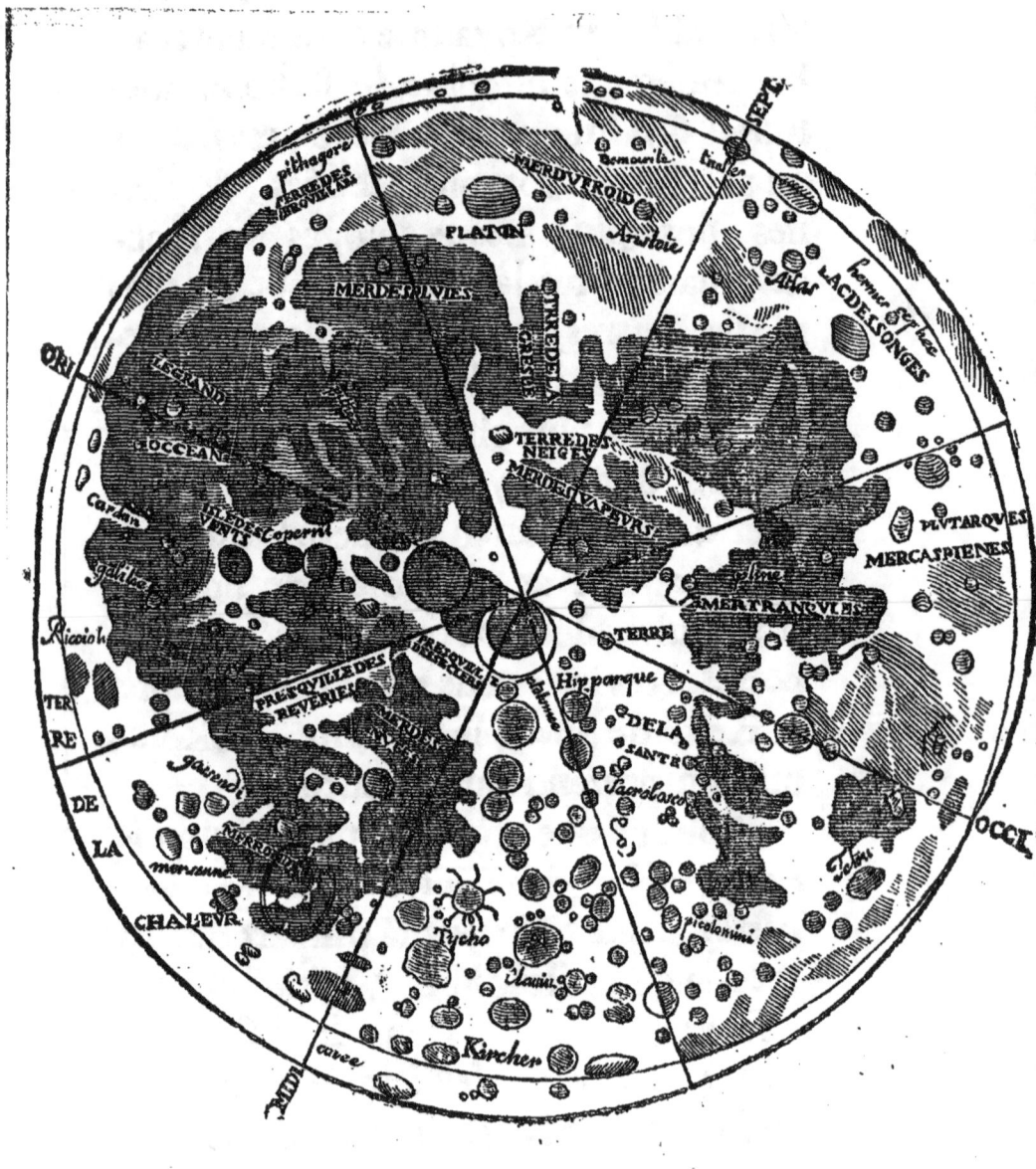

lui donna du tabac de M. Descartes; dont il se servit souvent, sur tout, pour venir au Lycée de la Lune: que s'étant fait un grand mérite auprés d'Aristote, des beaux exploits qu'il avoit fait contre Régius & Descartes, pour la défense de la Philosophie Péripatéticienne, ce Prince des Philosophes lui avoit offert l'emploi, dont nous le voyions en possession: qu'il avoit néanmoins differé de le prendre, jusqu'à ce qu'ayant sçu, que l'ame de Descartes faisoit tous ses efforts, pour séduire les ames de ces quartiers là, le zéle qu'il avoit pour l'ancienne Philosophie, l'avoit déterminé à quitter son corps, pour venir s'opposer aux entreprises de ce dangereux ennemi.

Voilà ce que c'étoit que Voëtius, qui fut jadis le Héros du Péripatétisme en Hollande. Nostre entreveüë néanmoins avec luy fut fort honnête de part & d'autre; & aprés nous être fait réciproquement divers complimens, il nous témoigna la joye qu'il avoit, d'apprendre que M. Descartes n'avoit nul mauvais dessein sur le Lycée de la Lune. Il nous avoüa même, qu'il avoit regret d'avoir autrefois poussé si fort ce Philosophe; mais, que sa réputation en

Hollande, étoit incompatible avec la sienne : que s'il avoit laissé prendre pied à la nouvelle Philosophie dans l'Université d'Utrecht, il eût été obligé de l'apprendre, ou de ne dire jamais mot dans les disputes : qu'il n'avoit pû se résoudre ni à l'un, ni à l'autre : qu'il s'étoit trouvé trop vieux, pour devenir écolier de Descartes : & que l'on sçait quel chagrin c'est pour un vieux Régent de Philosophie, d'entendre disputer contre toutes ses opinions, sans avoir droit de les défendre, au moins en argumentant. Que Descartes affectant de ne se point servir des termes usitez dans l'Ecole, il auroit été obligé d'être dans toutes les Théses publiques, un personnage sourd & muet, lui qui s'y étoit toûjours distingué par sa subtilité, & par sa pénétration. Qu'au fond il avoit de l'estime pour M. Descartes. Qu'il avoit remarqué dans sa Philosophie beaucoup de bonnes choses, entre quantité d'autres, qui luy sembloient un peu dures. Que s'étant entretenu plusieurs fois Aristote & luy sur cette Philosophie, il leur étoit venu en pensée, qu'il ne seroit pas impossible de faire quelque accommodement ; & que si nous le voulions bien, il ne seroit pas fâché d'avoir un entretien particulier avec nous sur ce chapitre. Nous acceptâmes volontiers son offre ; & après avoir fait retirer ses gens, il nous parla de la sorte.

Vous voyez bien, Messieurs, par le rang, que je tiens ici, que j'ay grande part dans les bonnes graces du Prince qui y regne : j'en ai encore plus dans sa confidence : vous en jugerez par un aveu qu'il m'a fait, & que je sçai bien, qu'il ne sera pas fâché, que je vous fasse de sa part. C'est, que ses interêts ont à la verité beaucoup de liaison avec ceux des Philosophes, qui se disent Aristotéliciens ; mais qu'au fond, ils ne sont pas tout-à-fait les mêmes, non plus que ses sentimens en matiére de Philosophie. Jusqu'à present néanmoins, il n'a pas été fâché qu'on les confondît. Le plaisir & la gloire de se voir à la tête de tous les Philosophes de l'Europe, qui lui donnoient tous d'un commun consentement la qualité de leur Prince, valoient bien la peine de dissimuler le travers, qu'il voyoit dans le raisonnement de plusieurs de ceux qui faisoient profession d'être tout à lui. La division même, qui se rencontroit, entre ses plus zélez partisans, qui se font chacun plus d'honneur, & une plus grande affaire de l'avoir de leur côté, que d'y avoir la vérité même, n'étoit pas ce qui contribuoit le moins à sa gloire. Se voir indépendemment de la raison, & par le seul poids de son autorité, l'arbitre de tous les differens philosophiques : joüir paisiblement du privilege de l'infaillibilité parmi ceux-là même, qui le disputent au Pape & aux Conciles, étoit quelque chose de bien flattant, & dont il jugeoit à propos de se contenter, sans se mettre fort en peine, s'ils prenoient bien ou mal sa pensée : puisque, quoyqu'ils disent, luy seul, de l'aveu des deux partis, avoit toûjours raison. Mais depuis que M. Descartes, M. Gassendi, & quelques autres ont sécoüé le joug de son autorité, & que pour justifier leur conduite, ils ont entrepris même avec quelque succés, de montrer l'absurdité, ou le peu de solidité de quelques opinions de l'école, dont on prétend le faire garant, à cause que ses plus illustres disciples les lui attribuent de commun accord, il a jugé à propos de se déclarer à la prémiere occasion, & de prier le Public, & même Messieurs les nouveaux Philosophes, de lui faire justice sur ce point. Il proteste donc, qu'il se separe d'interêt en beaucoup d'articles, d'avec ceux qui se disent ses disciples. Que dans les Questions de l'Ecole, il se dit beaucoup de choses sous son nom, qui ne sont pas de luy. Qu'il est, par exemple, tres innocent de l'Horreur du Vuide. Que lui-même a assuré, & prouvé par l'experience la Pesanteur de l'air, qui sert aujourd'huy de principe pour l'explication physique des Phénoménes, qui ont le plus de rapport à la question du Vuide. Qu'il n'est nullement le pere d'une infinité de petits Etres, qu'on a introduit dans la Philosophie de l'Ecole. Qu'on a souvent mal interpreté ses écrits; & qu'on y a assez ordinairement pris pour des Etres Physiques, ce qui dans son idée, n'étoit que des Denominations, & des Attributs Metaphysiques.

La maniere, dont je vous parle, continua-t'il, aprés l'entêtement, où vous sçavez que j'ay été autrefois, peut me servir à vôtre égard, de lettre de créance dans l'absence d'Aristote. Mais je vous ajoûterai, que, depuis que vous l'avez rencontré hors du Globe de la Lune, il m'a dépêché un coûrier exprés, par lequel il m'a ordonné, qu'en cas que vous passassiez par ici, je ne manquasse pas de vous informer de ses pensées & de ses sentimens, & de vous dire que, quelque animé qu'il vous ait paru contre M. Descartes, dans l'entretien que vous avez eu ensemble, il entendra volontiers à quelque accommodement avec luy. Au reste, ce n'est pas là une resolution prise sur le champ. Le projet est fait & écrit, il y a long-tems; il ne tiendra qu'à vous de le voir, & de vous en charger, pour le montrer à M. Descartes, si vous le jugez à propos. Nous repondîmes, que nous le ferions avec joye, & que nous nous tiendrions heureux de contribuer, en quelque maniere que ce pût être, à la reconciliation des deux plus grands Philosophes qui ayent jamais été, & à la réünion des deux partis, qui étoient presque les seuls qui fussent maintenant considerables dans l'Europe. Il prit incontinent dans un cabinet, qui étoit au bout du salon, & où il y avoit sur des tablettes fort propres, quantité de livres fort bien reliez, qui avoient toute la mine des livres, que les nouveaux Philosophes ont composez depuis trente ou quarante ans, & qu'Aristote & Voëtius ont assurément lus: Il prit, dis-je, dans ce cabinet une espece de memoire, qui avoit pour titre ces mots Latins: *De consensu Philosophiæ veteris & novæ.* Nous avons lui dis-je, Monsieur, un habile homme de nôtre Monde, qui a fait un livre sous ce titre. Je l'ay vû, me répondit-il, & il est écrit d'une maniere à faire connoître, que l'Auteur est profond dans tous les parties de la Philosophie. C'est un homme qui n'est point entêté d'aucun parti, qui est bien instruit des interêts des uns & des autres, & qui seroit tout propre à être mediateur dans cette affaire. On a même tiré de sa préface un point préliminaire, qui est tout-à-fait dans le bon sens, & dont il faut qu'Aristote & M. Descartes conviennent d'abord : Sçavoir, que les chefs de Secte en matiere de Philosophie : *Neque omnia, neque nihil viderunt.* Il nous presenta en même tems ce projet d'accommodement, & nous pria de le lire à nôtre loisir dans le voyage : de vouloir bien aussi prendre avec nous, comme nous l'avions proposé en arrivant, quelques ames de l'Aristote, pour nous tenir compagnie jusqu'au lieu, où étoit M. Descartes, afin qu'il sçût par leur moyen, le parti que ce Philosophe prendroit sur les propositions qu'on luy faisoit dans ce traité. Nous le remerciâmes de l'honneur, qu'il nous faisoit, de nous charger d'une negotiation si importante : nous l'assurâ-

M. du Hamel.

mes, que nous ferions tout nôtre possible, pour la faire réüssir ; & après lui avoir témoigné beaucoup de reconnoissance pour toutes ses honnêtetez, nous le priâmes de nous permettre de continuer nôtre voyage, parce que nous avions encore bien du chemin à faire, & que nous avions déja employé plusieurs heures dans celuy que nous avions fait. Il nous conduisit jusque hors du Lycée ; & ayant donné quelques instructions à deux ames du pays, qui nous parurent être des esprits de consequence, il leur ordonna de nous suivre, & prit congé de nous.

Comme nous voulions parcourir tout l'Hémisphere de la Lune opposé à nôtre Terre, nous continuâmes nôtre route vers le Septentrion ; & laissant à gauche le Démocrite, nous passâmes par le Thalés, & poussâmes jusqu'au Zoroastre. De là nous rabbatîmes vers l'Occident par des terres désertes, où nous vimes les ruines de quelques anciennes villes, comme de l'Atlas, du Cephée, de l'Hermés, sans rencontrer personne, jusqu'au Lac des Songes, sur le bord duquel nous trouvâmes trois esprits separez, avec qui nous eumes un entretien en passant.

Nous surprîmes les deux prémiers, pestants fortement contre les femmes, qu'ils avoient eu autrefois dans le Monde. Une de ces deux ames étoit un certain Hermotime, dont parlent Tertullien & Pline, qui ayant laissé son corps la nuit, pour s'aller promener, comme il faisoit quelquefois, sa femme qui ne l'aimoit pas, s'en étant apperçûë, appella ses domestiques, leur montra, en s'arrachant les cheveux & faisant la desesperée, le corps de son mari sans ame, & donna cependant si bon ordre à tout, que le corps fut brûlé selon la coûtume du païs, avant le retour de l'ame, qui fut ensuite obligée d'aller chercher parti ailleurs.

L'autre esprit étoit un Senateur Romain nommé Lamia, auquel sa femme joüa un pareil tour, qui pensa neanmoins ne pas réüssir. Car, ainsi qu'il nous le raconta, l'ame étant revenuë chercher son corps, où elle l'avoit laissé, ne le trouvant point, & voyant toute sa maison en deüil, se douta bien de l'affaire. Elle alla incontinent au lieu, où l'on avoit dressé le bucher, pour le brûler, & y arriva dans l'instant que le feu commençoit à le gagner. Elle ne jugea pas à propos de se réünir à son corps, de peur d'être obligée de brûler toute vive, seulement elle remua sa langue, en sorte que plusieurs des assistans entendirent sortir ces paroles de sa bouche par deux fois: *Je ne suis pas mort, je ne suis pas mort.* Mais voyant que les Officiers de la pompe funebre, qui apparemment avoient le mot de la Dame, ne s'en ébranloient pas davantage, elle le laissa brûler, & vint s'établir au globe de la Lune.

Le troisiéme, que nous trouvâmes deux lieuës plus loin dans une grotte affreuse, étoit le fameux Jean Duns Ecossois, appellé communément Scot, ou le Docteur subtil. Il a passé jusqu'à present pour être mort, & on a fait même à cette occasion, des contes tres ridicules, & tres desavantageux à la reputation d'un aussi homme de bien qu'il étoit, & qui ont été tres bien refutez. Mais la verité est qu'il n'est pas mort, & qu'ayant trouvé par la subtilité de son esprit le secret, que tant d'autres ont eu, son corps fut pris pour mort, & enterré dans l'absence de son ame, qui s'est aussi refugiée au globe de la Lune. Il étoit entouré de certains petits je ne sçai quoi, qui ne sont point des êtres, mais qu'on appelle des Formalitez. C'est lui qui les a fait connoître le prémier dans le monde philosophique, & qui leur a donné vogue. Il n'y a rien de plus joli, de plus delié, & de plus mince : ce n'est presque rien. Nous ayant connus pour Philosophes, il nous parut vouloir s'humaniser un peu, & debuta par nous demander ce que nous pensions de l'*Universel à parte rei*, & si nous ne tenions pas pour les *Precisions objectives*. Nôtre vieillard, qui outre ses idées Cartesiennes sur la Philosophie, avoit encore quelque reste de la mauvaise humeur, que luy avoit causé le compliment d'Aristote, lui répondit brusquement, que nous ne nous étions jamais mis fort en peine de toutes ces fadaises : que c'étoit là du gibier d'Hybernois, & que nul de nous ne prétendoit à l'éloge, que Buchanan avoit donné autrefois aux Philosophes de ce païs, d'ailleurs gens d'esprit, & bonnes personnes.

Gens ratione furens, & mentem pasta chimeris.

Comment des fadaises, & des chimeres, reprit Scot ? Hé, ce sont là les plus belles, & les plus solides questions de la Philosophie. C'étoit par là, que nous nous distinguions de nôtre tems; & c'est par la subtilité, avec laquelle j'ai traité ces questions, que j'ai commencé à m'acquerir la qualité de Docteur subtil. Des fadaises & des chymeres! Hé quoi, vous Philosophes François, n'avez-vous pas lû l'histoire de l'Université de Paris ? Si vous ne l'avez pas luë, lisez là ; vous verrez si ces choses étoient regardées autrefois comme des fadaises. Vous verrez sous le regne de Loüis le Jeune un Rousselin Breton, à la tête des Nominaux, disputer à main armée dans l'Université de Paris, contre ceux, qui tenoient l'Universel à *parte rei*, & des argumens, en venir aux épées, de sorte qu'il en arriva mort d'homme. Vous verrez ce qu'on m'a dit qui s'est fait depuis que j'ay quitté vôtre Monde : que sous Louis Onziéme, la Cour & le Parlement se mêlerent des differens philosophiques, que vous traitez de fadaises : que par ordre du Roy on enchaîna, & on cadenassa les livres des Nominaux avec défense de les ouvrir desormais ; & plût à Dieu, que ces Arrêts n'eussent pas été revoquez par les intrigues des protecteurs de cette Philosophie creuse, qui n'accorde l'Universalité qu'aux noms & aux concepts ; je regnerois maintenant tout seul dans l'école.

Mais, continua-t'il en s'animant, ne seriez-vous pas de ces Philosophes, dont j'entendis parler, il y a quelque tems, & dont je vis même quelques ouvrages dans un voyage, que je fis à l'Aristote, qui ont pour chef un certain Cavalier Breton, nommé Descartes ? Oüyda, dit le vieillard, & nous nous en faisons honneur. Allez, reprit-il tout en colére, sortez d'ici, Heretiques que vous êtes, qui vous faites honneur d'être d'une Secte, laquelle par ses Principes, est obligée de renoncer à la foy de nos plus saints Mysteres. Vostre Descartes tient, que l'extension determinée est de l'essence du corps ; & qu'un corps étant une fois de la grandeur d'un pied cubique, il y a autant de contradiction, qu'il perde cette étenduë, qu'il y en a à concevoir une montagne sans vallée. Il y aura donc de la contradiction, que le corps du Sauveur du Monde, qui avoit plusieurs pieds en grandeur, soit compris dans l'espace de la plus petite particule de l'Hostie consacrée. Sortez encore un coup d'icy, excommuniez; & puisque vous y voulez demeurer malgré moy, je vous abandonne la place; & aussi-tôt il s'en alla.

Ce zele extraordinaire nous surprit,

& ne laissa pas de nous divertir : mais ce qui me réjoüit le plus, fut, qu'au sortir de là, les deux ames Aristoteliciennes, que Voëtius nous avoit données, pour nous accompagner, commencerent, en chemin faisant, à reprendre l'argument de Scot, & à bourrer vigoureusement le P. Mersenne & mon vieillard, qui eurent toutes les peines du monde à se tirer d'affaire : mais ils leur proposerent un argument, contre la maniere dont M. Descartes, & aprés luy, M. Rohault dans ses Entretiens, pretendent expliquer le mystere de l'Eucharistie sans accidens absolus, qui ne me semble pas indigne d'être rapporté icy.

M. Descartes, dans la réponse, qu'il fait aux *Quatriémes objections* proposées contre ses Meditations Metaphysiques, explique le mystere de l'Eucharistie de cette sorte. Il dit que le corps de J. C. aprés la consecration, est au même lieu, que le pain étoit auparavant; mais, qu'il est si precisement dans le même espace, qu'en quelque endroit, qu'il fût vray de dire avant la consecration, ceci est du pain, il est vray de dire aprés la consecration, ceci est le corps de J. C. De sorte que, si nous concevons, qu'avant la consecration, il y eût soit dans la surface, soit dans la profondeur du pain, de petits espaces piramidaux, cubiques, triangulaires, occupez par les parties piramidales, cubiques, triangulaires du pain, nous devons concevoir que tous ces petits espaces, après la consecration, sont exactement occupez par le corps de J. C. D'où s'ensuit selon lui, que quand on dit, que le corps de J. C. est contenu dans les mêmes dimensions, & dans la même superficie precisément que le pain, on entend par ce mot de superficie, non seulement cette surface exterieure, qui termine la figure totale du pain, mais encore, ce qui termine toutes les parties qui sont dans la profondeur, separées les unes des autres par des pores & de petits intervalles, où il se trouve de l'air, ou quelques autres corps étrangers: jusques là, que si quelques parties insensibles du pain, étoient mises en mouvement par l'air, ou par quelque autre corps, la nouvelle substance, qui prend la place de ces parties insensibles, est aussi pareillement mise en mouvement.

Sur cette supposition, M. Descartes raisonne de la sorte. Ce qui fait impression sur nos sens, n'est point autre chose

se, que la superficie des corps. Tout corps donc, qui aura la même superficie que le pain, fera les mêmes impressions sur nos sens, que le pain. Donc, comme le corps de J. C. est si precisément dans le même espace que le pain, qu'il a exactement la même superficie; il doit faires les mêmes impressions sur nos sens, que le pain, c'est-à-dire, qu'il doit reflechir la lumiere, comme le pain faisoit, & avec les mêmes modifications: & c'est pourquoy nous voyons la même couleur, & la même figure. Il doit être poussé vers le centre de la terre, par l'effort de la même matiere, qui y poussoit le pain auparavant, à raison de la figure des parties, dont il étoit composé, & c'est pourquoy nous sentons la même pensanteur. Il doit ébranler les nerfs de noître langue, & s'insinuer dans les pores de la même maniere, que les parties insensibles du pain ; & c'est pourquoy nous sentons la même saveur, &c. D'où il conclut, qu'on peut tres bien expliquer ce mystere, sans avoir recours à des accidens absolus, qui demeurent sans sujet.

Voicy donc une difficulté, entre plusieurs autres, que nos Peripateticiens proposerent contre cette explication. Nous demontrons, dirent-ils, que suivant cette hypothèse, le pain ne se change point au corps de J. C. dans l'Eucharistie, mais qu'après la consecration, il n'y a que du pain dans l'Hostie.

Pour faire leur demonstration, ils demanderent au P. Mersenne, & au vieillard, 1°. Si dans les Principes de Descartes, la matiere de tous les corps, considerée en elle même & indépendamment des diverses modifications de ses parties, n'étoit pas de même espece ? on leur répondit, qu'oüi. 2°. Si ce qui faisoit la différence specifique des corps, n'étoit pas selon eux la diverse configuration, la diverse situation, les divers mouvemens des parties de ces corps ? on en demeura d'accord. Cela supposé, dirent-ils, nous allons conclure évidemment, que la substance, qui se trouve dans l'Eucharistie après la consecration, n'est que du pain. Car la matiere, ou la substance, qui a la même configuration de parties, & le même mouvement, & en un mot toutes les mêmes modifications, qui font l'essence du pain, est du pain, selon le principe accordé. Or est-il, que la substance qui se rencontre dans l'espace de l'Hostie après la consecration, a toutes ces modifications, & ce n'est qu'en vertu de ces modifications que l'on conçoit, qu'elle a la même superficie que le pain, en prenant ce mot de superficie dans le sens que Descartes lui donne : ce n'est qu'en vertu de ces modifications, que cette superficie fait les mêmes impressions sur nos sens, que le pain faisoit avant la consecration : ce n'est que par cette raison, qu'elle reflechit la lumiere precisement aux mêmes angles, que le pain ; qu'elle reçoit toutes les mêmes impulsions, & les mêmes determinations de la matiere, qui la pousse vers le centre de la terre, que le pain ; qu'elle communique les mêmes ébranlemens aux nerfs de la langue, que le pain. Donc la substance qui est dans l'espace de l'Hostie aprés la consecration, selon les Principes de Descartes, a la forme, ou l'essence du pain. Donc c'est du pain, qui est tout ce qu'il falloit prouver. Et de là nos Peripateticiens conclurent, que ce n'étoit pas sans bonne raison, qu'on avoit recours aux accidens absolus, pour l'explication de ce mystere.

Ils firent encore une reflexion sur un mot, que Descartes ajoûte à cette explication, & qui detruit sa réponse. Cependant, dit-il, le corps de J. C. à parler proprement, n'est pas là comme dans un lieu, mais sacramentalement. » Car ajoûtoient-ils, qu'est-ce qu'être dans un lieu, en parlant proprement, sinon remplir parfaitement l'espace, ne point donner passage aux corps, qui se presenteroient, pour passer dans cet espace, reflechir la lumiere, être poussé en bas, avoir du mouvement, &c. Or, selon Descartes, tout cela convient au corps de J. C. dans l'Hostie. Et au contraire, l'idée, qu'on a communément de l'existence sacramentelle, n'attribuë point au corps qui est dans cet état, toutes ces proprietez. Car nul de ceux, qui ont parlé du corps de J. C. dans le saint Sacrement, n'a pretendu, que ce fût lui qui reflechît la lumiere, &c. & ils disent tout le contraire.

Enfin ils conclurent, en se mocquant des applaudissemens que M. Descartes se donne à lui-même dans cet endroit, sur la maniere intelligible, dont il pretend avoir expliqué ce mystere, & sur les obligations que lui ont les Theologiens Orthodoxes, de leur avoir fourni une opinion, qui s'accorde beaucoup mieux avec la Theologie, que les ordinaires. Applaudissemens aussi-bien fondez que la prophetie, qu'il fait un peu après, selon laquelle un jour viendra, qu'aprés que le Monde sera revenu des Prejugez de l'Ecole, tous les sentimens de nos vieux Philosophes, & de nos vieux Theologiens en cette matiere, feront pitié, & disparoîtront comme des ombres, en presence de la lumiere, dont ces beaux Principes de la nouvelle Philosophie, rempliront les esprits de tous ceux qui sçauront s'en bien servir.

Pour moi, en entendant cette refutation, il me semble que M. Descartes auroit encore mieux fait de s'en tenir à sa réponse generale, quelque mauvaise qu'elle soit, sçavoir, qu'il étoit Philosophe, & non point Theologien, & qu'il n'entreprenoit point d'expliquer les mysteres de nostre Religion par les principes de sa Philosophie. Je m'étonnay encore en cet endroit, que de telles réponses de M. Descartes eussent été sans replique, sur tout ayant affaire icy à M. Arnaud qui n'a jamais eu volontiers le dernier, en matiere de disputes, & de livres. Mais je crois avoir trouvé depuis, la solution de cette derniere difficulté, dans une lettre que M. Descartes écrit à un Pere de l'Oratoire Docteur de Sorbonne, où en parlant de M. A. il dit, que tout jeune Docteur qu'il est, il estime plus son jugement seul, que ce-

Tom. 1. Let. 105.

luy de la moitié des anciens Docteurs de Sorbonne. Une douceur de cette nature n'eſt-elle pas capable de faire tomber les armes des mains à l'adverſaire le plus animé.

Pendant cette diſpute, où le P. Merſenne & mon vieillard ne jugerent pas à propos de s'en tenir à la forme, & où ils ſe contenterent d'eluder la difficulté par pluſieurs railleries, qu'ils firent ſur les accidens abſolus, & qu'ils conclurent devoir être releguez au deſert de Scot, pour luy faire cortege, & compagnie avec toutes ſes petites *formalitez*, nous traverſâmes la Mer Tranquille : & tournant tout court à droite, nous paſſâmes par l'Hipparque, le Ptolomée, la Peninſule des Eclairs, & de là au travers de la Mer des Nuës. Nous entrâmes dans la Péninſule, dont j'ai parlé au commencement, qu'on appelle la Péninſule des Rêveries : elle eſt ainſi nommée, parce que c'eſt là, que ſont les petites maiſons du globe de la Lune, peuplées, pour la plûpart, de Chymiſtes, qui y cherchent la Pierre Philoſophale, n'aiant pû la trouver ſur la terre, & de quantité d'Aſtrologues Judiciaires, qui y ſont encore auſſi foux, qu'ils étoient autrefois dans nôtre Monde ; & qui paſſent tout leur tems à faire des Almanachs, & à corriger par des supputations exactes, les fausses Horoscopes, qu'ils ont faites pendant leur vie.

Nous y trouvâmes entr'autres Cardan, qui, quoyqu'il possede une assez belle Terre du côté de l'Orient sur le rivage de l'Ocean des Tempêtes, ne peut cependant s'empêcher de rendre de fréquentes visites à ses confréres. Il passe là fort mal son tems, n'aiant pu encore sortir du chagrin que lui causa l'horoscope fameuse d'Edoüard VI. Roi d'Angleterre, à qui il avoit prédit toutes les principales avantures, qui devoient lui arriver jusqu'au de là de cinquante ans, & qui, par le plus grand malheur du monde, mourut à quinze. Deux autres choses encore du même genre, l'entretiennent toûjours dans cette profonde tristesse. La premiere, est la mort de son fils, dont l'horoscope l'avoit aussi trompé, n'ayant pas prevû ce qui arriva pourtant, qu'il devoit avoir la tête coupée à Milan à l'âge de vingt-quatre ans, pour avoir empoisonné sa femme. Et l'autre, est le peu de charité, dont Scaliger & M. de Thou ont usé à son égard, en publiant dans leurs livres à toute la posterité, qu'il s'étoit laissé mourir de faim. Car nous dit-il, aprés tout,

ce

ce sont des menteurs, & vous voyez bien que, si j'étois mort, je ne serois pas icy. Il est vray qu'ayant predit le jour de ma mort dans mon horoscope que je fis moy-même, & m'appercevant, que je m'étois mépris, ne voyant dans moy au tems que j'avois marqué, nul symptôme de mort prochaine, je m'enfermay dans mon cabinet ; & ne pouvant me resoudre à paroître desormais devant les hommes, tous les momens de vie, que j'aurois depuis, devant être pour moy autant de reproches continuels de ma méprise, je pris la resolution de quitter mon corps, & de venir demeurer icy. C'est ainsi, que la chose se passa. Nous tâchâmes de le consoler de ces sujets d'affliction, par la reputation qu'il avoit toûjours euë nonobstant tout cela, dans le monde, d'un homme extraordinaire, & distingué du commun. Aprés quoy, nous primes congé de lui, & nous en allâmes de ce pas au Mersenne, d'où nous avions commencé nôtre voyage du globe de la Lune. Ce fut là, que les deux Peripateticiens s'étant écartez de nous pour quelques momens, nous lûmes ensemble le projet d'accommodement d'Aristote avec M. Descartes, dont Voëtius nous avoit chargez, &

I

dont je vas rapporter ici les principaux articles. Il étoit divisé en deux parties. La prémiere regloit la maniére dont les Aristotéliciens & les Cartésiens devoient desormais se comporter les uns avec les autres, dans les livres, dans les disputes, dans les conversations. La seconde, qui étoit fort longue, contenoit diverses propositions, sur lesquelles les Aristotéliciens se relâchoient, pour s'aprocher davantage des Cartesiens, demandant réciproquement, que les Cartésiens se relâchassent sur d'autres, pour se raprocher des Aristotéliciens. Cette seconde partie étoit plûtôt une réfutation de plusieurs dogmes de M. Descartes, qu'un traité d'accommodement, ce qui me fit conjecturer dés-lors, qu'elle n'auroit pas l'effet qu'on s'en promettoit, ou que l'on faisoit au moins semblant de s'en promettre. On verra encore, qu'Aristote, ou du moins Voëtius son Secretaire, étoit assez bien informé de ce qui se passoit dans nôtre Monde, pour & contre son parti.

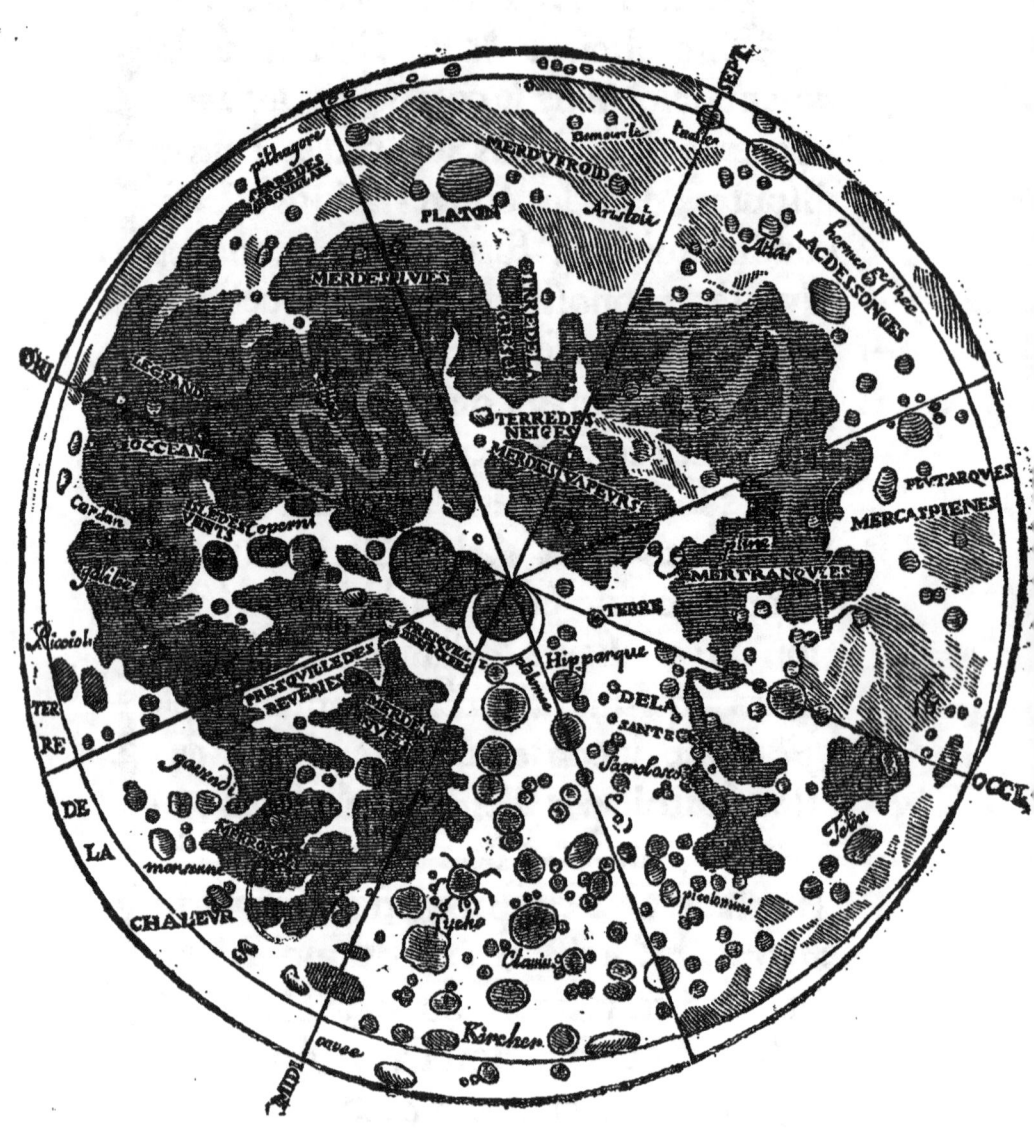

Traité d'accommodement entre Aristote Prince des Philosophes, & M. Descartes chef de la Nouvelle Secte.

PREMIERE PARTIE.

ON ne se dira plus d'injures les uns aux autres ; cette maniere n'étant nullement philosophique, & ayant été bannie même des Ecoles, par les plus honnêtes gens d'entre les Professeurs.

Les Dames & les femmes sçavantes ne traiteront plus dans les rüelles Aristote, de fat & de pedant ; elles sçauront qu'il a été Soldat, homme de Cour & d'intrigue, qui avant que de philosopher, s'étoit fort diverti, & avoit mangé tout son bien, qui n'étoit pas petit, étant fils du premier Medecin du Roy Amyntas ayeul d'Alexandre le Grand, & que peut-être il n'y a jamais eu de Philosophe plus courtisan, & plus galant homme que luy.

D'autre part, les vieux Professeurs de philosophie se souviendront d'épargner à M. Descartes quelques épithetes, dont ils sont trop liberaux à son égard, le traitant éternellement de visionaire, d'extravagant, & même quelquefois d'Héretique & d'Athée. M. Voëtius lui fait dés maintenant de lui même, une satisfaction authentique sur tous ces points, pour suppléer à celle que Messieurs les Curateurs de Leyde, & les Magistrats d'Utrecht luy refuserent, gagnez par les amis dudit sieur Voëtius, qui est fort son serviteur.

Aristote desavoüera tous les livres composez contre M. Descartes d'une maniere outrée & injurieuse, tel que pourroit être le Traité, qui porte pour titre : *Deliriorum Cartesii Ventilatio.* Ou du moins, il ordonnera, qu'on les corrige, & que dans une nouvelle édition, on ait soin d'en retrancher quelques expressions un peu trop fortes.

M. Descartes aussi, donnera ordre de son côté, que dans les nouvelles impressions qui se feront des ouvrages de quelques-uns de ses Sectateurs, on en ôte certaines prefaces, ou plûtôt certaines satyres mordantes contre les Philosophes de l'Ecole, qu'on ne distingue pas assez les uns des autres, & où l'on attribuë injustement à tous, les défauts de quelques particuliers, tels que sont, la passion de chicaner, la confusion, les équivoques des termes, & l'ignorance dans les choses les plus curieuses de la physique.

Défenses seront faites à tous Cartésiens, de decider du merite d'Aristote, sans l'avoir lu, sur tout, sans avoir vû ses ouvrages de Logique, sa Rethorique, son Histoire des animaux, & les autres, où il traite la Physique particuliere. Et ils prendront garde de ne pas juger du caractere d'esprit de ce Philosophe, par ses Livres *De physico auditu*, qui sont moins clairs que les autres, l'Auteur ayant eu ses raisons, pour les écrire de la sorte ; & qui se sont trouvez encore plus embroüillez dans la suite du tems par une infinité de Traducteurs & de Commentateurs, qui souvent parlent Grec en Latin, & dont quelques-uns n'ont bien entendu ni l'un ni l'autre.

Défenses pareillement seront faites à tous Peripateticiens, de pester contre la Philosophie de Descartes, sans s'en être suffisamment instruits, sous peine de se rendre ridicules, comme ont fait certains Auteurs, qui l'ont mis au nombre des Atomistes, c'est-à-dire de ceux qui prétendent, que les corps sont composez d'atomes, ou de parties indivisibles ; ou comme un autre, qui écrivoit bonnement à M. Descartes même, qu'il avoit enfin vû de ses yeux sa matiere subtile, ayant, par une rencontre la plus heureuse du monde, remarqué quantité de petits corps voltigeans en l'air à la faveur d'un rayon de Soleil, qui passoit par la fente d'un volet de ses fenêtres.

Let. 61. Tom. 1.

Enfin Aristote prie Messieurs les Cartesiens de ne pas lui attribuer tout ce qu'on voit dans les Livres de ses Disciples, sans l'avoir consulté lui-même, promettant de son côté, de ne donner à personne le nom de Cartesien, qu'avec beaucoup de discernement, sur tout, quand il s'agira de certains jeunes Abbez, Cavaliers, Avocats, Medecins, qui se disent Cartesiens dans les compagnies, pour avoir un titre de bel esprit, qu'ils obtiennent quelquefois par la seule hardiesse de parler à tort & à travers de matiere subtile, de globules du second élement, de tourbillons, d'Automates, de phenomenes, sans sçavoir autre chose, que ces termes.

Seconde Partie du Traité.

Pour éviter la longueur, je ne rapporteray icy que le precis de cette seconde partie. Voicy comme elle commence.

L'article des Formes Substantielles étant celuy qui a causé le plus de bruit & de division entre les deux partis, ainsi qu'on le peut voir par les Registres des Universitez d'Utrecht, de Leyde, de Groningue, d'Angers; & comme on le verroit dans ceux de l'Université de Paris, de Caën, & de plusieurs autres, si on avoit eu soin d'y écrire tous les actes, & toutes les deliberations, qui se sont faites sur cette affaire; c'est aussi sur ce point qu'il faut, que les uns & les autres, chacun de leur côté, cedent quelque chose pour le bien de la paix.

Aprés ce debut, Aristote se plaignoit d'abord de la delicatesse des premiers Cartesiens, qui avoient jugé à propos de se choquer du nom même de Formes Substantielles. Car supposé, disoit-il, qu'on n'entendit par ce mot, que le principe des proprietez de chaque corps, & ce qui fait qu'un corps differe tellement d'un autre, que l'usage lui a donné un nom particulier, & en a fait une espece distinguée des autres especes de corps, qu'est-ce que ce terme a de si rebutant & de si extraordinaire? Pour ce qui est de l'idée, que les Peripateticiens y ont attachée, lui faisant signifier une *Substance incomplete distinguée de la matiere*, il difoit, que cette définition ne fe trouvant en nul endroit de fes écrits, au moins en termes exprés, il pourroit, s'il le trouvoit bon, ne la pas reconnoître, & laiffer tomber fur fes Commentateurs Arabes, comme fur les createurs de cet être, toutes les railleries & tous les bons mots pretendus, que les nouveaux Philofophes ont dit fur ce chapitre. On verra, ajoûtoit-il, comment en ufera M. Defcartes, & quelles avances il fera de fon côté. Quand il aura accordé une ame aux bêtes, les Peripateticiens delibereront, s'ils fe relâcheront fur quelqu'autre chofe.

Aprés cela, il apportoit plufieurs raifons, pour luy perfuader de ne fe rendre pas fi difficile là-deffus : Il réprefentoit, que cet article de fa Philofophie, avoit revolté toute la terre. Qu'on pourroit lui pardonner l'attachement, qu'il avoit à cette opinion, s'il en étoit le premier auteur : mais qu'on fçavoit fort bien, que cette idée étoit venuë avant lui à un Efpagnol nommé Pereyra ; & que quelques-uns avoient eu la malice de dire, qu'il l'avoit tirée du Livre de cet Efpagnol, avant que de la tirer de fes propres Principes. Que cette opinion lui avoit deja fait tout l'honneur qu'il en pouvoit esperer : qu'on l'avoit regardée dans le monde comme un paradoxe ingenieux, dont lui, & ses disciples avoient fort subtilement discouru, & qui n'avoit pas laissé d'inquieter & de tourmenter les Philosophes Scolastiques : mais, qu'on faisoit rire les plus honnêtes gens, & les personnes les plus éclairées, dés qu'on entreprenoit de le vouloir soûtenir tout de bon, comme une verité. Qu'on sçavoit que c'étoit le premier effet, qu'avoit produit dans l'esprit de ses Lecteurs, l'avant-propos d'un Livre intitulé, *L'Ame des Bêtes*; Livre écrit avec beaucoup d'esprit, mais où l'Auteur se propose trop serieusement pour fin, la conversion des Philosophes sur cet article: Qu'on n'apportoit pas une seule bonne raison, pour detruire le prejugé de tout le genre humain sur ce point là. Qu'on ne demontreroit jamais, qu'un être mitoien entre l'esprit & la matiere, fût une chose impossible. Que la promesse, que les Cartesiens faisoient, d'expliquer par la seule disposition de la machine, tout ce que nous admirons le plus dans les bêtes, étoit chimerique, & n'avoit jamais été mise en execution. Que quand ils parloient en general sur ces matieres, ils disoient quelquefois des choses assez plausibles : mais que, quand ils venoient dans le détail, il n'y avoit rien de plus pitoyable, & de moins supportable. Que la seule idée de la maniere d'agir des bêtes en une infinité d'occasions, comparée avec ce paradoxe, le faisoit paroître extravagant. Que lorsqu'on répondoit, que cet argument prouvoit trop, & qu'on prouveroit par là, que les bêtes raisonnent, on étoit obligé d'avoüer que cette instance faisoit de la peine aux Philosophes, & qu'ils sont embarrassez à s'en tirer : mais qu'aprés tout, quelque peine qu'elle leur fasse, leur argument ne perd rien de sa force ; & que cette instance au contraire en augmente infiniment la difficulté. Car si on a peine à comprendre, que les bêtes ne raisonnent point, en les voyant agir d'une maniere si admirable & si suivie, comment pourroit-on comprendre, qu'elles ne connoissent seulement pas. Qu'enfin se relâcher sur ce point à l'égard de M. Descartes, ce n'est pas se retracter ; *Let. 67.* lui-même ayant declaré, qu'il ne pou- *Tom. I.* voit pas demontrer que les bêtes n'ont point d'ame connoissante, comme on ne pouvoit pas aussi lui demontrer le contraire.

Ensuite Aristote passe à un autre point, qui a de la liaison avec le precedent: c'est à l'essence de l'ame, que M. Descartes fait consister dans la pensée actuelle, comme il fait consister l'essence du corps dans l'étenduë actuelle & determinée. Il lui dit que quoyqu'il ait plusieurs scrupules sur la methode, & sur la maniere dont il prétend demontrer la distinction du corps & de l'ame, & que bien des gens n'ayent pas été fort satisfaits des réponses qu'il a faites aux objections de M. Gassendi & de M. Arnauld; neanmoins il ne luy disputera pas la gloire d'avoir dit là-dessus quelque chose de nouveau & d'ingenieux. Qu'il est même dans la disposition de suivre son opinion touchant l'essence de l'ame, pourvû qu'il le satisfasse sur une seule difficulté prise de l'experience.

Plusieurs personnes, lui dit-il, vous ont fait cette objection. Que si l'essence de l'ame consistoit dans la pensée actuelle, l'ame ne pourroit jamais être sans pensée : & qu'ainsi il s'ensuivroit que nous aurions pensé même étant dans le ventre de nostre mere. Vous accordez sans façon cette consequence ; & sur ce qu'on ajoûte, que si nous avions toûjours pensé étant dans cet état, il seroit impossible, que nous ne nous ressouvinssions au moins de quelques-unes des pensées, que nous y aurions euës: vous repondez, que nous ne nous en souvenons pas, parce que la memoire consiste dans de certaines traces, qui s'étant faites dans le cerveau, lorsque nous pensions à quelque objet, s'y conservent, & que le cerveau des enfans est trop humide & trop mol, pour conserver ces traces, au moins de la maniere qui est requise, pour causer le souvenir. Mais on vous presse sur cette réponse, d'autant qu'en divers endroits de vos écrits, vous distinguez deux sortes de memoire, dont l'une dépend du corps, & de ces vestiges imprimez dans le cerveau, & l'autre qui est purement intellectuelle, dépend de l'ame seule. Vous distinguez aussi deux sortes de connoissances. Les unes qui dépendent de l'organe, & les autres immaterielles, qui en sont entierement independantes. On comprend bien, que la disposition du cerveau d'un enfant peut être cause, que l'ame ne se souvienne pas des pensées qui en dépendent: mais pour ce qui regarde la memoire purement intellectuelle, ces conceptions pures, ces connoissances immaterielles qui sont tout-à-fait

Ect. tom. 2.

indépendantes de l'organe, & de ces divers plis, ou vestiges du cerveau, l'humidité du cerveau n'y fait rien, & nous devrions sans doute nous souvenir de ces pensées, & des mouvemens de nôtre volonté, dont elles ont été quelquefois suivies. Vous direz, qu'un enfant dans le ventre de sa mere n'a point de ces connoissances pures, ni l'usage de sa memoire intellectuelle : mais c'est de cela, dont je vous demande une bonne raison, & dont je prendrois plaisir à être convaincu. En effet Voëtius avoit donné ordre exprés à ses deux envoyez, de faire expliquer nettement M. Descartes sur ce point là.

Tom. 2.
Let. 4. 38.

De l'essence de l'ame on passe à celle du corps. Aristote commence cet article par confesser une erreur où il étoit tombé autrefois, avertissant en même tems M. Descartes de s'en donner de garde. J'avois cru, dit-il, que le Monde étoit de toute éternité, sur un faux principe, dont je m'étois laissé prevenir ; sçavoir que Dieu étoit un Etre necessaire dans ses actions, aussi-bien que dans son existence. Vous en avez un aussi, d'où cette erreur suit nécessairement, & je ne suis pas le premier à vous y faire faire reflexion. Vous dites non seulement, que l'essence de la matiere consiste dans l'étenduë; mais encore, que la matiere, l'étenduë, l'espace, ne sont que trois noms differens d'une même chose; d'où s'ensuit selon vous, que par tout, où nous concevons de l'étenduë & de l'espace, il y a necessairement de la matiere : & de là vous concluez, que le Monde est sans bornes & infini, ou comme vous parlez, indefini en étenduë. Vos adversaires du Monde terrestre vous ont voulu démontrer, qu'il s'ensuivroit par les mêmes principes, que le monde ou la matiere a toûjours été, & qu'elle sera necessairement toûjours. Car de même qu'il y a de la matiere maintenant, où nous concevons qu'il y a maintenant de l'espace & de l'étenduë, ainsi par la même raison il y a eu toûjours, & il y aura toûjours de la matiere où nous concevons qu'il y a toûjours eu, & qu'il y aura toûjours de l'espace & de l'étenduë. Or nous concevons, qu'il y a toûjours eu, & qu'il y aura toûjours, quoyqu'il arrive, de l'espace & de l'étenduë là où est maintenant le Monde. Ce point est délicat, & pourroit justifier la conduite des Docteurs & des Magistrats d'Utrecht à vôtre égard. Entre nous, continua-t-il le raisonnement qui vous a engagé dans cet embarras, est un pur sophime. Un Attribut réel, dites-vous, ne peut convenir au neant. Or être étendu, est un Attribut réel : il ne peut donc convenir au neant. Il convient cependant à l'espace, continuez-vous, & à ce que nous imaginons être au de-là du Firmament, & que nous appellons du nom d'espace. Donc, ce qui est au de-là du Firmament est réel. Donc, ce qui est à l'indefini au de-là du Firmament, est de la matiere. Donc la matiere, l'étenduë & l'espace sont une même chose.

Vous deviez reconnoître le défaut de ce raisonnement par deux endroits. Prémierement par la consequence qu'on en tire pour l'éternité, du Monde avant tous les tems imaginables ; consequence qui se presente d'elle-même à l'Esprit. Secondement, c'est qu'en supposant, qu'il soit faux, comme il l'est en effet, que le Monde soit de toute éternité, on vous démontre par un argument tout semblable au vôtre, qu'un autre Attribut, qui n'est pas moins réel que celui auquel vous donnez ce nom, convient au neant. Car si le Monde n'est pas éternel, il est manifeste que l'on peut dire, que le neant est éternel, puisque, excepté Dieu, il n'y a rien eu de toute éternité. Or être éternel, est, ce me semble, un Attribut aussi réel, que d'être étendu. Mais comme en effet il est absurde de dire, qu'un Attribut réel convienne au neant, il faut que, pour accorder tout, vous conveniez avec vos adversaires, que ces mots *d'étendu* & *d'éternel*, lorsqu'on les attribuë au neant & à l'espace, supposent dans nostre esprit des idées toutes differentes de celles, que nous y avons, lors que nous les attribuons à l'Etre ou au Corps. Lorsque nous les attribuons à l'Etre ou au Corps, ils signifient quelque chose de *passif*. Lorsque nous les attribuons au neant & à l'espace, ils signifient quelque chose de *negatif*. En un mot, quand on dit que le neant est éternel, on veut dire, qu'il n'y a eu nul Etre créé de toute éternité. Et quand on dit, qu'il n'y a qu'un espace étendu hors du Firmament, on veut dire, qu'il n'y a nul corps, & qu'il y en peut avoir, pour remplir ce vuide, & ce neant de tout corps, que nous y concevons. Nous ne pouvons parler du neant & de l'espace, que nous n'en disions quelque chose : nous ne pouvons exprimer ce que nous en pensons, que par des termes usitez : ces termes sont les mêmes dont nous nous servons en parlant des êtres : mais si nous reflechissons sur nos idées, nous verrons qu'elles sont tres-differentes, & qu'elles ne se détruisent pas les unes les autres, comme vous le pretendez.

Ceci me fait ressouvenir d'une petite instance assez subtile en cette matiere, que vous fit autrefois M. More Gentil-homme Anglois, qui vous a tant donné d'encens dans ses lettres, jusqu'à vous appliquer ce qu'Horace dit d'Homere : *Qui nil molitur inepte.* Il vous proposoit cette question. Si Dieu détruisoit le Monde, & le produisoit un peu aprés, ne pourroit-on pas dire, qu'il y auroit eu, ou du moins que nous concevons qu'il y auroit eu quelque intervalle entre la destruction & la reproduction du Monde, quoyqu'il n'y eût eu rien de réel entre deux ? D'où il pretendoit conclure, qu'on pourroit dire aussi, que dans une chambre où nous nous imaginerions, que Dieu détruiroit tous les corps, qui sont entre les murailles, il y auroit de la longueur, de la largeur & de la profondeur, en un mot de l'étenduë, quoyqu'il n'y eût en effet rien de reel. Il croyoit vous embarasser, supposant que vous lui accorderiez sa premiere proposition, dont il semble qu'on ne puisse pas douter: mais je crois qu'il se trouva bien attrapé, quand vous lui niâtes, que nous puissions concevoir dans son hypothése quelque durée & quelque intervalle, entre la destruction, & la nouvelle production du Monde.

Ett. 69.

L'Auteur d'une lettre écrite, il y quelques années à un Philosophe Cartesien, divertit assez agréablement les Lecteurs sur cet article de vôtre Philosophie, par diverses hypotheses fort plaisantes, qu'il propose. Mais, comme je n'aime pas à badiner, & qu'un Philosophe de mon caractere doit être serieux; je ne veux pour vous engager à vous raprocher de nous, que me servir de vos propres Principes. Je fais l'hypothese ordinaire, où l'on suppose, que Dieu detruise tout l'air d'une chambre, sans y laisser entrer, ou sans y produire d'autre corps. Cette hypothese étant une fois reçuë, il est manifeste, que l'on conçoit de l'étenduë sans corps, & que par consequent l'essence de la matiere ne consiste pas dans l'étenduë. Vous ne voudrez donc pas admettre cette hypothese; mais je vais montrer, qu'elle n'enferme aucune contradiction, par un raisonnement tout semblable à un de ceux, que vous faites dans un autre sujet, & que vous croyez demonstratif.

Car selon vous, parce que je conçois distinctement une chose qui pense sans concevoir d'étenduë, & parce que je conçois distinctement l'étenduë, sans concevoir la chose qui pense, j'ai raison de conclure, que la chose qui pense est distinguée de l'étenduë, & que l'étenduë est distinguée de la chose qui pense. C'est ainsi, que vous demontrez la distinction du corps & de l'ame, & qu'il est évident, que l'une peut être sans l'autre, sans contradiction ; & cela, par ce grand principe, que la difference des idées est l'unique moyen, que nous ayons de connoître la distinction réelle des choses, & l'independance qu'elles ont les unes des autres. Sur ce principe, voici comme je raisonne. Je conçois tres distinctement la destruction ou l'aneantissement d'un corps, sans concevoir la production d'un autre corps. Donc il n'y a point de contradiction, qu'un corps soit detruit, sans qu'un autre soit produit. Donc il n'y a point de contradiction, que l'air qui est entre les quatre murailles d'une chambre soit détruit, sans qu'un autre corps soit produit à sa place.

Ou bien, ce qui revient au même, je conçois tres distinctement une partie de la matiere sans toutes les autres, & je conçois aussi fort distinctement toutes les autres sans celle-là, par exemple, sans l'air qui est renfermé dans cette chambre : mon hypothese donc est établie aussi-bien que les consequences qui en suivent naturellement contre vôtre opinion, touchant l'essence de la matiere. Si vous avez donc quelque inclination pour la paix, vous vous contenterez de dire, qu'en regardant les choses dans leur état naturel, la matiere est inseparable de l'étenduë : mais vous ne vous servirez plus de cette expression, qui a choqué tout le monde : que l'étendue, la matiere, & l'espace sont la même chose.

Cette insulte, qu'Aristote faisoit à M. Descartes, en se servant d'une partie de ses Principes, pour détruire les autres, fit perdre patience à nôtre vieillard, & le choqua si fort, que peu s'en fallut, qu'il ne dechirât le papier sur le champ. Il nous proposa même de nous en aller, sans avertir les Ambassadeurs de l'Aristote, qui s'étoient écartez assez loin, nous disant, que la compagnie de telles gens le chagrinoit : mais nous lui representâmes, que cela n'étoit ni de la bienséance, ni de l'honneur de M. Descartes. Que ce papier n'étoit pas tant un projet de paix, qu'un cartel de défi, qu'Aristote lui envoyoit; que peut-être il le mepriseroit, mais que peut-être aussi il jugeroit à propos d'y répondre: que M. Descartes avoit un talent si merveilleux de persuader les esprits, & que la production d'un Monde étoit quelque chose de si surprenant, qu'assurément les deux ames qui nous accompagnoient, ne pourroient jamais se défendre de se faire Cartesiennes, pour peu que M. Descartes leur expliquât son systême d'une maniere plausible. Ces raisons le firent revenir, & nous continuâme la lecture du papier, en attendant les deux ames.

De l'essence de l'ame & du corps, Aristote venoit à leur union, & aux rapports qu'ils ont l'un à l'autre. Il commençoit par loüer extremement M. Descartes, d'avoir ouvert les yeux aux Philosophes, pour leur faire voir l'inutilité & l'absurdité de leurs especes intentionnelles en beaucoup de choses, disant, qu'il n'avoit rien enseigné dans cette matiere, qui dût paroître si nouveau & si incomprehensible aux Peripateticiens, s'ils n'avoient pas quitté les sentimens de leur propre maître, pour suivre les chiméres de ses Commentateurs. Il est certain, ajoûtoit-il, que j'ay marqué expressément en plusieurs endroits de mes écrits, que le sens du toucher étoit répandu par tout le corps, & dans tous les organes des autres sens: que la veuë d'un objet, le goût, la perception des sons & des odeurs n'étoient causez que par le mouvement local de quelques corps, qui touchoient & remüoient les organes des divers sens. Qu'en effet, si ce mouvement ne suffisoit pas, pour faire apercevoir les objets à l'ame, les especes intentionnelles, que l'on substituoit à sa place, n'étoient pas plus capables de causer cette perception. Qu'il ne rejetteroit pas même ce que M. Descartes enseigne touchant le siege de l'ame dans la glande pineale, si on le proposoit seulement comme une pure hypothese, puisque, ce que tous les autres disent, ne vaut pas mieux: mais qu'il ne pouvoit souffrir, que l'on proposât ce systeme comme une verité constante & demontrée. Que le respect, que M. Descartes faisoit paroître pour la verité & pour l'experience, devoit lui faire modifier ses assertions en cette matiere.

Il le prioit aussi, de ne pas maltraiter si fort ceux, qui enseignoient que l'ame étoit répanduë par tout le corps. Et voici ce qu'il ajoûtoit, pour montrer, que les Cartesiens n'étoient pas assez equitables sur ce chapitre. Car, disoit-il, lorsque vous enseignez, que l'ame est placée dans la glande pineale, ou vous pretendez, qu'elle occupe toute l'étenduë de cette glande, ou qu'elle en occupe seulement une partie indivisible? Si elle occupe toute l'étenduë de la glande, elle même donc est étenduë : car cette consequence est toute semblable à celle, que vous tirez contre les Philosophes qui disent, que l'ame est répanduë dans tout le corps. Si elle n'en occupe qu'une partie indivisible, il peut donc y avoir quelque partie de la matiere, qui soit indivisible & non étenduë ; & ainsi en admettant cette disjonctive, vous donnez à l'ame une proprieté, que vous ne reconnoissez que dans la matiere, je veux dire l'étenduë, ou bien vous accordez à la matiere un attribut, que vous luy refusez en toute autre occasion, & que vous pretendez selon vos Principes, de quelque maniere qu'on l'entende, n'être propre que de l'ame spirituelle ; c'est l'indivisibilité. Outre que tous les nerfs, ou les rayonnemens des esprits, qui sortent de la glande pineale, ou qui y entrent, ne peuvent pas partir d'un même point indivisible de la glande; ni y venir d'aboutir; & ainsi, si l'ame n'étoit que dans un point indivisible de cette glande, elle ne pourroit pas y apercevoir tous les objets. Que si vous répondez, que l'ame n'est pas dans la glande, comme un corps est dans un autre corps, ou comme un corps est dans un lieu: que l'ame, en qualité d'esprit, n'est dans cette glande, que parce qu'elle y agit, qu'elle y pense, qu'elle y veut, qu'elle y aperçoit les objets, & que comme les differentes impressions des objets se terminent à divers points de la glande où elle les aperçoit, on peut dire, que l'ame est dans toute la glande. Les Philosophes que vous attaquez, ont une instance toute prête à vous faire. Car si l'ame agit, veut, pense, aperçoit les objets dans toute la glande, c'est-à-dire dans un espace fort divisible, & que cela suffise, pour dire, qu'elle est dans toute la glande pineale, il sera aussi vrai de dire, selon leur systeme, que l'ame est dans tout le corps, parce qu'elle agit, & qu'elle aperçoit les objets dans tout le corps; qu'elle les voit dans l'œil comme vous dites qu'elle les aperçoit dans cet endroit de la glande pineale, où aboutit le nef optique, ou bien les rayonnemens des esprits, qui sortent de ce nerf: qu'elle apperçoit les sons dans l'oreille, comme vous dites, qu'elle les apperçoit dans un autre point de la glande pineale, où aboutissent les nerfs, ou les rayonnemens qui servent à cette perception, &c. Et ainsi, ce pretendu monstre de Philosophie, je veux dire, cette presence de l'ame par tout le corps, qui fait, qu'elle sent dans la main, quand on la pique, qu'elle la remuë immediatement en la retirant, quand elle sent la piqueure, qu'elle meut par elle-même le pied, pour le faire avancer, ne me paroist plus un monstre, ni un prejugé de l'enfance évidemment faux; puisque cette presence de l'ame par tout le corps, n'est point autre, que celle qu'on lui donne dans la glande pineale, la glande pineale étant étenduë aussi-bien que tout le corps. Car la petitesse ne fait rien ici à l'affaire. Pourquoy donc tourner en ridicule cette extension virtuelle d'un esprit, qui n'est point differente de celle que les Cartesiens admettent, quand on a bien expliqué l'un & l'autre; & assûrément peu s'en faut, que dans ce systême on n'explique d'une maniere aussi juste toutes les sensations, que dans celui de la glande pineale.

De tout cela, Aristote concluoit

K

que M. Descartes devoit avoüer avec les plus sages, & les moins entêtez des Philosophes, que le rapport que l'ame a avec le corps, pour la perception des objets, est un mystere incomprehensible à l'esprit humain ; qu'on peut fort bien expliquer la maniere, dont les objets agissent sur les sens, & même comment leur action passe jusqu'au cerveau ; mais, qu'il en faut demeurer là, si on ne veut donner dans le galimatias, ou avancer des propositions dangereuses en elles-mêmes, ou dans les conclusions qu'on en peut tirer.

Lettres de Descartes Tom. 1. p. 691.

Il loüe encore en cet endroit M. Descartes de la sincerité, avec laquelle il avoüoit, qu'il n'y a rien dans l'idée de l'ame ou de l'esprit d'où l'on puisse conclure, que la production du mouvement leur soit impossible ; & il blâme en même temps la temerité des Cartesiens, qui ont depuis avancé hardiment, que nulle creature quelle qu'elle fût, ne pouvoit produire de mouvement. Il est vrai, ajoûtoit-il un peu malicieusement, que ce paradoxe, tout peu fondé qu'il est, est une des principales dépendances du systême Cartesien : car sans cela, le moyen, qu'il y ait toûjours une égale quantité de mouvement dans le Monde où il y a

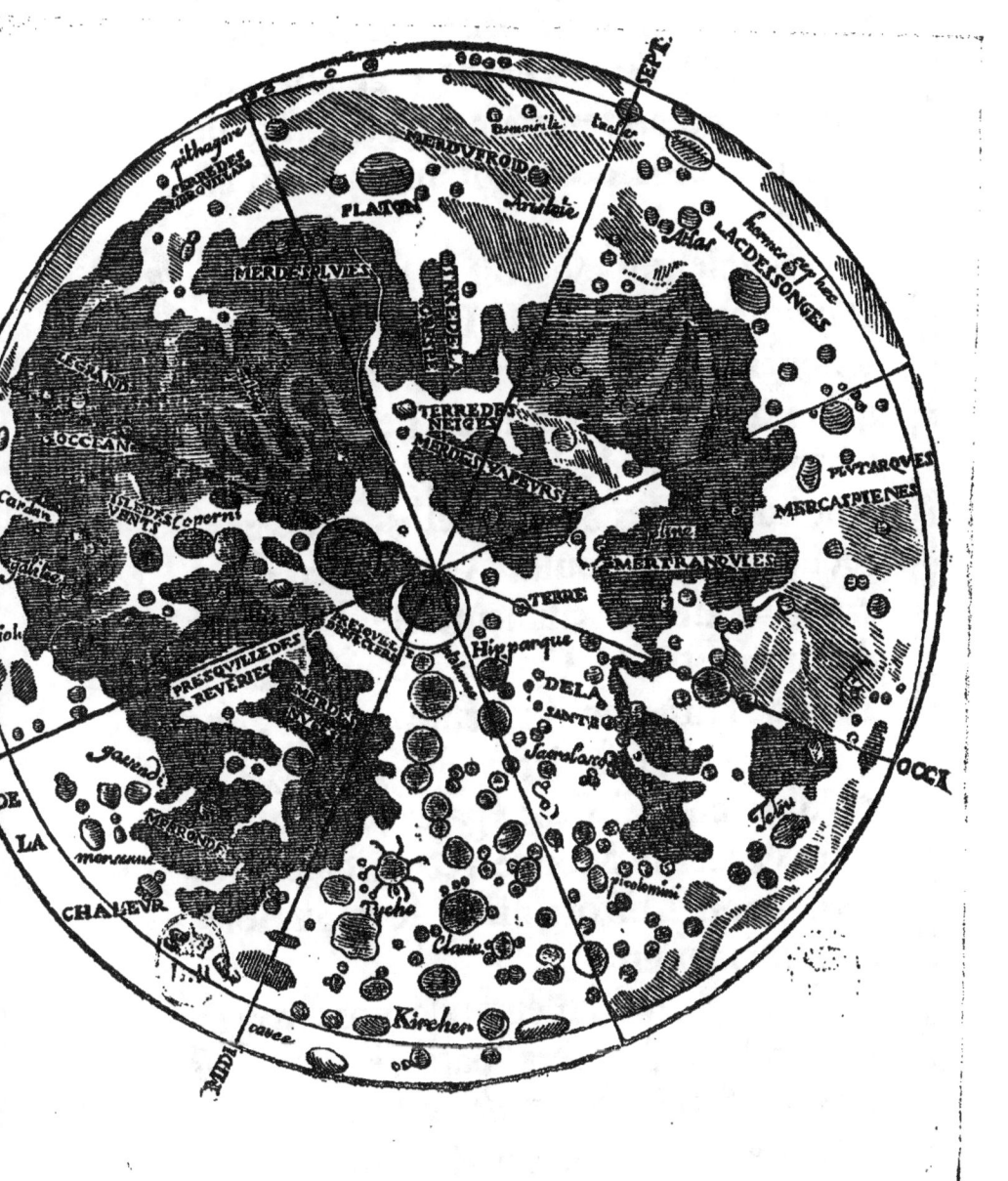

tant d'ames, tant d'Anges, tant de Démons, qui n'ont point de plus grand plaisir que d'en produire à tous momens. Mais M. Descartes en est d'autant plus loüable, de preferer ainsi les interêts de la verité à ceux d'un système qui lui est si cher.

L'article qui suivoit, étoit sur le grand Paradoxe de M. Descartes: *Que les essences des choses, & les veritez, qu'on appelle necessaires, ne sont point independantes de Dieu, & qu'elles ne sont immuables & éternelles, que parce que Dieu l'a voulu. Que Dieu est la cause totale & efficiente de la verité des propositions. Qu'il a été aussi libre à Dieu de faire, qu'il ne fût pas vrai, que toutes les lignes tirées du centre à la circonference fussent égales, comme de ne pas créer le Monde*; & voici le précis de ce qu'Aristote disoit fort au long sur cette matiere. ^{In Resp. ad 5. object. Let. 110. tom. 1.}

Il disoit, qu'il n'entendoit pas trop ce que veulent dire ces paroles: *Dieu est la cause efficiente & totale de la verité des propositions.* Que la verité d'une proposition n'étant point un Etre, mais un pur rapport de conformité, qu'elle a avec son objet, elle ne peut à parler proprement, avoir de cause efficiente; & que si on peut dire en quelque sens, qu'elle a une cause efficiente, ce ne peut être que l'esprit ou la langue de celui qui prononce la proposition. De plus il demandoit, si M. Descartes parloit en general de de toutes les veritez necessaires, ou seulement de quelques-unes ? Il ne peut pas, continuoit-il, parler de toutes : car il ne croit pas sans doute, que Dieu puisse, ou ait pû faire, que ces propositions fussent fausses : *Il y a un Dieu : Dieu est la cause libre de tous les Etres : Dieu est un Etre necessaire.* Il faut donc qu'il ne parle, que des propositions qui se font des creatures ; parceque, selon qu'il l'exprime dans une de ses lettres, Dieu est l'auteur de l'essence aussi bien que de l'existence des creatures. Mais, qu'il fasse reflexion, que les veritez qui regardent l'essence des creatures, ont une liaison nécessaire avec celles qui appartiennent à l'essence de Dieu ; & que si les unes ont pû être fausses, les autres l'ont pû être aussi. Par exemple, celle-ci : *La Créature est essentiellement dépendante de Dieu,* est une proposition qui appartient à l'essence de la créature; si elle a pû être fausse, cette autre l'a pû être aussi : *Dieu est le maître & la cause libre de tous les Etres :* car l'une ne peut être vraie, sans que l'autre le soit aussi ; & l'une ne peut être fausse, sans que l'autre soit pareillement fausse. Sur quoi Aristote conseilloit à M. Descartes de prendre garde, que ce profond respect qu'il affectoit de faire paroître pour la toute-puissance de Dieu, non seulement ne dégenerât en superstition, mais même n'allât jusqu'à lui faire conclure des blasphémes.

Aprés cela, Aristote reconnoît de bonne foi, que M. Descartes a expliqué plus nettement, & plus exactement que lui, la nature de la plûpart des qualitez sensibles : comme celle de la dureté des corps, de la liquidité, de la vertu du ressort, du Froid, de la Chaleur, & de plusieurs autres. Et pour montrer, qu'il n'a en vûë que les interêts de la verité, il se retracte aussi sans peine sur l'éternité du Monde, & sur la sphere du Feu. Mais comme cette sphere du Feu est une des principales parties du Systême Peripateticien, & une des belles choses de son Monde, il prétendoit que M. Descartes devoit au moins lui abandonner en échange tous ses Tourbillons, contre lesquels il rapporte plusieurs raisons. Mais Voëtius ayant sçû de nous, que M. Descartes étoit sur le point d'executer ce systême, & que nous allions le trouver pour être témoins de cette grande action, il mit à la marge une Apostille, par laquelle il promettoit de s'en rapporter à l'experience; & que supposé, qu'elle repondît aux promesses de M. Descartes, on recevroit ses Tourbillons au moins comme une bonne hypothese, pour expliquer les Phenomenes du Monde, que Dieu a fait. Mais aussi il ajoûtoit, qu'en cas que M. Descartes ne reüssît pas, il seroit obligé de demeurer d'accord, que sa Physique, qui roule presque toute là-dessus, est un édifice sans fondement: qu'il se contenteroit de la loüange commune à tous les chefs de Secte, sçavoir, que sa Philosophie avoit quelque chose de bon & de vrai, & qu'il avoüeroit avec tous les autres, que de faire un Monde & un Systême de Philosophie vrai dans tous ses Principes, & dans toutes ses conclusions, étoit un point, où l'esprit humain ne pouvoit jamais parvenir.

Enfin, pour ce qui est des demonstrations de M. Descartes touchant l'existence de Dieu, les regles du mouvement, & quelques autres opinions, pour lesquelles ce Philosophe faisoit paroître le plus d'attachement, & qui demandoient une plus grande discussion,

Aristote lui proposoit de choisir un lieu neutre, où ils pussent conferer ensemble en presence d'Arbitres désinteressez, au jugement desquels ils s'en rapporteroient.

Il finissoit, en lui faisant offre de l'associer à l'empire de la Philosophie, aux seules conditions comprises dans cet écrit. Il lui conseilloit de borner là son ambition, l'assurant que ses esperances seroient vaines, s'il les portoit plus loin ; que pour luy son autorité étoit trop bien établie par toute l'Europe, pour apprehender les entreprises d'un nouveau venu : que presque toutes les Universitez & les Colleges lui avoient renouvellé le serment de fidelité, & fait ligue offensive & défensive contre la nouvelle Philosophie : que quelques Dames & quelques beaux esprits du grand Monde, qui semblerent d'abord se faire les protecteurs du nouveau parti en France, n'étoient pas gens, sur qui il dût faire grands fonds : que la mode d'être Philosophe ne seroit pas plus durable parmi les Dames Françoises, que les autres modes : qu'on en voyoit aujourd'huy tres-peu, qui aspirassent à cet honneur ; & qu'on disoit même, que depuis la Comedie d'un certain Moliere, le nom de Femme sçavante étoit devenu une espece d'injure. Que si plusieurs Doctes, & plusieurs Mathematiciens avoient autrefois donné dans les nouvelles idées, il en restoit aujourd'huy assez peu, qui se fisent encore honneur du nom de Cartesiens : Les uns ayant aussi-tôt deserté, pour se jetter dans le parti des Gassendistes; les autres ayant fait des systêmes composez de ce qu'ils avoient crû trouver de meilleur dans les anciens, & dans les nouveaux Philosophes; & presque tous affectant d'être originaux, & de ne suivre que leurs propres pensées, sans s'attacher à aucun chef de Secte, ni ancien, ni moderne. Effet plus pernicieux qu'on ne pense, du mauvais exemple, qu'on a donné par le nouveau Schisme qui s'est fait dans la Philosophie.

Nous ne faisions que d'achever la lecture de nôtre papier, lorsque les deux Peripateticiens rentrerent dans le Mersenne, & nous dirent, que du côté de l'Occident, on decouvroit je ne sçay quoy, comme un corps opaque, qui traversoit les airs avec beaucoup de vîtesse. Je gage, dit aussi-tost nôtre vieillard, que c'est quelque étoile encroûtée, qui passe de Tourbillon en Tourbillon, aprés avoir perdu le sien propre, & qui est devenuë Comete. Nous sortîmes aussi-tôt, & la Prophétie Cartésienne du bon homme nous divertit fort, quand nous vîmes aprés quelques momens, que ce n'étoit qu'une homme porté sur une nüée extrémément noire & épaisse, & dont tout l'équipage avoit toute l'apparence de celuy d'un Magicien qui alloit au Sabat, ou qui en revenoit. En effet le P. Mersenne qui le connoissoit, nous dit, que c'étoit un Mandarin Chinois, chef des Magiciens de son païs, qu'il l'avoit déja rencontré plusieurs fois dans nôtre Tourbillon, & qu'il y avoit un an, qu'il eut une conférence avec lui sur l'existence de Dieu; qu'il la lui prouva par les démonstrations de M. Descartes; que tout déterminé Athée, qu'il lui eût paru d'abord, ces démonstrations l'avoient fort ébranlé, & qu'il lui avoit promis de les examiner à loisir. Il nous proposa d'aller au devant de lui, pour apprendre le succés de sa conférence, & si le Mandarin étoit converti. Nous avançâmes donc, mais il n'y eut que le P. Mersenne qui se rendit visible. Ils se saluërent l'un l'autre, & aprés quelques complimens, le P. Mersenne demanda au Mandarin, s'il doutoit encore de l'existence de Dieu ? il lui répondit, qu'il en étoit entierement convaincu ; & qu'il luy étoit fort obligé de l'avoir engagé à examiner un point, dont il avoit honte d'avoir seulement douté, faute de faire quelques réflexions, que la raison la moins éclairée peut fournir. Dieu soit loüé, s'écria le P. Mersenne. Quelle joïe pour M. Descartes, quand nous lui apprendrons, que sa Philosophie a porté la connoissance de Dieu jusqu'aux extrémitez de la Terre ? C'étoit certes avec raison, qu'il m'écrivoit un jour, qu'il délibéroit fort, s'il feroit paroître ses ouvrages de Philosophie, mais qu'il se croioit obligé en conscience de ne pas priver le Public de cinq ou six feüilles, qui contiennent les Démonstrations de l'existence de Dieu.

Tom. 2. Let. 37.

Mon Pere, reprit le Mandarin, je ne vous conseille pas de faire part à M. Descartes du succés, que ses Démonstrations ont eu à la Chine : elles y ont passé pour de purs paralogismes, au moins les deux qu'il estime le plus, & qui sont tirées de l'idée de Dieu, ou de l'Etre souverainement parfait ; & l'obligation, que je vous ai, ne consiste pas à m'avoir communiqué ces Démonsſtrations, mais en ce que me les aïant communiquées, pour me les faire examiner, il me prit fantaiſie, aprés en avoir connu la foibleſſe, de faire auſſi la diſcuſſion des autres, que ce Philoſophe ſemble n'eſtimer pas en comparaiſon des ſiennes, & qui ſont pourtant celles qui m'ont convaincu. Un certain Docteur Européen nommé Thomas d'Aquin, dont les Jéſuites ont tourné la Somme en Chinois, que j'ai conſulté en cette occaſion, & l'explication, que m'en a faite le Mandarin Verbieſt, qui eſt auſſi venu d'Europe à la Chine depuis pluſieurs années, ont fait cent fois plus d'impreſſion ſur mon eſprit, que toutes les viſions Cartéſiennes qui m'ont paru extrémement creuſes.

Cette réponſe fut un coup de foudre pour le pauvre Pere Merſenne, qui demanda bruſquement au Mandarin quel défaut il trouvoit dans les démonſtrations de M. Deſcartes ? Celui-ci ſe mit auſſi-tôt à les réfuter ; de ſorte que nous eûmes le plaiſir de voir changer en un moment les civilitez & les complimens en une véritable diſpute.

Pour vous montrer, dit le Mandarin, que ce n'eſt pas ſans connoiſſance de cauſe, que je traite vos démonſtrations de paralogismes, vous sçaurez, qu'après que je les eûs aprises de vous, je trouvai à la Chine entre les mains d'un jeune Hollandois, qui voiageoit avec des Marchands de son païs, les Méditations de vôtre Descartes. Voïant que j'avois déja quelque connoissance de ce qu'elles contenoient, & que je souhaitois de m'en instruire plus à fond, il m'en fit présent, & j'y lus de nouveau ces démonstrations, toutes les objections, qu'on lui a faites sur cette matiére, & toutes les réponses, qu'il y donne. La prémiére réflexion, que je fis en général sur ma lecture, fut, que ces démonstrations, & les réponses, que l'on faisoit aux objections contraires, me laissoient tout au moins beaucoup de doute, & d'incertitude dans l'ésprit sur le point, dont il étoit question, & que, quoique je n'en visse pas d'abord les défauts, il me sembloit cependant, que je les sentois. Je les présentai ensuite à deux de mes amis du Tribunal des Mathématiques, composé de gens habiles accoûtumez à la méthode Géometrique, sur tout depuis que les Mathématiciens de l'Europe sont venus à la Chine. Après qu'ils les eûrent parcourües, un des deux me dit d'abord sans rien décider, que si ces démonstrations étoient de véritables démonstrations, elles étoient admirables, parce qu'elles étoient extrémement simples; l'autre m'ajoûta, que cette simplicité même les lui rendoit suspectes, d'autant que, disoit-il, plus elles sont simples, & plûtôt elles doivent avoir l'effet ordinaire de la démonstration sur l'esprit de ceux à qui on les propose. Or je ne sens pas cet effet : mon esprit ne se sent point emporté par leur évidence : au contraire, il sent je ne sçai quels scrupules, qui l'empêchent de se rendre, & qui le portent à croire que ces raisonnemens sont faux. Et je remarque, ajoûta-t-il, que tous les amis & les adversaires de ce Philosophe, qui lui ont écrit leurs sentimens sur ces démonstrations, ont fait la même réflexion, & experimenté la même chose, que moi. Nous nous mîmes donc à les examiner tout de bon, continua-t-il, & nous commençâmes par celle-ci, que Descartes propose la premiere dans l'abregé géometrique de ses méditations.

Un Attribut, que l'on voit distinctement être contenu dans l'idée d'une chose, peut être affirmé avec verité de cette chose. Or dans l'idée de Dieu, c'est-à-dire dans l'idée de l'Etre souverainement parfait, je vois distinctement, que l'existence nécessaire est contenuë ; puisque l'existence necessaire est une perfection, & que l'Etre infiniment parfait renferme toute sorte de perfections. Donc je puis affirmer l'existence de l'Etre souverainement parfait, & dire avec verité, & avec assurance, que Dieu existe.

En relisant cette démonstration, & en examinant chacune de ces propositions, quelque apparence de verité qu'elles eussent, tous nos scrupules commencerent à rénaître. Nous nous appliquâmes à en chercher les causes : nous nous examinâmes nous-mêmes suivant le conseil de l'Auteur de la Démonstration ; & nous consultâmes nôtre conscience, pour voir, si nous n'avions point quelques préjugez, qui nous empêchassent de nous rendre à des propositions, qui nous paroissoient avoir de l'évidence : nous n'en trouvâmes point, aïant été jusqu'alors assez indifférens sur la verité de la conclusion ; & même supposé, que l'équilibre dût n'être pas parfait, assûrément nous penchions plutôt du côté de l'existence de Dieu, que de l'autre. De sorte que le préjugé qui favorisoit cette existence, étoit plus à craindre pour nous, que le contraire. D'ailleurs, nous nous étions témoins, que nous ne prenions nul intérêt à la réputation de Descartes; & que nous étions parfaitement libre de l'envie, dont il semble soupçonner quelques gens de son païs, qui s'étoient déclarez contre ses démonstrations. Cela nous fit croire, que nos scrupules venoient de la démonstration même, qui par conséquent ne devoit avoir qu'une évidence apparente ; puisque l'évidence réelle & véritable d'une démonstration, ou d'une proposition, a pour effet necessaire, le repos & la tranquillité de l'esprit, qui s'en sent éclairé d'une maniére si vive, qu'il lui est impossible de douter, & de ne pas reconnoître la verité. C'est pour cela, que malgré les chicanes de ceux, que Descartes appelle Sceptiques, il nous est impossible d'avoir nul scrupule sur les prémiers Principes, de douter en aucune maniére, si le tout est plus grand que sa partie ; & s'il est impossible, qu'une même chose soit & ne soit pas en même tems. Réfléchissant donc sur ce raisonnement, il nous paroissoit, qu'il nous devoit sembler être évident, & en même tems nous experimentions par le sentiment de nôtre esprit, qu'il ne l'étoit pas en effet. Toute la difficulté étoit de trouver le principe de cette fausse lüeur, & de faire voir, qu'on nous ébloüissoit au lieu de nous éclairer. Nous crûmes avoir de quoi nous faire entendre, & nous expliquer là-dessus par ces réflexions.

L'Axiome qui fait la première proposition du raisonnement de Descartes: *un attribut que l'on voit distinctement être contenu dans l'idée d'une chose, peut être affirmé avec verité de cette chose.* Cet Axiome n'est vrai qu'en supposant premiérement, que l'idée dont il s'agit, soit une idée réelle: c'est-à-dire, qui réprésente un objet réel, au moins possible: & en second lieu que l'esprit qui se forme cette idée, connoisse évidemment, qu'elle est réelle. Ainsi, parce que l'idée d'une triangle rectiligne est réelle, & qu'un Géometre la connoît pour telle, voïant distinctement l'égalité des trois angles avec deux droits, dans cette idée, il peut affirmer avec verité du triangle, qu'il a ses trois angles égaux à deux droits.

Mais si l'idée n'est pas réelle, ou s'il ne m'est pas évident, qu'elle le soit, il est faux, que je puisse en affirmer un Attribut réel, que j'y vois distinctement. Par exemple, cette idée chimerique, *Un montagne sans vallée*, entant qu'elle me represente une montagne, elle me represente aussi distinctement de la hauteur: je ne puis cependant affirmer avec verité, & absolument, qu'une montagne sans vallée soit haute.

Que si l'idée est réelle, mais, qu'il ne soit pas évident, qu'elle le soit, il est vrai que l'Attribut, que j'y vois distinctement, convient à la chose qu'elle represente: mais il est faux, que je puisse attribuer cette propriété à la chose dont il s'agit; & que je puisse me démontrer cette propriété par cette idée. Par exemple, supposé que cette idée fût réelle, *Un cheval connoissant, & aiant du sentiment*: Descartes qui ne la croit pas réelle, ne pourroit pas en conclure, que le cheval est capable de douleur & de plaisir: quoique cette propriété soit distinctement contenuë dans l'idée de l'Etre connoissant, & qui a du sentiment.

Cela supposé, afin que je puisse me démontrer l'existence de Dieu par cette seule idée (*Un Etre souverainement parfait*) il faut non seulement, que ce soit une idée réelle, comme elle l'est en effet, mais encore il faut, qu'indépendamment de toutes les démonstrations ordinaires, il me soit évident, que cette idée est une idée réelle : c'est-à-dire, qu'elle me represente un objet réel, au moins possible, & non pas un objet chimérique. Or je maintiens à Descartes, que cette idée ne nous est point évidemment réelle avant les démonstrations ordinaires : car si elle nous est évidemment réelle, ou elle l'est par elle-même, ou par l'examen, que nous faisons des idées dont elle est composée. Elle ne l'est pas par elle-même : car, si cette idée nous étoit évidente par elle-même, nôtre esprit ne pourroit jamais en faire un probléme, ni se demander sérieusement à lui-même avant la démonstration, Cet Etre souverainement parfait, est-ce un Etre réel, ou un Etre chimérique ? De même que l'esprit ne se proposera jamais ces problémes : Le tout est-il plus grand que sa partie ? Une chose peut-elle être, & n'être pas en même tems ? Pourquoy ? Parce que ces idées lui sont évidemment réelles par elles-mêmes. Or nôtre esprit avant les démonstrations, peut se demander à lui-même, si un Etre souverainement parfait, est un Etre réel ou chimerique. Et un homme qui n'auroit fait nulle réflexion sur les choses qui prouvent l'existence de Dieu, ne seroit point surpris, que vous lui fissiez cette question sérieusement; comme il le seroit, si vous lui demandiez comme en doutant, si le tout est plus grand, qu'une de ses parties ? Cette idée donc, ne nous est pas évidemment réelle par elle-même. Il reste donc, que sa réalité nous devienne évidente par l'examen que nous en ferons. Si cela étoit ainsi, Descartes devoit nous avertir de prendre cette précaution, avant que d'examiner sa démonstration. Mais je montre, qu'avant les démonstrations, la réalité de cette idée ne peut pas nous devenir évidente par l'examen ou par la penetration de termes, qu'elle contient. Premiérement, parce que l'attribut n'est point contenu dãs l'idée du sujet; puisqu'il n'est pas de l'essence de l'Etre d'être souverainement parfait. Secondement, parce que cet examen me fait trouver dans cette idée plusieurs contradictions apparentes, dont mon esprit ne se peut démêler avant les démonstrations ordinaires. Car examiner, & débroüiller cette idée, qui d'elle-même est fort confuse, & fort génerale, c'est se representer en détail toutes les perfections, dont nulle ne peut manquer à l'Etre souverainement parfait. Or, entre ces perfections, il y en a qui révoltent l'esprit, parce qu'il ne peut pas atteindre jusqu'à les concevoir. Par exemple ; que cet Etre soit par lui-même, que cet Etre soit tout puissant, & indépendant de tout pour agir, jusqu'à pouvoir produire des êtres de rien. Il y en a d'autres, qui lui semblent incompatibles dans un même sujet. Par exemple, il conçoit la liberté & l'immutabilité, l'immensité & l'indivisibilité, les propriétez des corps & des esprits, comme autant de perfections. Il voit que ces perfections qui peuvent convenir à divers Etres séparement, doivent toutes être réünies dans cet Etre souverainement parfait. En concevant donc un Etre souverainement parfait, il se represente un Etre libre, & en même tems immuable, qui peut vouloir, ou ne vouloir pas la même chose, sa volonté demeurant toûjours la même ; qui soit present par tout, sans être étendu ni divisible, qui soit pur esprit, & cependant contienne les perfections des corps, qu'il peut produire.

Oüi, j'ose dire, que cette idée ainsi dévelopée à l'égard d'un esprit, qui n'a fait encore nulle réflexion sur les raisons, qui lui prouvent l'existence d'un Etre nécessaire, lui faisant paroître tant de contradictions dans cet Etre nécesfaire, Ie lui représente aussi-tôt comme un Etre chimérique, que comme un Etre réel ; & qu'en ne supposant pas ces raisons ordinaires, qui nous prouvent une cause première de tous les Etres, & les réflexions qui les suivent, nous regarderions aussi-tôt cet Etre comme impossible, que comme possible. D'où je conclus à tout le moins, que l'idée de l'Etre souverainement parfait, ne peut pas être regardée comme une idée qui soit assurement réelle, par celui qui l'examine, avant que de sçavoir les démonstrations ordinaires. Que par conséquent celui qui l'examine, ne peut pas attribuer absolument l'existence à cet Etre, & ce qui est la même chose, qu'il ne peut pas se démontrer l'existence de Dieu, par l'idée de l'Etre infiniment parfait.

Le défaut donc du paralogisme de Descartes consiste en ce qu'il suppose, qu'avant les démonstrations, l'idée de l'Etre souverainement parfait, est regardée par l'esprit comme réelle, & comme aïant un objet réel, ce qui est évidemment faux.

Tout ceci découvre la source des scrupules, que tout le monde a eus sur cette démonstration, & qu'ont eu ceux-là même, que la difficulté de résoudre un paralogisme si subtil, a entraînez dans le parti de Descartes, qui sans doute, pour peu qu'ils aïent de sincerité, avoüeront qu'ils ont toûjours senti quelque inquiétude d'esprit sur cet article ; & que ce n'est que par violence, qu'ils ont enfin accoûtumé leur entendement à se dire, que cette démonstration lui est évidente. C'est aussi ce défaut, que quelques-uns sentoient plûtôt qu'ils ne le voïoient, qui leur a fait nier, que l'existence fût renfermée dans l'idée de l'Etre infiniment parfait. Car, quoique parlant absolument, elle se trouve comprise dans le nombre des perfections, que doit avoir cet Etre, néanmoins l'esprit, à qui cette idée n'étoit pas évidemment réelle, ne l'y comprenoit point, & l'en excluoit même, dés là qu'il se faisoit ce probléme : *L'Etre souverainement parfait existe-t-il ?* Jusqu'à tant, que des argumens indépendans de cette idée eussent résolu ce probléme, & l'eussent convaincu, qu'un tel Etre existe.

Et que Descartes ne nous dise pas, que cette idée ne renfermant que des perfections, il est évident qu'elle ne renferme rien, que de réel : car une idée chimérique peut n'être composée que d'idées réelles ; & en voici une toute semblable à celle dont il s'agit. *Un triangle, qui a toutes les perfections des triangles.* Cette idée, quoi qu'elle ne renferme point d'autres choses, que des perfections réelles, est néanmoins une idée chimérique, à cause que, par exemple, le triangle rectangle a des propriétez opposées à celles du triangle équilatére, & cette opposition fait, qu'elles sont incompatibles les unes avec les autres. Ainsi, quoique toutes les perfections des Etres soient réelles, il ne s'ensuit pas que cette idée, *un Etre qui a toutes les perfections des Etres*, soit une idée réelle; & l'opposition, que je voi entre quelques-unes de ces perfections, porte naturellement mon esprit, s'il n'est point prévenu par les démonstrations ordinaires, à douter au moins, si cette idée n'est pas chimérique, comme cette autre, dont je viens de parler. D'où vient, qu'en suite des démonstrations qui me convainquent de l'existence de cet Etre, mais qui ne me font pas connoître clairement & distinctement son essence, je me retranche à dire que cet Etre doit contenir les perfections des autres Etres éminemment ; c'est-à-dire, d'une manière, que je ne conçois point, & qui ne me seroit jamais venuë en pensée, ou du moins, que je n'aurois jamais regardée comme certainement & évidemment possible, si je n'avois été convaincu de l'existence du prémier Etre, avant que d'examiner son essence.

Cette solution du prémier paralogisme de Descartes, continua le Mandarin, servira à faire voir clairement le défaut de l'autre, où il conclut l'existence de de Dieu, de la *réalité objective de l'idée*, (c'est ainsi qu'il parle) *que nous avons de Dieu*. Cette idée, dit-il, que je trouve dans mon esprit, a une réalité objective infinie, puisqu'elle represente un Etre infini ; donc elle a pour cause cet Etre infini : donc l'Etre infini existe : car autrement l'effet auroit des perfections, que n'auroit pas sa cause.

Ceux qui ont combattu ce raisonnement, en parlent d'une maniére à faire entendre, qu'ils l'ont trouvé encore plus paralogisme, que le précedent ; & ils en apportent plusieurs bonnes raisons, que Descartes réfute le mieux qu'il peut. Pour moi, voici mon sentiment : c'est que Descartes suppose dans ce raisonnement ce qu'il devroit prouver. Car il suppose non seulement, que cette idée a une réalité objective, mais encore, que je puis connoître indépendamment

des

des démonstrations communes, qu'elle a en effet une *réalité objective*, c'est-à-dire, qu'elle a un objet réel, & non chimérique. Or je ne connois point, si son objet est réel ou chimérique avant les démonstrations, ainsi que je l'ai déja prouvé. Que si je puis douter, si cet objet est chimérique, je ne puis pas supposer que cette idée a une *réalité objective*, mais je dois craindre qu'elle n'ait une *vanité objective*, s'il est permis de parler ainsi; & dans ce cas, je ne puis pas conclure, que Dieu l'ait mise dans mon esprit; & ensuite, qu'il y a un Dieu: mais je dois penser que peut-être elle vient du néant, ainsi que s'exprime Descartes; c'est à-dire de l'imperfection de l'esprit qui l'a produite, comme il pourroit produire celle-ci: *Une montagne infinie sans vallée.* Par là il est manifeste, que ces deux prétendues démonstrations sont de purs paralogismes, & que l'une & l'autre manquent par le même endroit, & ont le même défaut.

De plus, jamais Descartes ne démontrera la verité de la proposition, sur laquelle roule tout son raisonnement; sçavoir, que la cause de l'idée doit contenir formellement ou éminemment tou-

L

tes les perfections que l'idée represente. Car, quand on dit que la cause contient toutes les perfections de l'effet, cela ne s'entend, & n'est évidemment vrai, que des perfections que l'effet posséde, & non pas de celles qu'il represente seulement. Car les perfections, que l'idée represente, ne sont pas les perfections de l'idée, l'unique perfection de l'idée étant de representer toutes ces perfections ; qualité, qui n'a rien d'infini, & qui par conséquent ne suppose pas une cause infinie.

Je dis que cette qualité n'a rien d'infini ; parce que la perfection d'une idée ne se mesure pas par la noblesse de l'objet qu'elle represente, mais par la maniere dont elle le represente ; laquelle étant tres imparfaite dans celle dont il s'agit, ne peut pas être infinie. Et ce seul mot-là, que j'ajoûte à tout ce qui a été dit là dessus par les adversaires de Descartes, suffit pour montrer, que la proposition sur laquelle est fondé tout son raisonnement, ne peut être le principe d'une démonstration.

Enfin, continua encore le Chinois, quand les raisonnemens de ce Philosophe ne seroient pas faux & sophistiques, à peine meriteroient-ils le nom de démonstrations dans le sujet dont il s'agit. Ils ne seront jamais des démonstrations de l'existence de Dieu, qu'on ne les reconnoisse pour telles ; c'est-à-dire, qu'on ne les reconnoisse pour des raisonnemens convainquans, sans réplique, & dont la verité se fasse sentir jusqu'à détruire tous les préjugez contraires. Or les esprits grossiers ne peuvent atteindre jusqu'à cette subtile Métaphysique. Les esprits médiocres s'y trouvent embarrassez, soit par leurs préjugez, soit par leur peu de pénetration. Plusieurs esprits du premier ordre y trouvent, ou se persuadent qu'ils y trouvent de grandes difficultez. Tout cela fait un préjugé géneral à l'égard de ceux qui ne les ont pas vûës, qui leur feroit assez prudemment conclure, que s'il n'y avoit point d'autres démonstrations de l'existence de Dieu, que celles-là, il n'y en auroit point du tout. De sorte que l'avis, que je donnerois à vôtre Philosophe, & à ses disciples, seroit au moins de ne point préferer ses démonstrations à celles dont on se sert communément. Car s'il étoit vrai, que les autres n'eussent pas d'évidence, en comparaison de celles là, on tireroit de ce principe de fort méchantes conséquences contre l'existence du premier

Etre, dont les libertins, au moins si j'en juge par ceux de nôtre Empire de la Chine, ne manqueroient pas de se prévaloir.

Soit que l'esprit, qui conduisoit la Nuée sur laquelle le Mandarin étoit assis, ne prît pas plaisir à ces sortes de discours, dont on pouvoit aisément conclure des choses tres préjudiciables aux interêts du sabat; soit que le Mandarin fût lui-même pressé, ou qu'il n'esperât rien aprendre de nouveau sur cette matiére, il n'eut pas plutôt prononcé ces dernieres paroles, que nous le vîmes tout d'un coup emporté vers l'Orient d'une vîtesse incroïable.

Le P. Mersenne impatient de lui répondre, ne put s'empêcher de le suivre, & fit avec lui le chemin de plus de trente dégrez. Il nous vint rejoindre un quart d'heure aprés, & nous dit en arivant un peu chagrin : Cela est étrange, que les ennemis de M. Descartes viennent ainsi nous faire insulte, & nous porter des coups en traitres, pour s'enfuïr incontinent aprés, sans nous donner seulement le tems de nous mettre en défense, & de répliquer aux bagatelles, qu'ils viennent nous débiter avec autant de fierté, que si c'estoient des oracles. Si ce Mandarin aussi-bien qu'Aristote étoient bien sûrs de leur fait, & qu'ils crussent leurs argumens contre M. Descartes aussi forts, qu'ils font semblant de les croire, ils ne craindroient pas d'en venir aux mains, & attendroient au moins la réponse, qu'on auroit à leur faire : mais ce sont là des caracolles d'avanturiers, qui viennent tirer leur coup de pistolet en l'air pour faire les braves, & qui n'osent tenir ferme devant l'ennemi, qu'ils font semblant d'attaquer. Mais dans le tems que j'ai accompagné nôtre Mandarin, je lui ai bien renversé ses idées. Il m'a promis, qu'à tel jour qu'aujourd'hui dans un an, il se trouveroit au Mersenne, & que nous aurions là à loisir une conférence sur les démonstrations de M. Descartes. Je vous y invite, Messieurs, nous dit-il; & si je ne convaincs pas mon homme jusqu'à lui fermer la bouche, je me ferai Péripatéticien sur le champ, & je renoncerai au Cartésianisme. Nous lui promîmes de nous y trouver. Mais, mon Père, lui dis-je, il y a déja long-tems que nous sommes en chemin, & nous ne sommes encore guéres avancez ; je vous prie, hâtons-nous : car je crains pour mon corps, & je ne veux pas qu'il demeure sans moi plus de vingt-quatre heures. Il regarda aussi-tôt vers la terre, pour voir quelle heure il étoit, & me dit, il n'y a que sept heures, que nous sommes partis de France, pourvû que nous ne nous arrêtions point en chemin, dans cinq heures au plus tard nous ferons au Monde de M. Descartes.

Nous quittâmes ainsi le Mersenne, & sortîmes de la Lune par le côté du Nord de ce Globe : nous avançâmes vers le Ciel des Etoiles avec toute la vîtesse, dont nous étions capables : c'est-à-dire, que dans une minute, nous faisions plusieurs milliers de lieuës. C'est une chose prodigieuse & inconcevable, que le nombre des Etoiles. On n'en découvre de la terre avec les meilleures Lunettes, qu'une tres petite partie en comparaison de celles qu'on n'apperçoit point. Nous passâmes au travers du Signe du Sagittaire, dont je pris plaisir à reconnoître les principales étoiles, que l'on marque ordinairement sur les Globes celestes. Ce signe ressemble à un Archer à peu prés comme je ressemble à une maison, dont on s'imagineroit, que mes deux yeux seroient les fenêtres, mes deux bras, les pavillons qui flanqueroient le corps de logis, représenté par le reste de mon corps.

Si je voulois me divertir, comme fait Ovide dans la description de la carriére de Phaéton, j'aurois de quoi faire mille belles allusions Astronomiques, & je trouverois dans ma route plusieurs nouveaux Zodiaques, où une infinité d'animaux illustres dans les fables, pourroient avoir place, & se dédommager du caprice des Poëtes & des Astronomes, qui leur en ont preferé d'autres, lesquels ne valoient pas mieux qu'eux : mais le Lecteur peut aisément s'imaginer tout cela. Je ne dirai rien non plus des conversations, que nous eûmes dans le reste du voïage, où je ne fus guéres qu'auditeur. Les deux Péripatéticiens disputérent presque toûjours avec le Pere Mersenne & le vieillard, sur divers points de la nouvelle Philosophie. Mais ils n'y dirent rien, qu'on ne puisse voir dans le Pere de la Grange, & dans les autres livres imprimez sur ces sortes de matiéres. Mon plaisir étoit de voir l'ardeur avec laquelle chacun soûtenoit son parti & tâchoit de m'y attirer: mais je me contentois de loüer les uns & les autres, sans trop me déclarer ; & je me servois seulement de la qualité d'arbitre, qu'ils sembloient me deferer de commun accord, pour modérer la trop grande chaleur & le zéle de la Secte, qui les eût quelquefois portez un peu trop loin. Cependant je remarquai, que le Pere Mersenne qui nous conduisoit nous faisoit de tems en tems quitter le chemin droit, pour prendre des détours, & qu'il affectoit de nous éloigner du corps des étoiles, ou pour parler en Cartésien, du centre des Tourbillons. Je lui demandai pourquoi il en usoit de la sorte, & je lui dis qu'une de mes curiositez seroit de voir un astre de prés, & de considérer le mouvement de la matiére subtile dans le centre du Tourbillon; & que c'étoit le moïen le plus prompt de me convaincre, qu'il y avoit des Tourbillons, tels, que M. Descartes les décrit. Il me répondit, qu'il seroit plus à propos de contenter ma curiosité en retournant, aprés que M. Descartes m'auroit expliqué lui-même les diverses déterminations, que la matiére subtile peut avoir dans un Tourbillon; qu'aprés l'avoir entendu je prendrois mieux sa pensée, qu'avant cela ce seroit une nouvelle matiére d'embarras pour moi, & de chicane pour ces Messieurs les Péripatéticiens. Il fallut s'en tenir là, & j'eus dés lors assez mauvaise opinion des Tourbillons, dont je ne voïois nulle apparence dans les mouvemens de la matiére éloignée des Etoiles. Mais enfin nous arrivâmes au troisiéme Ciel, qui étoit le terme de nôtre voïage. Ce qui s'y passa dans le tems que j'y demeurai, va faire le sujet de la troisiéme partie de cette Rélation.

VOIAGE
DU MONDE
DE
DESCARTES

TROISIÉME PARTIE.

LE troisième Ciel, ou le Monde de Descartes, n'est autre chose, que ce que les Philosophes appelloient avant lui, les Espaces Imaginaires: mais comme ce nom d'imaginaire, sembloit ne signifier que quelque chose de chimerique, & qui n'étoit que dans l'imagination, il aima mieux les appeller les Espaces indéfinis. On n'a pas laissé de lui faire quelques difficultez sur ce mot d'*Indéfi-*

ni, qu'il semble substituer en divers endroits à la place de celuy d'infini sans nulle necessité. Mais enfin ses Disciples l'ont mis à la mode, & on s'y est accoûtumé. D'abord que j'entrai dans ces vastes païs, j'y trouvai en effet la plus belle place & la plus commode, qu'on puisse se figurer pour bâtir un Monde, & même pour bâtir des millions, & des infinitez de Mondes : mais je n'y voïois nuls matériaux pour commencer, ni pour faire la moindre partie d'un si grand édifice.

Aprés avoir fait cinq ou six mille lieuës sans rencontrer M. Descartes, nous prîmes la résolution de nous séparer, pour le trouver plus aisément. Le P. Mersenne alla d'un côté, & mon vieillard & moi de l'autre avec les deux ames Péripatéticiennes. Enfin le P. Mersenne le trouva; & fort peu de tems aprés nous être séparez, nous les vîmes venir tous deux vers nous. La maniére obligeante dont il me reçut, me fit connoître, que le Pere Mersenne lui avoit rendu bon témoignage de moi; & lui en avoit parlé comme d'un homme qui seroit un jour de ses plus zélez Sectateurs. Il salüa aussi fort honnêtement les deux Péripatéticiens, leur faisant cependant entendre, que la peine qu'ils avoient prise pour venir traiter avec lui, leur seroit apparemment assez inutile ; que le P. Mersenne l'avoit déja suffisamment instruit des propositions, qu'ils avoient à lui faire, dont assurément il auroit peine à s'accommoder : que néanmoins il leur donneroit une favorable audiance, & il les assura par avance, qu'il n'avoit nul mauvais dessein sur le Roïaume d'Aristote. Ensuite, aïant ordonné au P. Mersenne d'entretenir ces deux Messieurs, il nous prit en particulier le veillard & moi.

La conversation commença par de grandes protestations d'amitié, que M. Descartes & mon vieillard se firent l'un à l'autre, se témoignant mutuellement la joie, qu'ils avoient de se revoir. Le vieillard se mit aussi-tôt à faire mon éloge : il dit mille choses obligeantes de moi à M. Descartes : il lui vanta sur tout mon amour sincére pour la verité, le desir d'apprendre, que j'avois toûjours fait paroître, & la docilité, que je lui avois promis d'avoir pour les instructions que j'étois venu chercher si loin. Je me défendis le plus civilement que je pûs des autres loüanges, que l'on me donnoit : mais j'ajoûtai, que pour l'amour de la vérité, & le desir d'apprendre, je m'en faisois honneur, comme de mon plus grand mérite : que pour ce qui étoit de la docilité, que j'avois promis d'avoir pour les instructions de M. Descartes, on ne devoit pas m'en tenir conte : qu'un maître de son caractere, & un genie aussi rare, & aussi superieur à tous les autres, que le sien, étoit en droit d'exiger & d'attendre cette soûmission de tout ce qu'il y avoit au monde de personnes sages & équitables.

Vous me flatez un peu trop, reprit M. Descartes, & je ne sçai si beaucoup de gens, qui passent dans le monde pour sages & pour équitables, souscriroient à l'hommage, que vous me faites de leur part. Je doute même si, en suivant les régles de la physionomie des esprits, que je me pique un peu de sçavoir, je dois faire fort grand fond sur cette prétenduë docilité ; dont vous vous vantez si fort. J'aperçois encore, ce me semble, dans le fond de vôtre esprit, je ne sçai quels préjugez qui ne le disposent guéres à la connoissance de la vérité. Dites-moi un peu, continua-t'il, en voiant ce grand espace, que pensez-vous voir ? Monsieur, lui répondis-je, cette question m'embarasse : mais pour vous convaincre, que je parle sincèrement, quand je vous promets d'être docile, je répondrai comme je pense à la question que vous me faites. Selon vous je devrois dire, qu'en voïant ce grand espace, je vois un corps, ou de la matiere : mais franchement il me semble en effet, que je ne vois rien.

Alors mon vieillard lui fit un signe, que je ne compris pas à ce moment, & dont je ne sçûs le fin que dans la suite. C'en est assez, dit M. Descartes, parlons maintenant d'autres choses. Dites-moi, je vous prie, des nouvelles de la Philosophie de vôtre Monde, si vous en sçavez : car depuis plusieurs années, je ne sçai guéres comment tout s'y passe ; tant parce que dés que j'eûs quitté mon corps, je trouvai dans moi un fort grand fond d'indifférence pour les sentimens des hommes, que parce que Monsieur, que voilà, qui est l'unique personne que j'aie vûë quelquefois depuis, s'étant retiré en Province il y a plusieurs années, n'a pû sçavoir les particularitez des affaires qui regardoient le Cartésianisme. Il se contentoit d'aprendre, & de m'assûrer de tems en tems, que ma Philosophie continuoit d'avoir toûjours, & beaucoup de partisans, & beaucoup d'adversaires.

Je ne suis guéres plus instruit, lui répondis-je, sur les affaires de vôtre Secte, n'aïant commencé à prendre intérêt à ce qui la regarde, que depuis quelques jours, que j'ai l'honneur de connoître Monsieur : je vous dirai cependant tout ce que j'en puis sçavoir & ce qui est venu à ma connoissance, sans que je me misse beaucoup en peine de m'en informer. Vôtre Philosophie, comme vous sçavez, a eu d'abord les avantages & les désavantages de la nouveauté, & elle a experimenté la fortune de toutes les Doctrines nouvelles. Plusieurs particuliers l'ont reçûë avec admiration, & soûtenuë avec ardeur. Elle a trouvé des patrons & des protecteurs recommandables par leur esprit, par leur capacité & par leur politesse : mais presque tous les Corps & toutes les Universitez l'ont rejettée, & se sont déclarez contre. Chacun agissoit en cela, comme en toute autre chose, suivant ses propres interêts. Les uns embrassoient vôtre parti, parce qu'ils y trouvoient de quoi se faire distinguer : les autres le condamnoient, parce qu'ils en apréhendoient la diminution de leur crédit. Le motif ou le prétexte des uns & des autres, étoit l'amour de la verité, & de la saine Doctrine. Les choses sont presqu'encore dans le même état : néanmoins si nous en jugeons par les livres, soit de philosophie, soit de médecine, qui nous viennent d'Angleterre, de Hollande, & d'Allemagne, le Cartésianisme a fait de grands progrés dans tous ces quartiers là. On n'imprime quasi plus de Cours de Philosophie selon la méthode de l'école, & presque tous les Ouvrages de cette espece qui paroissent maintenant en France, sont des traitez de Physique, qui supposent les principes de la nouvelle Philosophie. Les livres qui traitent de l'Universel, des Dégrez métaphysiques, de l'Etre de raison, font aujourd'hui peur aux Libraires : ils ne veulent plus s'en charger, & tâchent de se défaire de ce qu'ils en ont de reste, à quelque prix que ce soit, comme les Marchands font des étoffes, dont la mode est passée. Toutes ces questions autrefois si fameuses, & qui avoient depuis prés de deux cens ans fait gémir tant de presses, & occupé tant d'Imprimeurs, ne se traitent plus, que dans les écoles des Professeurs publics. Hors des Classes on ne parle plus de Thomistes, de Scotistes, de Nominaux, ou du moins on ne les diſtingue plus. On les met tous dans la même Catégorie, & dans le même parti, qu'on appelle l'ancienne Philoſophie, à laquelle on oppoſe la Philoſophie de Deſcartes, ou la nouvelle Philoſophie.

Vous avez même eu le bonheur d'effacer en quelque façon, tout ce qui a paru de nouveaux Philoſophes en même tems que vous, & depuis vous; & pour me ſervir d'une comparaiſon, qui toute priſe qu'elle eſt d'un ſujet fort odieux, n'a pourtant rien que de fort glorieux pour vous: Comme on donne en Eſpagne le nom de Luthériens à tous les Hérétiques du dernier ſiécle de quelque Secte qu'ils ſoient, ainſi on appelle indifféremment du nom de cartéſiens tous ceux, qui depuis vous ſe ſont mêlez de rafiner en matiére de Phyſique. J'ai vû plus d'un avanturier en pleine diſpute mettre M. Gaſſendi au nombre de vos Diſciples, quoi qu'aſſûrement vous fuſſiez ſon cadet de quelques années; & je ſçai tel College, où un Profeſſeur n'oſeroit parler de matiére inſenſible, de régles du mouvement, de clarté des idées, qu'on ne l'accuſe auſſi-tôt de Cartéſianiſme.

Au reſte, excepté dans quelques Cours de quelques bons Religieux, qui ſans doute ont bonne intention, mais qui ne vous aïant pas lû veulent cependant se faire honneur de vous combattre ; ce n'est plus guéres la mode de vous traiter d'Athée, ni de tirer à conséquence pour vôtre Religion, la proposition que vous faites au commencement de vôtre Métaphysique : *Qu'il faut douter de tout.* Quelques-uns néanmoins des plus éclairez disent encore assez serieusement, que les conversions de Huguenots, qui se sont faites depuis peu en France, vous ôtent beaucoup de disciples. Car après qu'on les a convaincus de la présence réelle du Corps sacré de J. C. dans l'Eucharistie, ils croient être certains de la fausseté de quelques-uns de vos Principes, qu'ils ne peuvent accorder avec la réalité de ce Mystére.

Mais, quoi qu'il en soit, tous ceux qui jugent sainement & équitablement des choses, quelque contraires qu'ils soient à vos sentimens, vous rendent une justice, & vous donnent une loüange qui ne me paroît pas petite. C'est, qu'ils avoüent, que vous avez ouvert les yeux aux Philosophes de nôtre tems sur les défauts qui se rencontroient dans leur maniére de philosopher, en leur reprochant avec assez de raison le peu de soin qu'ils avoient pour la plûpart, d'aprofondir les matiéres qu'ils traitoient, soit en Metaphysique, soit en Physique : le peu d'application, qu'ils apportoient à se former pour eux, & à donner à leurs disciples des idées claires & distinctes des choses dont ils disputoient : l'abus qu'ils faisoient de la subtilité de leur esprit, ne l'appliquant qu'à multiplier les chicanes & les vetilles, qu'à inventer de nouvelles équivoques, qu'à embroüiller, plûtôt qu'à débroüiller certaines questions abstraites, qu'on a sagement introduites dans l'école, pour donner quelque exercice, & quelque occasion de dispute & d'émulation à l'esprit des enfans, mais dont il est ridicule de faire le fond & l'essentiel de la Philosophie, qui étoit devenuë par là une science creuse, composée de mots & de termes, qui ne signifient rien : le peu de réflexion, qu'on faisoit sur l'experience qui est la mere de la Philosophie : l'aveugle dépendance, qu'on avoit pour les sentimens d'autrui souvent peu penetrez, & mal compris.

Je puis même vous répondre, que ces sortes d'avis, quoique reçus d'abord avec chagrin, ont eu leur effet. La Philosophie des Classes a changé de face dans les principaux Colleges de France. Les Professeurs les plus habiles s'y piquent d'y traiter les questions ordinaires, & les plus épineuses avec plus de solidité, de méthode, de justesse & de netteté : Persuadez qu'ils sont, que ces questions traitées de la sorte, servent plus qu'on ne pense à former un jeune esprit, s'il est capable d'être formé, à le rendre juste, & à l'accoûtumer insensiblement à faire ces précisions si nécessaires, pour ne se pas méprendre dans ces matiéres plus importantes dans la suite d'un raisonnement, qu'on étend dans un discours, dans l'examen d'une démonstration Mathématique, dans la discussion d'une experience de Physique, & peut-être même d'une affaire, & d'un interest politique.

Depuis ce tems-là, on y est plus reservé à traiter de démonstrations les preuves qu'on apporte de ses sentimens. On n'y déclare pas si aisément la guerre à ceux qui parlent autrement que nous, & qui souvent disent la même chose. On y a appris à douter de certains axiomes, qui avoient été jusqu'alors sacrez & inviolables ; & en les examinant, on a trouvé quelquefois, qu'ils n'étoient pas dignes d'un si beau nom. Les qualitez occultes y sont devenuës suspectes, & n'y sont plus si fort en credit. L'horreur du vuide n'est plus reçûe que dans les écoles, où l'on ne veut pas faire la dépense d'acheter des tubes de verre, & certaines machines qui montrent évidemment le ridicule de cette fameuse solution, que l'on donnoit aux plus curieux & aux plus extraordinaires Phénoménes de la nature. On y fait des expériences de toute sorte d'especes. Celle de la Pesanteur de l'Air, s'y fait en mille manieres differentes, & il n'y a point maintenant de petit Physicien, qui ne sçache sur le bout du doigt l'Histoire de l'Experience de M. Pascal.

M. Descartes m'interrompit en cet endroit, & me demanda ce que c'étoit que cette experience de M. Pascal. Je lui répondis, que c'étoit celle qui se fit en 1648. sur le puy de Domme avec le Tube de Torricelli, où le vif argent se trouvoit à une bien moindre hauteur sur le sommet de la montagne, qu'au milieu, & au pied, d'où l'on avoit conclu évidemment la pesanteur de l'air. Cela s'appelle, reprit M. Descartes, l'Experience de M. Pascal. C'est donc, parce qu'il l'a executée, ou plûtôt parce qu'il l'a fait executer par M. Perrier : car assûrément, ce n'est pas, parce qu'il l'inventa, ni parce qu'il en prévit le succès. Et si cette experience devoit porter le nom de son Auteur, on eut pû à plus juste titre l'appeller l'Experience de Descartes. Car ce fut moi qui le priai deux ans auparavant, de la vouloir faire, & qui l'assurai du succés, comme étant entiérement conforme à mes Principes, sans quoi il n'eût eu garde d'y penser, étant d'une opinion contraire. Cet homme est heureux, continua M. Descartes, en matiere de réputation. On fit autrefois accroire à bien des gens, qu'il avoit composé & tiré du seul fond de son esprit un livres des Coniques à l'âge de seize ans; ce livre me fut envoïé; & avant que d'en avoir lû la moitié, je jugeai, qu'il avoit fort appris de M. des Argues: ce qui me fut confirmé incontinent aprés par la confession, qu'il m'en fit lui-même. Ce que vous dites là, repris-je, me surprend un peu: car dans la préface d'un traité de l'Equilibre des Liqueurs imprimé aprés la mort de M. Pascal on cite vôtre témoignage sur cet article, & il n'est pas tout-à-fait conforme à celui, que vous me rendez maintenant: car on n'y parle point du secours qu'il avoit tiré de M. des Argues. On y dit seule-

Let. 77. de Descartes Tom. 3.

Tom. 2. Let. 38.

ment, que la chose vous parût si incroiable & si prodigieuse, que vous ne voulûtes pas la croire ; que vous vous persuadâtes, que M. Pascal le pere étoit en effet l'Auteur de l'ouvrage, & qu'il en avoit voulu faire honneur à son fils. Je ne sçai pas, me répondit-il, ce que l'on m'a fait penser ou dire dans cette Préface : mais je sçai bien, que je ne vous dis rien maintenant, que je n'aie écrit en propres termes au P. Mersenne, dés que j'eûs vû l'ouvrage.

Aprés tout, dis-je, Monsieur, je ne serois pas trop surpris, que M. Pascal eût fait sans aide un livre des Coniques à l'âge de seize ans, & qu'il eût eu par hazard les mêmes pensées que M. des Argues ; lui qui dés l'âge de douze ans, sans avoir vû nuls ouvrages de Géométrie, se fit des définitions particuliéres des figures, & ensuite des axiomes, & poussa ses connoissances si avant, que lorsqu'on le surprit dans ses opérations, il en étoit déja venu jusqu'à la trente-deuxieme proposition du prémier livre d'Euclide, qu'il n'avoit jamais lû.

Tom. 1. Lett. 38.

Vous croiez cela, me dit M. Descartes ? Et pourquoi ne le croirois-je pas, lui repartis-je ? Cela est dit, & circonstancié dans la préface dont je vous parle, d'une maniere à ne laisser aucun doute. M. Pascal le pere, qui vouloit que son fils s'occupât d'abord à la connoissance des Langues, qu'il lui aprenoit lui-même, avoit le soin de lui cacher jusqu'au nom des choses, dont on traite dans les Mathématiques, & s'abstenoit même d'en parler à ses amis en sa présence. Néanmoins, selon l'Auteur de la préface, la passion que cet « enfant avoir pour ces sortes de scien- « ces, jointe à son esprit, lui servit « de maître: ne pouvant dérober, à cau- « se des occupations, qu'on lui prescri- « voit, que ses heures de récreation, « (circonstance encore assez remarqua- « ble,) il en emploioit ce qu'il pouvoit à « ses spéculations ; il fut contraint, dit- « il, de se faire lui-même des défini- « tions : il appelloit un cercle un rond, « une ligne une barre, & ainsi du reste. « Aprés ces définitions, il se fit des a- « xiomes ; & comme l'on va de l'un à « l'autre dans cette science, il poussa « ses recherches si avant, qu'il en vint « jusqu'à la trente-deuxiéme proposition « d'Euclide. Comme il en étoit là-des- « sus, M. son pere entra par hazard « dans le lieu où il étoit, & le trouva si « fort appliqué, qu'il fut long-temps « sans

» sans s'appercevoir de sa venuë : mais sa
» surprise fut bien plus grande, lorsque
» lui aiant demandé ce qu'il faisoit, il
» lui dit qu'il cherchoit telle chose, qui
» étoit justement la trente-deuxiéme pro-
» position du premier livre d'Euclide. Il
» lui demanda ensuite ce qui l'avoit fait
» penser à cela, & il répondit, que c'étoit,
» qu'il avoit trouvé telle autre chose,
» ainsi en retrogradant, & s'expliquant
» toûjours par ces noms de barre & de
» rond, il en vint jusqu'aux définitions,
» & aux axiomes, qu'il s'étoit formez.
» M. Pascal fut tellement épouvanté de
» la grandeur & de la force du genie
» de son fils, qu'il le quitta sans lui pou-
» voir dire un mot, & il alla sur l'heure
» chez M. le Pailleur son ami, tres-habile
» dans les Mathématiques : lorsqu'il y
» fut arrivé, il y demeura immobile,
» comme un homme transporté. M. le
» Pailleur voïant cela, & s'appercevant
» même, qu'il versoit des larmes, en fut
» tout effraïé, & le pria de ne lui pas
» celer plus long-tems la cause de son
» déplaisir. Je ne pleure pas, lui dit M.
» Pascal, d'affliction, mais de joïe. Vous
» sçavez les soins que j'ai pris pour ô-
» ter à mon fils la connoissance de la
» Géométrie, de peur de le détourne

de ſes autres études. Cependant voïez «
ce qu'il a fait. Sur cela il lui conta tout «
ce que je viens de dire, & M. Paſcal «
par le conſeil de ſon ami, ceſſa enfin «
de faire violence à l'eſprit de ſon fils, «
qui n'avoit encore que douze ans, & «
lui donna un Euclide. «

De bonne foi, dis-je à M. Deſcartes, penſez-vous, qu'un homme puiſſe avoir le courage de compoſer un menſonge d'une maniere auſſi ſuivie, que le ſeroit celui-ci? Peut-on rien voir de plus vraiſemblable, que ces cercles, qu'on appelle des ronds, ces lignes, qu'on appelle des barres? Cela n'eſt-il pas ſuffiſant, pour faire croire les axiomes, & la trente-deuxiéme propoſition d'Euclide? Quoi de plus naturel, que la ſurpriſe de M. Paſcal le pere, excepté peut-être, qu'elle fût un peu trop longue, qui prit auſſi-tôt ſon manteau, fit mettre les chevaux au caroſſe, & ſe trouva encore, arrivant chez M. le Pailleur, dans une immobilité capable de l'effraïer. Apres tout, cela eſt trop beau & trop rare, ce ſeroit dommage qu'il ne fût pas vrai.

Et moi je dis, reprit M. Deſcartes, que ce ſeroit grand dommage que tout cela fût vrai, & qu'on le crût: car ſi une fois on croioit qu'un enfant de douze ans, qui n'a jamais lû de livre de Géometrie, devant qui l'on prend à tâche de n'en parler jamais, dont l'esprit est occupé pendant toute la journée de connoissances toutes différentes, qui n'a de libre que quelques heures de recreation, qu'on ne lui faisoit pas apparemment passer en solitaire, ait pû se faire une méthode de Géometrie, inventer des axiomes, & arriver de suite à la trente-deuxiéme proposition d'Euclide; si l'on croioit une fois de semblables choses, le Public deviendroit la dupe des imaginations les plus outrées des Panégyristes. Cette maniere de loüer, ajoûta-t-il, fait même tort à ceux qu'on loüe; & une loüange aussi peu vraisemblable, que celle-là, rend suspectes les véritables, parmi lesquelles elle se trouve mêlée. M. Pascal étoit un homme d'un esprit tres distingué: mais ce n'étoit ni un Ange, ni un Démon. Je dis là dessus à M. Descartes, que je m'étois trouvé, il n'y avoit pas long-tems dans une compagnie, où l'on parloit sur ce chapitre à peu prés de la maniere dont il venoit de faire, & qu'il se rencontra là un homme ami d'une Societé, qui n'a pas grande obligation à M. Pascal, qui voiant que tout le monde se moquoit de cette fable, dit froidement, que l'Auteur de la Préface & ses amis faisoient tout au plus en cela justice à M. Pascal, & qu'ils n'en disoient pas encore assez; & comme on le pressa de s'expliquer sur une chose, qu'on voioit bien qu'il ne disoit pas fort sérieusement, il ajoûta, qu'il lui sembloit que c'étoit encore tres peu de chose que cette hyperbole, quelqu'outrée qu'elle parût, pour reconnoître les obligations qu'ils lui avoient pour les Lettres au Provincial, dans lesquelles il en avoit fait bien d'autres en leur faveur, qui valoient bien celles-là, & dans un genre plus important. Tout le monde en demeura d'accord; & on avoüa, qu'on ne pouvoit pas payer en meilleure monnoie les services que M. Pascal avoit rendu à ces Messieurs. Il faut cependant vous dire tout. M. Pascal n'a écrit que sur les mémoires, qu'on lui a donnez, & qu'il croioit vrais, tout faux qu'ils étoient, ne connoissant pas assez l'esprit du parti où il s'étoit engagé. Et il y a eu assûrément de son côté plus de surprise, que de mauvaise foi. Nous n'en dîmes pas davantage sur cet article, & M. Descartes me remit sur le chapitre du Cartésianisme.

Il me demanda donc, sur quel pied il étoit dans les Universitez, & dans les plus fameux Colleges de France, & comment on y regardoit sa doctrine? Je lui dis sans façon, ce que je sçavois là dessus; que je ne connoissois nul College, où l'on fist profession ouverte de sa doctrine; qu'il étoit défendu dans plusieurs de l'enseigner: que dans l'Université de Paris on prenoit extrémement garde, que les Professeurs ne se donnassent trop de liberté de ce côté là: que le Cartésianisme y avoit fait le sujet de plusieurs assemblées: que quelqu'un m'avoit dit, qu'on y avoit parlé autrefois de la faire défendre par un Arrêt du Parlement: qu'on avoit proposé cela à feu M. le Premier Président de Lamoignon; mais, que cette proposition n'avoit point eu de suite: que l'Université de Caën, qui après celle de Paris est une des plus florissantes pour la Philosophie, s'étoit enfin déclarée en mil six cens soixante & dix-sept contre cette doctrine, qu'elle proscrit comme contraire à la plus saine Theologie; ôtant toute esperance à quiconque entreprendroit de la soûtenir, d'être jamais admis à aucun degré dans le corps

M iij

de l'Université; & défendant à ceux qui en étoient déja, de l'enseigner de vive voix, ou par écrit, sous peine de perdre leurs privileges & leurs dégrez: qu'elle avoit en cela suivi l'exemple de l'Université d'Angers, qui deux ans auparavant avoit fait de semblables décrets, lesquels avoient été confirmez par une Ordonnance du Roi, portée à Versailles l'an 1675. & que la plûpart des autres Universitez avoient fait à l'envi les mêmes démarches.

Ces nouvelles chagrinerent M. Descartes. Quoi, me dit-il avec indignation, personne dans ces occasions n'a pris ma défense en main? Nul Corps, nulle Communauté ne s'est déclarée pour ma doctrine? On voit des Ordres entiers prendre la qualité de *Scotistes* & de *Thomistes*, & porter les interests, les uns de l'Universel *à parte rei*, & les autres de l'Universel *à parte mentis*; quelquefois au de-là des bornes d'une loüable émulation; & on abandonne au caprice des Universitez, une Philosophie aussi solide & aussi curieuse, que la mienne. J'avois pardonné cette conduite injuste à des Hollandois, qui n'étoient pas obligez d'avoir des ménagemens pour un étranger, tel que j'étois à leur égard: mais je n'aurois jamais crû, qu'on eût dû me traiter de la sorte en France, dans ma propre patrie, à qui j'ai fait assûrément beaucoup d'honneur. Pourquoi a-t'on transporté mes os de Suede à Paris, si en même tems qu'on les y ensevelit avec pompe & avec des éloges funebres, on flêtrit cruellement ma memoire par tout le Royaume. J'ai quitté un peu trop tôt le Monde: mais aprés tout, quand je l'ai quitté, j'y avois une tres grande estime. J'avois pris des mesures immanquables pour la conservation de mon parti; & mes affaires n'auroient pas pris un si méchant tour, si mes disciples avoient marché sur mes brisées, & suivi exactement mes vûës & mes desseins.

Car il faut vous l'avoüer, continua-t'il, je n'ai pas été exempt du foible de tous les chefs de Secte: je ressentois les progrés de la mienne, quoique j'affectasse de paroître assez indifferent sur cela, comme sur toute autre chose; & l'esperance que j'avois, de la voir un jour tenir le premier rang entre toutes les autres, me servoit d'aiguillon, pour m'animer à travailler: je m'étois même fait un systéme de conduite pour l'execution de ce dessein. Je tournai d'abord mes pensées du côté des Jésuites, & je les sondai, pour voir, si je ne pourrois pas les engager dans mes interests, ou du moins me faire un parti parmi eux; c'eût été pour moi un coup de partie, & mes affaires après cela alloient toutes seules : Ils ont les Colleges des principales Villes de France : il y a parmi eux quantité de gens d'esprit & capables de soûtenir mes sentimens, s'ils y étoient une fois entrez. Je leur envoiai mes ouvrages, les priant de les examiner, & les assûrant, que je les soumettois à leur censure. Les conjonctures m'étoient assez favorables. Leur Provincial se trouva vers ce tems-là être mon compatriote, mon ami & mon parent : mon Regent de Philosophie qui vivoit encore, & que j'avois remarqué être un peu plus Physicien, que l'ordinaire des Philosophes de ce tems-là, me vouloit assez de bien. Enfin je ne desesperois pas de réüssir : mais je fus bien surpris, lorsque le P. Mersenne m'écrivit de Paris, que le P. Bourdin Mathématicien du College des Jésuites avoit fait des Theses publiques, où il attaquoit ma doctrine. Ce furent les premieres qui parurent en France contre moi. Un coup de cet éclat me fit connoître quels

Diverses lettres de Descartes Tom. 3.

étoient les sentimens de la Societé, & le peu de fond que je pouvois faire sur l'amitié de quelques particuliers. Peu de tems après, le même Mathématicien écrivit contre mes Méditations d'un stile peu serieux, & les tournant en ridicule, ce qui lui attira de ma part une réponse un peu vigoureuse. Je m'en plaignis au P. Dinet par une lettre, que j'ai imprimée avec mes méditations. En un mot, nous rompîmes entiérement les Jésuites & moi. Je priai le P. Mersenne de veiller sur la conduite, que ces Peres tiendroient à mon égard, & de m'informer de tout. Je pris même la resolution de les attaquer, & de refuter quelqu'un de leurs Cours imprimez, qui auroit le plus de reputation; mais je quittai ensuite ce dessein pour quelques raisons.

Cependant j'avois une autre corde à mon arc. Il s'étoit formé vers ce tems-là en France un parti tout-à-fait opposé aux Jésuites, composé de ceux qui se disoient Disciples de saint Augustin, & qui étoient Sectateurs zelez de la doctrine de M. Jansenius Evesque d'Ypres. M. Arnauld, tout jeune Docteur qu'il étoit encore, s'y faisoit déja valoir d'une maniere extraordinaire. Dans le commerce, que j'eus avec lui à l'occasion de quelques objections qu'il fit contre mes méditations, auſquelles je répondis avec beaucoup de temoignage d'eſtime pour ſon eſprit & ſa capacité, je le connus tel qu'il étoit ; c'eſt-à-dire un homme aimant la diſtinction & la nouveauté, & dont on pouvoit être ſeur, quand on l'avoit une fois engagé dans un parti, qui avoit ces deux attraits. Je m'aſſurai donc de lui ; & je croi que le mécontentement que je lui témoignai des Jéſuites, ne contribua pas peu à me l'attacher. Il fit ſi bien, que dés lors, on vit peu de Janſeniſtes Philoſophes, qui ne fuſſent Cartéſiens. Ce furent même ces Meſſieurs, qui mirent la Philoſophie à la mode parmi les Dames ; & on m'écrivit de Paris en ce tems-là, qu'il n'y avoit rien de plus commun dans les ruelles, que le parallele de M. d'Ypres & de Molina, d'Ariſtote & de Deſcartes.

Je ſongeai enſuite à m'attacher quelque Communauté : car je me ſouvenois de ce que diſoit feu M. Janſenius : *Que tels gens ſont étranges, quand ils épouſent quelque affaire* ; & il jugeoit, que ce ne ſeroit pas peu, que ſon *Auguſtinus* fût ſecondé par quelque compagnie ſem-

Lett. de Janſ. à S. Cyr.

blable, parce que, ajoûtoit-il, *quand ils sont une fois embarquez, ils passent toutes les bornes, pro & contra.* Je jettai d'abord les yeux sur les PP. Minimes, à cause du P. Mersenne qui étoit mon intime ami, & qui avoit grand crédit dans l'Ordre : mais je fis réflexion que, quoique ces Peres eussent d'habiles gens parmi eux, cependant ils étoient peu au dehors, & n'enseignoient point en public. D'ailleurs le P. Mersenne m'assura, que si l'affaire étoit proposée en Chapitre, le parti d'Aristote prévaudroit immanquablement, à cause des anciens, qui avoient depuis long-tems leur fourniture de Philosophie, & qui ne voudroient pas faire les frais d'une nouvelle provision.

Vous fîtes prudemment de ne vous y pas joüer, interrompit nôtre vieillard : car depuis ce tems-là un Pere de leur Ordre, nommé le P. Maignan, homme d'esprit & sçavant, s'étant un peu écarté du chemin, & aiant pris une nouvelle route, quoique differente de la vôtre, a été, à ce qu'on m'a dit, frondé dans un Chapitre general ; & défenses ont été faites de s'attacher à ses Principes. Et puis le capital parmi ces Peres, aussi bien que parmi les autres Religieux, c'est la Metaphysique & la Théologie. Ce qu'on appelle proprement Phisique, n'y a pas grand cours. La ligue offensive & défensive faite entre plusieurs Ordres pour la predétermination physique contre la science moienne, est la grande affaire qui les occupe depuis prés de cent ans.

Elle les occupera encore long-tems, reprit M. Descartes, par la raison même qui me faisoit prendre les mesures dont je vous parle, c'est que la Predetermination & la Science moienne sont devenus des sentimens d'Ordre & de Communauté; qualité, que je voulois donner à ma Philosophie, afin de la rendre éternelle: mais enfin, quoi qu'il en soit, quand je quittai le Monde, je laissai les choses dans un état pour ce point-là, qui me faisoit tout esperer; j'avois un gros parti dans la Congregation des Peres de l'Oratoire. C'est un Corps considerable en France, où l'on étudie, & où plusieurs personnes se sont renduës recommandables par leur sçavoir, & par leurs livres: l'émulation qui est entre eux & les Jésuites, servit beaucoup à me faire écouter dans leur Congrégation. Ces Peres m'ont-ils abandonné ?

DE DESCARTES. III. PART. 277.

Vous me faites ressouvenir, dis-je aussi-tôt à M. Descartes, de certaines particularitez en cette matiere, que vous ne devez pas ignorer. Je ne sçai, si vous avez sujet d'être content ou mécontent de ces RR. PP. vous en jugerez vous-même. Il y a dix ou onze ans, qu'il arriva quelques broüilleries dans l'Université d'Angers à l'occasion de certaines Theses soûtenuës chez les PP. de l'Oratoire, où il y avoit beaucoup de Philosophie nouvelle, partie selon vos Principes, partie selon les idées particuliéres des Professeurs. L'Université prit l'arllarme à la vûë de ces nouveautez, & ne voulut point laisser passer les Theses. Elle en écrivit en Cour, & au P. General. La Cour se trouva favorable à l'Université ; ce qui obligea le P. General à ordonner dans la Congrégation, qu'on eût à s'en tenir aux anciennes opinions, & à ne plus enseigner en aucune maniere la nouvelle Philosophie. Mais, voici un point qui vous doit consoler. Il parut aussi-tôt après, une lettre imprimée, écrite en beau Latin au R. P. Senault General de l'Oratoire, portant pour titre : *Epistola eorum, quotquot in Oratoriana Congregatione Cartesianam doctrinam amant,*

Recüeil de ce qui s'est passé en l'Université d'Angers en 1675.

où après lui avoir exposé les motifs, qu'on avoit de le prier de ne point gêner les esprits sur ce chapitre, on ajoûte ces paroles: *Ut noris quàm latè Cartesiana hac labes, (si labes est)..... grassetur, plusquam ducenti numero sumus, quos pestis ista infecit.*

Vous voïez par là, combien vous étiez puissant dans cette Congrégation. Cela n'empêcha pas cependant, qu'en 1678. l'assemblée generale de l'Oratoire ne fist un décret, par lequel elle déclare, qu'elle n'embrasse aucun parti; mais qu'elle a toûjours été & veut demeurer en liberté de pouvoir tenir toute bonne & saine doctrine; & qu'elle ne défend d'enseigner, que celles qui sont condamnées par l'Eglise, ou qui pourroient être suspectes des sentimens de Jansenius & de Baïus pour la Théologie, & des opinions de Descartes pour la Philosophie.

Ah! les lâches, dit M. Descartes tout indigné. Tout beau, Monsieur, repris-je en même tems. Si vous étiez à la tête d'un Corps, dont vous fussiez chargé de conserver les interests essentiels, vous auriez des sentimens tout differens de ceux que vous avez en qualité de chef de Secte. La prudence, ni la conscience n'obligerent jamais personne à se faire le martyr d'un Philosophe. Il n'en est pas des matieres de Philosophie, comme de celles de Religion. On peut ne pas desaprouver les opinions d'un Philosophe considerées en elles-mêmes, & se trouver en même tems dans une telle conjoncture, que la prudence oblige d'en arrêter le cours.

Mais deux choses, que je vous ai déja fait entendre, doivent encore en cela vous faire compter pour rien ces petites disgraces de vôtre Philosophie. La premiere est, qu'une partie de ce qu'elle a de meilleur, commence à être autorisé dans les écoles des plus zélez Péripatéticiens, qui ne s'opposent plus à la verité, que vous leur avez fait connoître; mais qui veulent seulement ménager les interests d'Aristote, afin qu'il ne soit pas dit qu'aucun Philosophe ait jamais vû plus clair que lui. Vous sçavez ce qui arriva le siécle passé en France. Les personnes les plus sages de ce Roiaume ne pouvoient se défendre d'aprouver la pluspart des beaux réglemens qui avoient été faits au Concile de Trente. Cependant des raisons empêchoient, qu'on ne reçût ce Concile en ce qui concernoit la discipline. Que fit-on ? Les

Etats de Blois firent des Ordonnances toutes semblables à une grande partie de ces Décrets du Concile. Et ainsi, sans recevoir le Concile, on suivit en effet le Concile. Nos Péripatéticiens ont en quelque façon imité la conduite de ces Sages politiques. C'est un crime parmi eux d'être Cartésien : mais c'est un honneur de se bien servir de ce qu'on trouve de bon dans M. Descartes. Et pour comparer la fortune de vôtre doctrine, avec la fortune d'un autre, qui a fait de nos jours grand bruit dans le monde; avant que les propositions de Jansenius eussent été condamnées à Rome, ses Sectateurs en faisoient grand honneur à leur maître. C'étoit sa doctrine toute pure, qu'il avoit puisée dans le grand saint Augustin : mais elles n'eurent pas plûtôt été censurées comme heretiques, qu'elles disparurent tout d'un coup dans le livre de Jansenius. On ne pouvoit plus croire en conscience qu'elles y fussent, & malgré les Bulles des Papes, & les Ordonnances des Evêques, c'étoit un peché mortel de signer la condamnation des propositions & le Formulaire de foi, sans la distinction du fait & du droit. Tout le contraire est arrivé dans l'affaire dont je vous parle.

D'abord que les Cartéſiens firent mention d'une matiere ſubtile, qu'ils ſe moquerent de l'Horreur du vuide, qu'ils parlerent de la vertu Elaſtique de l'air & de la peſanteur de ſes colonnes, de la manière dont ſe faiſoit l'impreſſion des objets ſur les ſens : on leur oppoſa auſſi-tôt Ariſtote, comme enſeignant une doctrine toute contraire à celle-là.

Depuis ce tems-là, après avoir examiné les raiſons ſur leſquelles vos propoſitions en ces matieres étoient appuiées, on n'a pas voulu dire, que vous euſſiez raiſon : mais pluſieurs ont pris le parti de dire, qu'Ariſtote avoit enſeigné une bonne partie de tout cela avant vous. On a depuis trouvé dans ſes livres une matiére étherée, que les ſenſations ſe faiſoient par l'ébranlement des organes : on y a fait voir la demonſtration de la Peſanteur de l'Air, & les plus belles veritez de l'Equilibre des Liqueurs. Ainſi, au lieu que les Janſeniſtes abandonnoient, ou faiſoient ſemblant d'abandonner le droit, & ſe retranchoient ſur le fait, les Peripateticiens commencent à ſe mettre en poſſeſſion du droit par le fait même : c'eſt-à-dire, que les Péripaticiens trouvent dans Aristote ce qui, selon eux, n'y étoit point il y a trente ans : au contraire des Jansenistes, qui ne voient plus dans Jansenius les propositions qu'ils nous y montroient autrefois eux-mêmes, avant qu'elles fussent condamnées. De sorte que, pour peu que vous vous vouliez relâcher, comme je vous prie de le faire pour m'acquiter de la parole que j'en ai donnée à Voëtius vôtre ancien adversaire en Hollande, on verra M. Descartes devenir Peripatéticien, & Aristote Cartesien.

Enfin l'autre chose, qui doit vous réjoüir, & qui nonobstant tous les efforts de vos ennemis, vous peut faire esperer l'immortalité du Cartesianisme, c'est, qu'on a toûjours assez de liberté pour écrire pour ou contre ; & qu'aujourd'hui le plus solide & le plus habile défenseur de la nouvelle Philosophie est un fameux pere de l'Oratoire, dont les livres ont une grande vogue. Il me demanda aussi-tôt son nom, & quel homme c'étoit. Il s'appelle, lui dis-je, le Père de Malbranche. C'est un homme d'une penetration extraordinaire, d'une méditation profonde, qui a un talent rare pour bien arranger ses reflexions, qui les dévelope d'une maniere extrémement nette & vive, qui sçait toûjours donner un tour problable aux choses les plus extraordinaires & les plus abstraites; qui possede en perfection l'art de préparer l'esprit de son Lecteur, pour le faire entrer dans ses pensées. En un mot c'est le plus séduisant Cartésien, que je connoisse; il pretend toutefois que ses idées ne s'accordent pas toûjours avec les vôtres. Son principal ouvrage porte pour titre, *la Recherche de la verité*; & c'est là particulierement, qu'on le reconnoît tel que je viens de vous le dépeindre. Je ne sçaurois cependant vous dissimuler un petit incident qui peut diminuer la joïe, que vous doit donner cette nouvelle; c'est que cet illustre partisan de la nouvelle Philosophie, s'est broüillé depuis quelque tems avec M. Arnauld dont il avoit été assez ami; ce qui fait une espece de guerre civile. On attaque & on se défend avec vigueur de part & d'autre : chacun combat à sa maniere. Les volumes de cinq & six cens pages sortent en moins de rien des mains de M. Arnauld. L'autre est moins fécond & plus précis : il imite ces Capitaines, qui n'emploient que des troupes d'élite, sans se mettre en peine du nombre, &

qui marchent toûjours serrez & en bon ordre; qui laissent caracoller l'ennemi, tant qu'il lui plaît, mais qui ne manquent pas de l'enfoncer, quand l'occasion s'en presente. On parle diversement des motifs de cette guerre où M. Arnauld est l'agresseur: pour moy je n'en sçai pas le fin.

Mais encore, reprit M. Descartes, quel est le sujet de la dispute entre ces deux fameux Auteurs? car assurement, je m'interesse à ce qui les regarde. Il s'agit, lui répondis-je, de la nature des idées, & de la maniere dont nous connoissons les objets qui sont hors de nous. M. Arnauld pretend, que nos idées ne sont que des modalitez de nôtre ame; & le P. de Malbranche pretend, que cette opinion est insoûtenable, & maintient que nous ne connoissons les objets que dans Dieu, qui étant par tout, est intimement uni à nôtre esprit, & qui, en suivant les loix generales de l'union du corps & de l'ame, nous communique l'idée, qu'il a dans lui-même, de l'objet dont il nous fait en même tems sentir l'impression. L'un & l'autre tâche dans quelques occasions de vous mettre de son côté, ou plutôt de montrer qu'il n'avance rien de contraire à vos pensées sur les idées : mais je croi que vous n'avez pas tellement approfondi cette matiere, que l'un ou l'autre puisse en cela se prévaloir de vôtre autorité.

Ce que vous dites est vrai, repartit M. Descartes. Mais enfin lequel des deux dans ce combat l'emporte sur son adversaire ? Je lui répondis, que je n'étois pas assez témeraire pour décider du different, & des avantages de ces deux Héros : que je pouvois seulement lui dire, qu'ils y alloient tout de bon : que quoique M. Arnauld se fût proposé d'attaquer le traité de la nature & de la Grace du P. de Malbranche, il avoit jugé à propos de commencer par refuter ce qu'il avoit écrit touchant les idées dans son ouvrage de la Recherche de la verité, regardant cet endroit, pour me servir de sa pensée & de ses termes, comme les dehors de la place, qu'il avoit dessein de ruiner ; que la matiere étant fort abstraite, fort métaphysique, & au dessus de l'intelligence du commun des hommes ; & le systéme du P. de Malbranche dans ce point demandant une grande attention pour se faire comprendre, M. Arnauld sembloit avoir pris adroitement cette méthode d'attaquer, pour combatre son adversaire avec a vantage; mais que le P. de Malbranche sans lui abandonner ses dehors, où il se défendoit bien, l'avoit attiré au corps de de la place; c'est-à-dire, qu'il l'avoit engagé dans les matieres de la Grace, qui est un terrain fort desavantageux, & un endroit tres glissant pour M. Arnauld, & où il le serroit de fort prés: Que je n'osois pourtant répondre du succés pour le P. de Malbranche même de ce côté-là, à cause de la grande experience de M. Arnauld dans cette sorte de guerre, où il mérite assurément l'éloge que l'Amiral de Châtillon se donnoit à lui-même, sçavoir, qu'il avoit de quoi se distinguer entre les plus grands Capitaines qui eussent jamais été, en ce qu'aïant presque toûjours été batu par ses ennemis, aïant perdu toutes les batailles, qu'il avoit été obligé de donner, il se trouvoit sur ses pieds aprés tous ces malheurs, en état de relever son parti, & de faire une contenance capable de donner de l'inquiétude à ceux qui l'avoient terrassé. Je pourrois même ajoûter, sans faire tort au P. de Malbranche, qu'il se sent déja des pertes qu'il a faites depuis cette rupture: car, avant ce malheur, & lorsqu'il n'étoit pas encore broüillé avec M. Arnauld, c'étoit, disoit-on par tout, un esprit sublime, & infiniment penetrant; & maintenant, c'est un homme qui ne dit que des broüilleries & des contradictions, qu'on ne peut comprendre ni suivre sans peril d'erreur; tant il est vrai, que l'estime de ce Docteur est encore aujourd'hui, comme elle a été de tout tems, un grand fond de mérite pour ceux qui la possedent; & que les particuliers, non plus que les Societez, qui n'ont pas cet avantage, ne s'en trouveront jamais mieux pour la reputation.

Comme je m'entretenois de la sorte avec M. Descartes, je sentis tout d'un coup, je ne sçai quelle changement qui se faisoit en moi, qui avoit quelque chose d'approchant de ce qu'on experimente dans certains éblouïssemens subits, où tout paroît tourner, & changer de couleur. Je n'aurois jamais crû, qu'une ame separée de son corps eût été capable d'un tel accident. M. Descartes qui s'en apperçut, & qui sçavoit bien ce que c'étoit, me laissa un moment & alla joindre les Ambassadeurs de l'Aristote. Je ne sçus ce qui s'étoit passé entre eux, que de mon veillard, qui me le raconta, lorsque nous nous en retournions au Monde. Il me dit, que M. Descartes ne voulut point entrer en matiere avec eux; qu'il les assûra seulement, qu'il n'avoit nul dessein d'inquieter Aristote dans son Empire : mais qu'il étoit difficile, qu'ils pussent s'accommoder ensemble ; & qu'ainsi il étoit à propos, que chacun demeurât libre dans son sentiment comme auparavant, sans se mettre en peine d'y faire entrer les autres : que cependant, afin que leur voiage ne fût pas tout-à-fait inutile, il leur promettoit de faire en sorte, que les Cartésiens parlassent d'Aristote avec plus de respect & d'estime, à condition qu'Aristote ordonneroit aux Peripatéticiens de ne pas se déchaîner contre le Cartésianisme avec tant de violence.

Pour venir à ma pamoison spirituelle, je n'en sçus non plus la cause, que dans mon retour : la voici. Il faut supposer, que tandis que nôtre ame est unie à nôtre corps, la plûpart de ses idées & de ses jugemens dépendent de la disposition de nôtre cerveau. La diversité de cette disposition consiste selon les Péripatéticiens, dans la différence des especes, des phantômes, ou images des objets, lesquelles se trouvent renfermées dans les cavitez du cerveau, ou empreintes dans sa substance. Les nouveaux

veaux Philosophes disent avec plus de vérité, que ces images ne sont autre chose que les traces & les vestiges imprimez dans le cerveau par le cours ordinaire des esprits animaux, qui s'y repandent en abondance comme de petits fleuves, & s'y font comme une espece de lit, dans lequel ils coulent ordinairement. De quelque maniere que ce soit, que cette disposition diverse cause les differentes idées, & les differens jugemens de l'ame, (car c'est un mystere impenetrable,) il est certain, que cela se fait, & que differentes idées supposent differentes traces. De sorte que si l'on faisoit la dissection d'un cerveau Peripateticien, & celle d'un cerveau Cartesien, & qu'on eût d'assez bons microscopes, pour pouvoir découvrir ces vestiges qui sont infiniment délicats, on verroit une prodigieuse difference entre ces deux cerveaux. Je ne doutois point de cette verité, mais j'avois crû, que cette dépendance de l'ame ne duroit qu'autant qu'elle étoit dans son corps, & qu'en étant une fois separée, elle n'avoit plus aucun rapport avec lui : mais j'experimentai le contraire, & mes compagnons de voïage m'assurerent, que tandis que le corps a les organes sains

& libres, quelque éloignée que l'ame en soit, elle reçoit les mêmes impressions, que si elle étoit presente à son corps ; & que si le tabac de M. Descartes ne m'avoit pas lâché les nerfs qui servent au sentiment, j'aurois vû même étant au Monde de M. Descartes, tout ce qui se seroit passé devant les yeux de mon corps ; j'aurois entendu tous les bruits qui auroient frappé ses oreilles, & ainsi du reste.

Cet effet tout suprenant qu'il est, n'embarasse point les ames Philosophes: car si elles sont Péripateticiennes, elles l'expliquent par la sympathie qui se trouve entre le corps & l'ame d'un même individu ; & si elles sont Cartésiennes, elles l'expliquent par les loix generales de l'union du corps & de l'ame, qui fait, que Dieu à l'occasion de certains mouvemens qui se font dans le corps, produit dans l'ame certaines pensées ou perceptions ; & disent, qu'une de ces loix est, que tandis que les organes du corps sont en état de servir, l'ame en quelque part qu'elle soit, reçoive les impressions des objets qui les remuënt, n'étant pas plus difficile à Dieu de faire sentir cette impression à l'ame, lorsqu'elle est éloignée du corps, que lorsqu'elle y est presente, la proximité des lieux ne faisant rien à l'affaire; parce que selon eux, le mouvement des organes n'est pas la vraie cause qui produise ces sensations, mais seulement la cause occasionnelle, c'est-à-dire qui donne occasion à Dieu de les produire dans l'ame.

Mon vieillard donc me confessa en retournant, le tour qu'il m'avoit joüé de concert avec le P. Mersenne. Ils avoient donné ordre avant que de partir, au petit Négre qui demeura à la garde de mon corps, qu'à une telle heure à laquelle ils prevoioient bien, que nous serions arrivez au Monde de Descartes, il eût soin de déterminer le cours des esprits animaux dans mon cerveau, de telle sorte qu'ils ne passassent plus par les traces où ils avoient coûtume d'exciter dans mon esprit des idées Peripateticiennes, mais qu'ils les fît couler de la maniere qu'il étoit nécessaire, & qu'on lui avoit apprise, pour y faire naître des idées Cartésiennes. Ce qu'il executa si bien, que soit en vertu de la sympathie, soit en vertu des loix génerales de l'union du corps & de l'ame, mes idées se trouverent tout d'un coup toutes changées; & moi, qui un moment auparavant ne voiois rien dans cette espece immense où j'étois, je commençai à y voir de la matiere, & à être persuadé que l'espace, l'étenduë, & la matiére, ne sont que la même chose. Aprés quoi, dés que M. Descartes nous ordonnoit de penser, que tels ou tels mouvemens se faisoient dans la matiere, je les y voiois plus clairement que les plus éclairez Cartesiens ne voient les parties canelées de la matiere, tournées en façon de petites vis par l'effort qu'elles ont fait pour passer entre les boules du second Elément, composer un petit Tourbillon autour d'un Aimant, & causer tous les admirables rapports, que cette pierre a avec les poles de la Terre, & avec le Fer.

Il est manifeste, qu'une revolution générale d'idées pareilles à celle-là ne se peut faire dans l'ame, qu'elle ne cause une émotion extraordinaire dans sa substance, de même, qu'une grande revolution d'humeurs ne se fait jamais dans le corps, sans que le temperament en soit alteré. Je fus donc infiniment surpris d'un changement si prodigieux, dont je n'avois garde de deviner la cause; & je ne manquai pas de l'attribuer aussi-tôt à quelque secret de la Philosophie de M. Descartes, qui revint incontinent à moi, & me dit d'un air plus ouvert encore que celui dont il m'avoit reçû d'abord : Hé bien, ne voulez-vous pas que nous commençions à travailler à nôtre Monde ? Je vous vois maintenant capable, & digne de gouter ce plaisir. Monsieur, lui dis-je, je ne sçai où j'en suis, ni ce que je dois penser de moi : mais rien ne me dispose plus à vous croire capable de devenir le créateur d'un Monde, que cette puissance que je vois que vous avez sur les esprits. Oüi, Monsieur, j'en demeure d'accord, l'espace, l'étenduë, & la matiere, ne sont que la même chose. Je vois clairement qu'il y a dans cet espace de quoi faire un nouveau Monde ; & si vous venez à bout d'un si grand & si admirable ouvrage, je renonce dés maintenant à mon corps, pour demeurer avec vous jusqu'à la fin du Monde, rien ne me semblant preferable à l'avantage de vivre avec l'ame la plus éclairée, & la plus puissante qui soit jamais sortie des mains de Dieu.

Cela n'est pas à propos, reprit M. Descartes ; il faut attendre les ordres du Souverain Etre, pour vous separer entiérement de vôtre corps ; mais cela n'est pas non plus necessaire, pour avoir la satisfaction que vous souhaitez. En moins de deux heures, je vous fais un Monde, où il y aura un Soleil, une Terre, des Planetes, des Cometes, & tout ce que vous voiez dans le vôtre de plus admirable ; & comme ce Monde que je vais vous faire n'est pas à demeure, mais seulement un essai d'un autre beaucoup plus grand & plus parfait, que je pretends bâtir à loisir, j'en interromperai aisément les mouvemens, pour vous faire voir en peu de tems les différens changemens, qui ne se font dans les parties du grand Monde, que par la suite des années.

Commençons dés maintenant, dit-il, mais suivez-moi exactement dans les Principes, que je vais poser, & dans toutes les réflexions, que je vous ferai faire ; sûr tout ne m'interrompez pas. Aprés ce peu de paroles, M. Descartes se disposa à l'execution de son projet. Ce fut par l'exposition, ou plûtôt par la supposition des plus importans de ses Principes, qu'il jugea à propos de nous préparer à l'execution de ce chef d'œuvre.

Pensez en premier lieu, nous dit-il, que tout ce vaste espace est de la matiere : car cet espace est étendu & le néant ne le peut être. Cet espace est donc une substance étenduë, c'est-à-dire de la matiére. Quiconque peut douter de cette verité, est capable de douter si une montagne ne peut point être sans vallée. Pensez en second lieu, qu'il y a dans la nature deux loix inviolables. La premiere est, que quelque corps que ce soit, étant mis une fois dans un certain état, il y demeure toûjours, & ne le changera jamais, que quelque cause extérieure ne le lui fasse changer : s'il est en repos, il demeurera éternellement en repos : s'il est en mouvement, il demeurera éternellement en mouvement : s'il est de figure quarrée, il conservera toûjours sa figure quarrée.

La seconde, c'est qu'un corps de soi-même ne continuë jamais son mouvement qu'en ligne droite, quoique la rencontre des autres corps l'oblige souvent à se détourner ; & c'est de là, que suit un principe incontestable confirmé par une infinité d'expériences ; sçavoir, qu'un corps qui est remué en rond, fait toûjours effort pour s'eloigner du centre de son mouvement, & que si par hazard il se dégage du corps, ou des autres corps qui l'obligeoient à se remuer en rond, il ne manque jamais de s'échaper par la Tangente du cercle, qu'il décrivoit dans son mouvement.

Ces Principes sont des sources fécondes d'une infinité de belles veritez, qui composent la veritable Philosophie, & les seules regles que je veux, & que je dois suivre dans la production du Monde, que je vais faire devant vous.

Aprés ce petit discours, je fus extremement édifié de voir M. Descartes se mettre en prieres, & faire un humble hommage à Dieu de toutes les lumiéres dont son esprit se trouvoit rempli.

La ligne A. G. est la tangente, que décriroit la pierre, si elle s'échapoit de la fronde au point A.

Souverain Etre, dit-il, vous m'êtes témoin, que jamais mortel ne reconnut avec plus de respect & de soumission que moi, le domaine absolu, que vous avez sur toutes vos créatures. Tandis que j'ai vécu parmi les hommes, je me suis appliqué à les convaincre de la dependance entiére, qu'ils ont de vous, j'en ai persuadé plusieurs de cette importante verité: que vous êtes le seul Etre qui puissiez produire quelque chose dans le Monde; que c'est un orgüeil punissable dans les hommes de croire, qu'ils soient capables de causer le moindre mouvement dans la matiére, & que celui-même que leur ame s'imagine imprimer au corps qu'elle anime, est uniquement l'effet de vôtre toute-puissance, qui pour s'accommoder aux loix que vôtre sagesse s'est imposée elle-même, remuë les membres de ce corps avec tant de justesse & de promptitude à l'occasion des désirs & des volontez de l'ame, qu'elle se persuade, que c'est elle-même qui le remuë, quoi qu'elle demeure en même tems d'accord, qu'elle ignore la maniere dont il lui faut se servir pour le remuer. Ce sont les vives lumiéres, dont vous m'avez éclairé, qui m'ont délivré de cette illusion si commune, & qui m'ont découvert le chemin & la méthode, que je devois tenir dans l'étude, & dans la contemplation de vos admirables ouvrages. Si j'entreprens maintenant de travailler sur cette matiére immense, que vôtre bonté infinie semble avoir abandonnée à ma disposition ; & si j'ai pris la liberté de promettre à mes disciples la production d'un monde semblable à celui que vous avez fait, ce n'est que dépendemment de vôtre pouvoir, sûr lequel seul j'ai compté. Oüi, Seigneur, je ne contribuerai à cet ouvrage, que par les désirs de ma volonté, que vous aurez la bonté de suivre en imprimant le mouvement, qu'elle souhaitera être produit dans la matiére, & en donnant à ce mouvement les déterminations necessaires pour la fin, que je prétends : la raison & l'expérience m'aiant appris, que par une des lôix generales, selon lesquelles vous agissez au déhors de vous-même, tout esprit pur tel que je suis, a droit à beaucoup plus de mouvement qu'il n'en faut, pour remüer la matiére d'un Monde. Manifestez donc ici, Seigneur, vôtre puissance en faveur d'une créature spirituelle, qui vous fait cet humble aveu de sa foiblesse, & donnez-nous encore cette occasion de vous glorifier.

Ayant achevé cette priere, M. Descartes désigna un espace en rond d'environ cinq cens lieuës de diametre, pour faire en petit un essai de son monde, & nous parla de cette maniére. Je ne vous représenterai maintenant que le Tourbillon solaire de vôtre Monde, avec ce qu'il contient, c'est-à-dire le Soleil, la Terre, les Planétes, les Elémens, la disposition de ces principales parties du Monde, & les différens rapports qu'elles ont entr'elles. Si dans peu d'années, vous me faites l'honneur de me venir revoir, vous trouverez tout le grand Monde achevé.

La premiere chose, que je vais faire, c'est de diviser en parties à peu prés égales toute cette matiére renfermée dans l'espace que j'ai désigné. Toutes ces parties seront tres petites : mais elles le deviendront encore davantage dans la suite. Elles ne seront pas toutes de figure ronde, parce que si elles avoient toutes cette figure, il y auroit necessairement du vuide entre elles : or le vuide est impossible : elles seront donc de toutes sortes de figures, & pour la plûpart angulaires.

En second lieu, comme l'union des

parties de la matière ne consiste qu'en ce qu'elles sont toutes en repos les unes auprès des autres, cette division, que je prétens faire, ne se fera que dans l'instant, que je les agiterai en divers sens, & que je les pousserai vers divers côtez.

En troisième lieu, comme la fluidité de la matière n'est autre chose, que le mouvement de ses plus petites parties agitées en divers sens ; dés là que je la diviserai, & que je l'agiterai de la sorte, je la rendrai fluide, toute dure qu'elle est maintenant.

De plus, cet espace de cinq cens lieuës en rond, que j'ai distingué, pour faire mon petit Monde, étant devenu fluide, je pretens le diviser en vingt parties, ou en vingt Tourbillons, qui seront composez chacun d'une infinité de petites parties insensibles de matière.

Pour comprendre ce que j'entends par ce mot de Tourbillon, imaginez-vous un espace de matière en rond, ou en ovale, que je divise en mille, ou dix mille petites parties ; que ces petites parties font autant de piroüettes, que je fais tourner chacun autour de leur essieu, ou de leur centre ; & que je fais tourner aussi en même tems autour du

DE DESCARTES. III. PART. 301

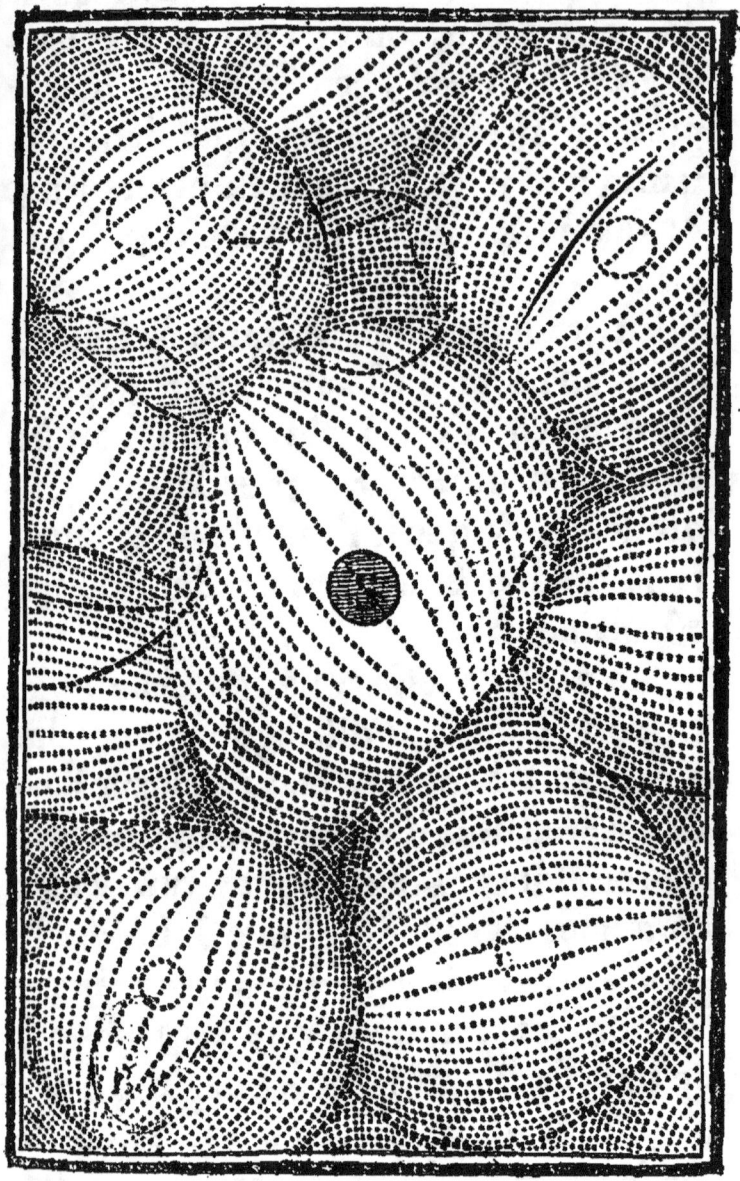

centre de cet espace rond ou ovale; c'est là ce que j'appelle un Tourbillon.

Il faut enfin que vous conceviez chaque Tourbillon, comme une espece de

S. Tourbillon du Soleil.

ciel, au centre duquel, se fera un astre ou étoile fixe. Ainsi faisant d'abord vingt Tourbillons dans l'espace, que je me suis prescrit, je ferai vingt étoiles fixes : mais de ces vingt étoiles fixes vous serez surpris, & vous aurez le plaisir de voir, qu'il n'en demeurera qu'une seule, qui vous representera vôtre Soleil : que toutes les autres deviendront partie Planétes, partie Cométes ; & que de ces vingt Tourbillons, il n'en restera aussi qu'un grand qui sera celui du Soleil, où il s'en formera encore deux petits nouveaux qui nous representeront le Tourbillon de vôtre Terre, & celui de Jupiter. Cela suffit, me dit-il, Monsieur, en m'adressant la parole en particulier, pour vous disposer à comprendre l'ouvrage, que je vais faire. Pour le reste des principes, & des conclusions, que vous avez vûës dans ma Physique, je vous les developerai plus commodement dans l'execution même, à mesure que l'occasion s'en presentera.

En même tems M. Déscartes, le P. Mersenne, & mon vieillard se partagerent en trois differens endroits de l'espace, & commencerent à agiter la matiere avec une promptitude prodigieuse,

Les vingt Tourbillons se firent en un instant, aiant chacun leur mouvement en rond sur leur essieu, & déterminé de divers côtez, & étant tellement disposez, que les poles d'un Tourbillon se terminoient à l'écliptique d'un autre. C'est le nom, que Monsieur Descartes donne au cercle du Tourbillon le plus éloigné de ses poles.

Part. 3. Princip.

Comme la plûpart des parties de chaque Tourbillon furent d'abord angulaires, & qu'elles se remuoient autour de leur centre, il se fit un grand fracas par la fraction des angles, qui suivoit nécessairement de l'effort, que chaque partie faisoit pour se mouvoir autour de son centre. Et ce fut la première reflexion, que me fit faire M. Descartes, pour m'expliquer l'origine & la production des trois Elemens, qu'il distingue dans sa Physique. Voïez-vous, me dit-il, comme de l'agitation de la matiére naissent nécessairement les Elémens, qui ont si fort scandalisé les Philosophes de vôtre Monde. Pour faire d'un cube, ou de quelqu'autre corps angulaire que ce soit, un corps rond, que faut-il autre chose, sinon lui ôter ses angles, & les inegalitez qui se rencontrent dans sa surface ? Et n'est ce pas ce qui se fait

Part. 3. n. 52.

dans le mouvement que j'ai imprimé à toutes ces petites parties autour de leur centre ? Peuvent-elles tourner de la sorte, sans qu'elles s'écornent mutuellement ? & ce frottement continuel des unes contre les autres, ne doit-il pas achever de les polir avec plus de justesse, que si elles avoient été travaillées au tour? Ces petites boules ainsi formées composent cette espece de matiere, que j'appelle mon second Element.

Mais dans le tems que ces angles se brisent, vous voyez, (& il est impossible que cela n'arrive pas,) qu'il se fait une infinité de petite poussiere beaucoup plus petite que les boules du second Element ; & c'est cette petite poussiere, que j'appelle la matiere du premier Element. Enfin parmi ces parties du premier Element, toutes petites qu'elles sont, il y en a quelques-unes de moins petites que les autres ; & comme elles ne sont que la raclure des boules du second Element, elles ont des figures fort irregulieres, & beaucoup d'angles : ce qui fait, qu'elles s'embarassent ensemble, & fond des masses branchuës & grossieres, que j'appelle la matiere du troisieme Element ; & voilà mes trois Elemens, ausquels, comme vous voiez, j'ai eu sujet de défier, qu'on trouvât rien à redire.

M. Descartes fut ensuite quelques momens sans me parler, étant fortement appliqué à la conduite de son ouvrage, & à regler juste les premiers mouvemens de ses Tourbillons. Cependant les petites parties de la matiere de chaque Tourbillon, à force de tourner sur leur centre, & de se frotter les unes contre les autres, se polissoient peu à peu ; & à mesure, qu'elles devenoient Globes parfaits, elle perdoient de leur masse, & diminuoient en grosseur. Ce fut dés lors, que je commençai à voir les suites des régles du mouvement, que M. Descartes avoit supposées d'abord. Car comme ces petites boules occupoient moins de place qu'auparavant, qu'elles étoient toûjours remuées en rond, & que leur figure les rendoit fort propres au mouvement, je les vis incontinent s'éloigner du centre du Tourbillon, & gagner la circonference : obligeant par cet effort la matiere du premier Element, qui étoit dispersée par tout le Tourbillon à revenir au centre ; & à y faire une masse de poussiere extrémement fine, qui estoit toûjours agitée en rond, & qui faisoit effort pour gagner la circonference, d'où les boules du second Element l'avoient chassée ; mais en vain, parce que la figure des parties du second Element les maintenoit dans leur propre avantage ; & tout ce que pouvoit faire la matiere du premier, étoit de se glisser dans le besoin entre les intervalles, que les boules de la circonference du Tourbillon laissoient quelquefois entre elles.

Le plaisir que M. Descartes remarqua, que je prenois à ce petit jeu, & la facilité que j'avois à voir, ou à penser tout ce qu'il m'ordonnoit, le satisfit fort, & l'engagea à m'expliquer un des plus curieux mysteres de sa Philosophie.

Je voudrois, me dit-il, que vous eussiez ici vôtre corps ; vous joüiriez avec plus de plaisir de ces suites admirables des Principes que j'ai posez. Vous ne voiez dans le centre des Tourbillons, que des amas de poussiere, ou de matiere subtile du premier Element : mais si vous aviez un corps & des organes, capable des impressions de cet amas de poussiere, vous y verriez autant de Soleils. Oüi, Monsieur, continua-t'il, ce Soleil, dont vous avez tant de fois admiré la splendeur & la beauté dans vôre Monde, n'est point en effet autre chose, qu'un amas de cette poussiere, mais de cette poussiere remuée de la maniere, que je l'explique dans ma Philosophie, & que vous le voiez maintenant.

Pour vous faire entendre ce point, je n'ai qu'à supposer une chose, que vous n'êtes pas d'humeur à me nier ; & que dans un besoin je vous montrerois dans Aristote même ; c'est que la vision ne se fait que par l'ebranlement des filets, dont le nerf optique est tissu, & c'est à cause de cet ébranlement, que, quand l'on tombe rudement sur la tête, ou que marchant la nuit, on se la choque contre quelque muraille, on voit tout d'un coup de la lumiere, & comme des chandelles allumées. La peine des Physiciens est d'expliquer la maniere dont se fait cet ébranlement qui nous fait appercevoir tous les objets lumineux ou éclairez. Quelque systême qu'ils fassent, ils y trouvent des difficultez insurmontables : mais au fond, & dans la verité, voici comme cela se fait.

Voiez-vous cette matiere du premier Element, elle tourne en rond, & par consequent elle fait effort pour s'éloigner du centre du Tourbillon où elle est;

VOYAGE DU MONDE

en faisant cet effort, pour s'éloigner du centre du Tourbillon, elle pousse à la ronde la matiere du second Element, qui en occupe la circonference, & elle la pousse vers tous les côtez imaginables, parce qu'il n'y a nul point du cercle, que la matiere du premier Element décrit en tournant, où elle ne fasse effort pour s'éloigner du centre, & où par consequent elle ne pousse les boules du second. Pensez donc, que vous êtes avec vôtre corps dans quelque endroit de la circonference de ce Tourbillon, & que vous avez les yeux tournez vers le centre. Il y a quantité de lignes de matiere du second

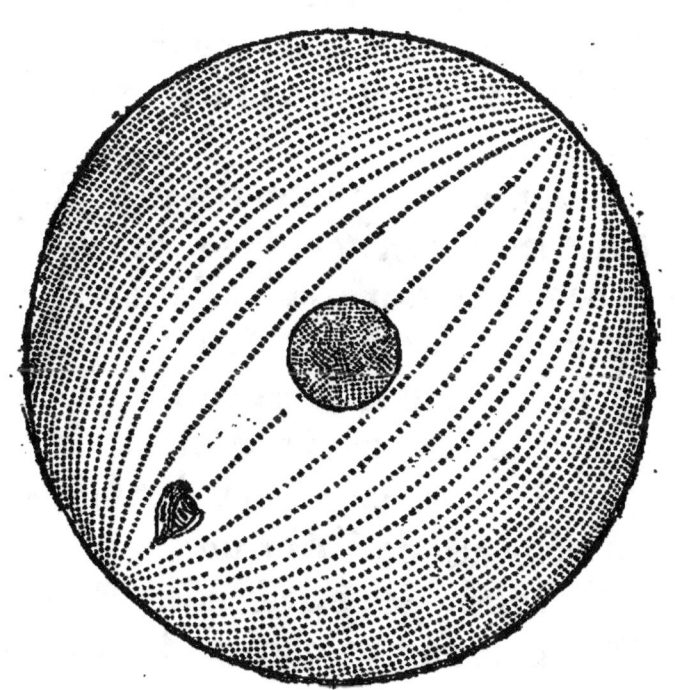

Elément, qui se terminent au fond de vôtre œil. Qu'arrive-t'il ? Ces lignes sont poussées vers la circonference, & conséquemment contre le fond de vôtre œil par la matiere subtile, qui est dans le centre, & qui fait effort pour s'en éloigner. Etant ainsi poussée, elle presse le fond de vôtre œil : le pressant de la sorte, elle ébranle les filets du nerf optique, d'où s'ensuit la perception par laquelle nous appercevons de la lumiere; & c'est-là un des plus beaux endroits de ma Physique, où je pretens, que la nature de la lumiere consiste dans cet effort, que fait la matiere subtile, pour s'éloigner du centre du Tourbillon, d'où suit cette pression, qui cause la plus délicate & la plus admirable de nos sensations.

Il continua ensuite de m'expliquer toutes les propriétez de la lumiere, & les démonstrations qu'il a données, touchant la reflexion & la réfraction des raïons. Il s'étendit fort au long sur cette matiere ; car cette endroit de sa Philosophie, avec celui, où il explique les Phénomenes de l'Aimant, est son endroit favori. Je ne descends pas dans le détail de toutes ces choses, de peur d'en nuier mes Lecteurs, & d'en épouventer même quelques-uns, à qui des lignes coupées les unes par les autres, des A, des B, des C, font peur, & dont la seule vûë suffit pour les obliger à fermer le livre, & pour ne l'ouvrir jamais. C'est pourquoi je ne m'en servirai que le moins que je pourrai.

Mais il n'avoit garde d'oublier à me faire remarquer ces petites parties canelées, dont il fait un si grand usage, ni la maniere dont elles se font. Entre les parties du premier Element qui se forment des raclures du second, il y en a quelques unes, qui à cause de leur figure irréguliere, n'ont pas tant de mouvement. Celles de cet espece s'accrochent aisément ensemble, & forment de petites masses plus grosses que les autres parties du premier Elément; & comme elles sont souvent obligées de passer en tournoïant entre trois boules du second Element, elles s'accommodent à ce passage, & se trouvent en sortant, avoir la figure de vis, ou de petites colonnes canelées à trois raïs, ou canelures, & tournées comme la coquille d'un limaçon. Elles se trouvent principalement vers les poles du Tourbillon, aïant leur détermination vers le centre. Or comme les unes entrent par le pole Auſtral, & les autres par le pole Septentrional, pendant que le Tourbillon tourne en même temps ſur ſon eſſieu, il eſt manifeſte à tout Carteſien, que celles qui viennent du pole Auſtral doivent être tournées en coquille d'un autre ſens, que celles qui viennent du Septentrional. Particularité, que M. Deſcartes me fit fort remarquer: car c'eſt principalement d'elle que dépend la force & la vertu de l'Aimant. Mais vous ne ſerez pas long-tems, me dit-il, ſans voir quelque effet particulier de ces petites parties canelées.

Nunc. 94.

Prenez garde à ce qui ſe paſſe dans l'Aſtre, qui eſt le plus proche de vous. Voyez comme quelques unes de ces parties canelées, qui viennent par les poles de ſon Tourbillon ſe trouvant mêlées avec la matiere de cet Aſtre, & ne pouvant pas en ſuivre le mouvement, elles ſont rejettées hors de l'Aſtre; de même que les parties de l'écume d'une liqueur qui boût, ſont ſéparées des autres, & viennent au deſſus de la liqueur. Voiez comme elles s'attachent les unes aux autres, & comme par cette union, elles perdent la forme du prémier Element, & prennent celle du troiſiéme. Quand elles y ſeront aſſemblées en grande quantité, il eſt manifeſte, qu'elles y empêcheront l'action du premier Element, par laquelle il pousse les boules du second à la circonference, & par conséquent qu'elles rompront l'effort dans lequel consiste la lumiere. Et voilà justement ce que c'est que ces taches, que vous avez vûës quelquefois sur le disque du Soleil de vôtre Monde. Ce n'étoit point autre chose, que cet amas de parties du troisiéme Element, qui s'étoient répanduës sur sa surface.

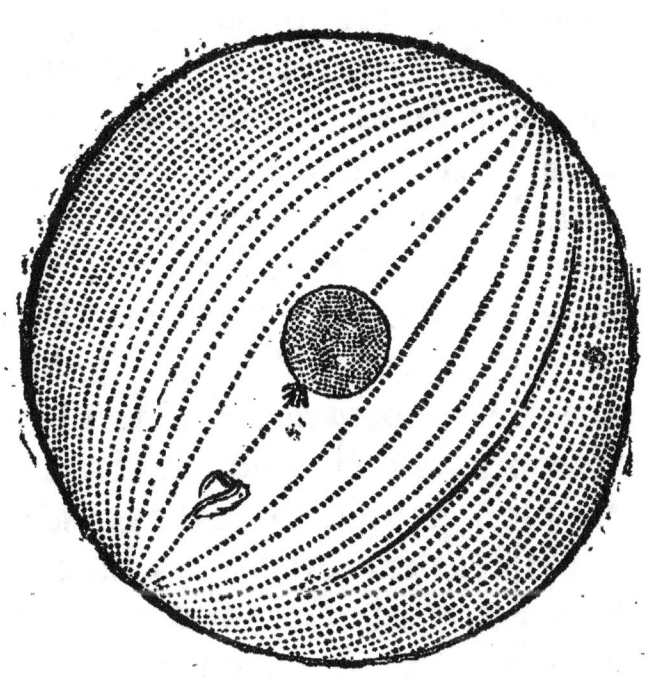

Au reste le débris de ces taches, qui se forment continuellement, mais qui se détruisent aussi aisément qu'elles se forment,

forment, se répandant fort loin dans toute la circonference du Tourbillon, y composera un corps fort mince, semblable à l'air, qui est autour de vôtre Terre, du moins au plus pur; & j'ai remarqué autrefois, que celui du Tourbillon de vôtre Soleil s'étend pour le moins jusqu'à la Sphére de Mercure.

Pendant que M. Descartes me révéloit ainsi tous ses mystéres, le P. Mersenne, & mon vieillard se divertissoient à courir de Tourbillon en Tourbillon, & ne faisoient pas fort bonne compagnie aux Députez de l'Aristote, qui étoient fort embarassez de leur contenance; qui tantôt se joignoient à eux, tantôt revenoient à nous, ne comprenant rien dans tout ce galimatias de Tourbillons, de prémier, de second, de troisiéme Element, de parties rameuses, & autres semblables termes: car n'aiant que des idées Péripatéticiennes, ils ne voioient rien du tout de ce que nous voions dans ce grand espace; & ils étoient fort surpris de nous entendre entretenir sérieusement de toutes ces fadaises, & de toutes ces chiméres: car c'est ainsi, qu'ils concevoient tout ce que nous disions, jusqu'à croire, qu'on se mocquoit d'eux; & ils se seroient sans doute fâchez, si M. Descartes ne leur eût fait entendre, que les esprits séparez ne concevoient les choses que par rapport à certaines idées principales, dont ils avoient d'abord été imbus; & que comme il ne voioient point de matiere dans l'espace, où nous en voyons tres distinctement, aussi lui-même n'avoit jamais pû voir de Formes Substantielles dans les corps, ni d'accidens absolus, ni d'especes intentionnelles, dont cependant les Péripateticiens parloient comme de choses, qu'ils voioient intuitivement.

Sur ces entrefaites, le vieillard avertit M. Descartes, que dans l'endroit où il se trouvoit, il y avoit trois ou quatre Tourbillons, qui commençoient à se confondre; & que s'il n'y rémedioit au plûtôt, il n'en falloit pas davantage pour déconcerter tout son monde.

C'est un bon homme que nôtre vieillard, me dit M. Descartes; ce qui lui fait peur pour mon Monde, est un des plus beaux Phénomenes, qu'on puisse voir; & par lequel je vous ferai comprendre comment les Cométes se font dans le vôtre, & comment une étoile fixe peut devenir avec le temps une Planéte; allons le tirer de peine.

En effet nous trouvâmes en arrivant,

que c'étoit deux étoiles, dont la surface étoit déja presque toute couverte de taches, & dont les Tourbillons commençoient à être emportez ou absorbez par ceux d'alentour. Si vous avez lû mon livre des Principes, & mon traité de la Lumiere, me dit alors M. Descartes, vous devinerez bien à quoi doit aboutir ce petit désordre; & je m'étonne, dit-il au vieillard, que cela vous ait fait peur. Souvenez-vous donc, que j'y enseigne que ce qui conserve un Tourbillon au milieu de plusieurs autres; c'est l'effort, que fait la matiere de l'Astre, pour s'éloigner du centre vers la circonference; à cause que l'Astre par cet effort poussant & soûtenant la matiere de son Tourbillon, il empêche que les autres Tourbillons ne passent leurs bornes, & se conserve ainsi toûjours l'espace de son ciel. Car il faut considerer tous ces Tourbillons comme autant d'ennemis, qui se disputent le terrain, & qui tandis que leurs forces sont égales, ne gagnent rien les uns sur les autres: mais si la force de quelqu'un d'eux s'affoiblit, alors il devient la proïe de tous les autres, qui s'emparent chacun d'une partie de son espace, & le lui ôtent enfin tout entier. Or dés là qu'un Astre commence à se couvrir de taches

Num. 161.

& de croûtes par l'amas des parties du troisième Elément, il cesse de pousser avec autant de force qu'auparavant la matière de son Tourbillon vers la circonférence; & alors les autres qui l'entourent, & dont la matière tend à s'éloigner de leur centre autant qu'elle peut, ne rencontrant plus tant de résistance, s'étendent au large, & obligent la matière de ce Tourbillon foible, à prendre le cours de la leur, & gagnent peu à peu, chacun de son côté. De sorte qu'après quelques momens vous verrez ces Tourbillons augmenter leur circonférence aux dépens de ce pauvre Tourbillon, jusqu'à ce qu'enfin ils arrivent à l'Astre, qui deviendra leur jouet: c'est-à-dire, qu'il descendra vers le centre de quelqu'un de ces Tourbillons, pour y avoir la qualité de Planète, & tourner avec ce Tourbillon à l'entour de l'Astre vainqueur ; ou qu'il sera obligé par le mouvement qui lui sera imprimé, de sauter de Tourbillon en Tourbillon, & d'errer long-temps de la sorte en qualité de Comète, jusqu'à ce que ces croûtes se cassent : car peut-estre qu'alors il reprendra sa qualité d'Astre, & qu'il aura sa revange sur quelqu'autre à qui il ôtera son Tourbillon pour se l'approprier.

Nous attendîmes donc quelques momens, & nous vîmes arriver ce que M. Descartes avoit prédit. Tout le Tourbillon étant absorbé, la matiere d'un des Tourbillons voisins entoura l'Astre encroûté, & lui imprima un grand mouvement, l'emportant d'abord avec elle. Mais comme cet Astre, à cause de sa solidité, qui consistoit, tant en ce que sa figure étoit tres propre au mouvement, qu'en ce que les parties du troisiéme Elément dont il étoit couvert, étoient fort pressées les unes contre les autres, & laissoient fort peu de pores dans sa surface; comme cet Astre, dis-je, à cause de sa solidité étoit capable d'une plus grande agitation, que la masse de la matiere celeste, qui l'entourroit, & qui l'emportoit; il fut peu à peu mis dans un grand mouvement, & gagna à moins de rien en tournant, l'extrémité de la circonference du Tourbillon, & en sortit avec grande violence, continuant son mouvement par la tangente du cercle, qu'il avoit commencé à décrire, & passa ainsi dans un autre Tourbillon, & de celui-ci dans un autre, sans que j'aie sçu ce qu'il devint. Car M. Descartes interrompit l'attention que j'avois à le suivre, pour me faire entendre, que ce que je

Part. 3. Princip. n. 112.

venois de voir arriver maintenant, étoit arrivé tres souvent, & arriveroit encore de tems en tems dans nôtre grand Monde; & que ce qu'on y appelle des Cométes, ce n'est point autre chose que des Astres, qui ont perdu leur Tourbillon & leur lumiere par cet encroûtement, qui passent ensuite de Tourbillon en Tourbillon; & qui se font voir à nous dans le tems qu'ils traversent nôtre Tourbillon solaire; & que l'on cesse de voir, quand ils sont passez dans un autre.

DE DESCARTES. III. PART. 319.

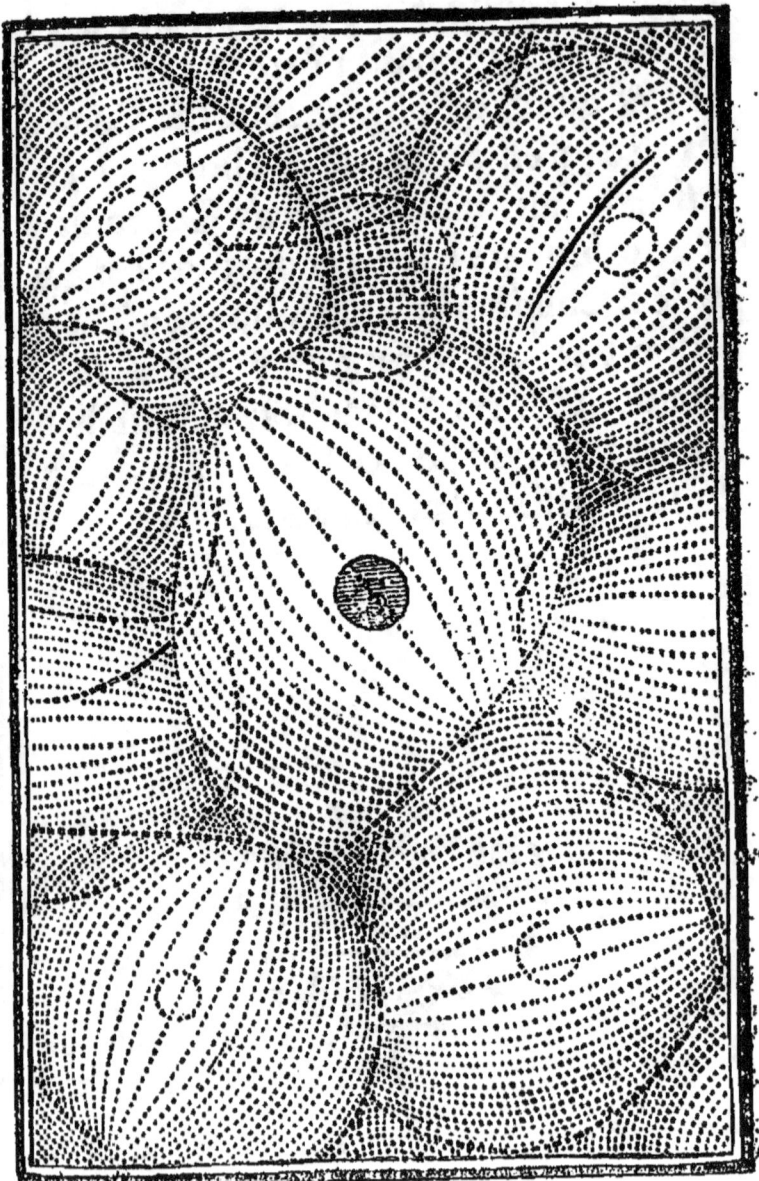

Incontinent aprés la destruction du Tourbillon, dont je viens de parler, sept autres eurent encore le même sort, & il se fit sept nouvelles Cométes, ensuite de quoi M. Descartes nous dit : Il est à

O iiij

propos, pour vous faire mieux comprendre les effets qui vont bientôt suivre, que nous donnions des noms aux principaux Astres, qui nous restent. Nous en avons encore douze ; mais ne nous mettons en peine que de huit. Celui-ci donc, continua-t-il en nous montrant le plus grand de tous, & qui avoit le plus grand Tourbillon, s'appellera le Soleil : cet autre s'appellera Saturne : celui qui est auprés à gauche, se nommera Jupiter : celui qui est à droite, aura le nom de Mars : cet autre, nous le nommerons la Terre : celui qui en est le plus proche s'appellera la Lune : ces deux petits, nous les appellerons, celui-ci Venus, & l'autre Mercure. Je donnerai aussi incontinent le nom aux quatre autres.

Aprés avoir consideré quelque tems l'admirable disposition de tous ces Tourbillons, qui malgré leur fluidité ne s'étoient point encore confondus, chose qui ne se peut croire à moins qu'on ne la voie, & qui ne se peut comprendre, que par un esprit Cartesien : car nul Philosophe jusqu'à present, n'a pu concevoir comment cela étoit possible ; nous vîmes Mercure & Venus commencer à se couvrir de taches, & aussitôt le Tourbillon du Soleil avec les autres Tourbillons voisins faire de grands progrés sur ces deux Astres : jusqu'a ce qu'enfin leur Ciel, ou leur Tourbillon ayant été entierement absorbé, ils descendirent dans celui du Soleil assez prés du centre, & commencerent à tourner autour de lui, emportez par la matiere de son Tourbillon. La même chose arriva peu de temps aprés à quatre petits Astres, dont les Tourbillons confinoient celui de Jupiter, où ils furent obligez de descendre, & d'y avoir la même fortune, que Venus & Mercure dans celui du Soleil. M. Descartes les appella les quatre Satellites de Jupiter, parce qu'ils nous representent les quatre planetes qui tournent autour de Jupiter, dans nôtre Monde. Enfin la Terre se rendit pareillement la maîtresse de la Lune, & l'obligea de tourner à l'entour d'elle avec la qualité de sa Planéte: car c'est le nom que l'on donne à ces Astres dégradez, à cause de l'unique fonction qui leur reste, qui est d'errer dans le Zodiàque, & de tourner éternellement autour de ceux qui les ont dépoüillez de leur Tourbillon.

Ce qui cause la difference de leur état d'avec celui des Cométes, n'est point autre chose, que la diversité, qui se trouve entre leur solidité & celle des Cometes: car comme elles en ont moins que les Cometes, en entrant dans le Tourbillon qui les reçoit, elle ne prennent pas en tournant un mouvement assez fort & assez violent, pour être jettées hors du Tourbillon, mais elles suivent le courant de la matiere celeste, où elles sont plongées. Pareillement, l'inegalité de solidité qui se rencontre entre plusieurs Planetes emportées dans un même Tourbillon, fait que les unes demeurent plus éloignées du centre, ou de l'Astre, & que les autres s'en approchent davantage. Car une Planete descend vers le centre, tandis que la matiere celeste qui se trouve au dessous d'elle, a plus de force qu'elle, pour s'eloigner de ce centre; l'un suivant necessairement de l'autre, selon les loix du mouvement. Ainsi parce que Mercure étoit moins solide que Venus, il s'approcha plus prés du Soleil que Venus; & la matiere celeste qui est au dessus de lui, l'obligea à descendre de la sorte, parce qu'elle avoit plus de force que lui pour s'éloigner du centre; & elle n'obligea pas Venus à en faire autant, parce qu'elle se trouva en équilibre avec Venus, qui par sa solidité, n'a ni plus ni moins de force qu'elle pour s'éloigner du centre de son mouvement. Mais comme il arrive quelquefois dans nôtre Monde, que de petits Souverains se faisant la guerre les uns aux autres, après qu'ils se sont battus quelque temps & que les vainqueurs, aussi bien que les vaincus se sont épuisez d'hommes & d'argent, un ennemi commun & puissant vient fondre sur eux, & s'empare de tous leurs Etats, ainsi il se fit une revolution subite dans le Monde de M. Descartes, qui reduisit Jupiter & la Terre au même état, qu'ils avoient reduit les autres Astres, dont ils avoient détruit les Tourbillons : l'un & l'autre aussi bien que Mars & Saturne, devinrent Planetes; & le Soleil seul & unique vainqueur étendit son Tourbillon dans toute l'espace, que tous les autres avoient occupé d'abord, & les contraignit tous de tourner au-tour de lui.

324 VOIAGE DU MONDE
Tourbillon du Soleil où tournent toutes les planetes autour de cet Astre.

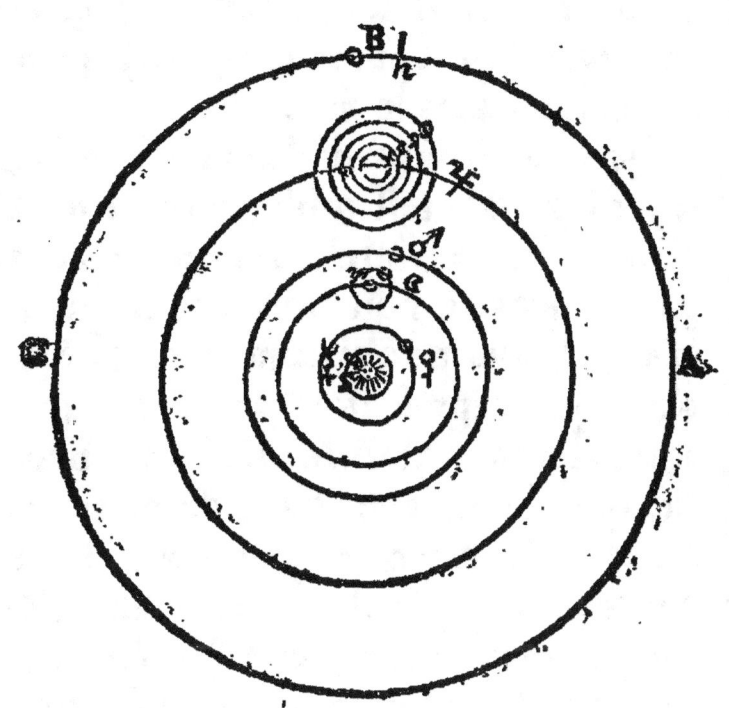

M. Descartes nous fit comprendre comment cela se faisoit, par l'exemple de certains tournans, que l'on voit quelquefois dans les Rivieres, dont un grand qui en enferme souvent plusieurs petits, represente le grand Tourbillon solaire, & dont les petits representent les Tourbillons de Jupiter & de la terre. Ces petits tournans sont emportez par le mouvement du plus grand, & tournent autour de son centre, tandis qu'eux-mêmes font tourner autour du leur ce qui se rencontre dans leur circonference, comme des pailles & de petits morceaux de bois : ainsi la Terre fait tourner la Lune dans son Tourbillon, & Jupiter ses Satellites dans le sien.

Aprés avoir vû tant de belles choses, & une si grande ressemblance de ce petit Monde avec le nôtre, la curiosité nous portoit encore à nous instruire en particulier, de tout ce qui concernoit la Planéte, qui representoit la Terre que nous habitons. Mais M. Descartes nous dit, que c'étoit une affaire de plusieurs heures, en cas que nous voulussions voir tout ce qui se devoit faire successivement, pour mettre cette Planéte dans l'état où est maintenant nôtre Terre; & qu'au reste nous n'y verrions rien arriver, que ce qu'il avoit marqué dans la quatriéme partie de son livre des Principes, en décrivant la formation de la Terre, telle qu'il la concevoir pour lors, ce qu'il nous exposa de la sorte. Outre cette matiere subtile, nous dit-il, dont la Terre étoit composée lorsqu'elle étoit encore Astre, laquelle matiere est demeurée dans le centre, & outre une croûte infiniment dure qui l'y tient enfermée, j'y conçevois, comme une troisiéme région faite de parties du troisiéme Element moins étroitement liées; & je divisois encore cette troisieme région en trois étages, avant que de m'imaginer la Terre dans l'état où elle est maintenant, & où je vais mettre celle-ci.

I. *Centre de la Terre plein de matiere du prémier Elément.* M. *Croute interieure où l'on n'a jamais penetré.* C. *Lieu des Metaux.* D. *L'Eau.* E. *Terre, sur laquelle nous marchons.* V. *L'Air.*

Le plus bas de ces étages étoit, selon moi, d'une matiere fort solide, & fort pesante, & c'est de là d'où je prétends, que viennent tous les Métaux. Le second que je mettois au dessus, étoit un corps liquide composé de parties du troisiéme Element, assez longues, fort fléxibles & pliantes comme des anguilles, mêlées d'une grande quantité de parties du second Element, qui n'étoit point autre chose, que ce que nous appellons l'Eau. Enfin, au dessus de tout cela je supposois comme une troisiéme voûte faite des parties les plus embarassantes & les plus branchuës du troisiéme Element, & dont les parties sensibles n'étoient que des pierres, du sable, de l'argile, & du limon, mais qui avoit des pores en quantité assez grands ; & c'est la prémiere surface de la Terre, sur une partie de laquelle les hommes marchent.

J'expliquois ensuite comment dans cette voute de terre, à force d'être batuë par la matiere des deux premiers Elemens qui entroient avec violence par ses pores, il se fit d'abord quantité de crevaces & de fentes, lesquelles s'augmentant peu à peu avec le tems, elle manqua enfin tout d'un coup, & s'écroula ; de sorte que ces ruines tomberent en partie dans l'eau qui étoit au dessous dans le second étage, & la firent monter au dessus d'elles, parce qu'elle étoit moins pesante ; & c'est cette eau qui compose les Mers. Quelques parties de cette voûte se soûtinrent, & demeurant suspenduës, comme il arrive assez souvent dans la chûte des grands bâtimens, elles ne furent point submergées, & ce sont ces parties qui font les Plaines & ces Campagnes unies de la terre. Enfin quelques morceaux en tombant se trouverent appuiez les uns contre les autres, & élevez au dessus du reste ; & c'est ce qui a fait ces inégalitez de la Terre, qu'on appellé des Montagnes.

Vous voiez donc bien, continua M. Descartes, qu'il faudroit beaucoup de tems, pour vous faire voir la suite de toutes ces choses : mais l'heure de vôtre départ approche, je vous renvoie donc à mon livre pour ce détail. Je vais maintenant abreger tous ces mouvemens, & vous faire paroître en moins de rien cette Terre semblable à la vôtre avec des Montagnes, des Vallées, des Plaines, & des Mers. Cela fut fait quasi aussi-tost que dit. Il se mit à determiner le mouvement d'une infinité de ces parties longues & fléxibles du troisiéme Element ; & les faisant agiter par les parties du second dans divers endroits, où il les avoit assemblées, nous vîmes incontinent un espece de Mer se répandre par toute cette Terre : il lui fut encore plus aisé de faire des Montagnes en rassemblant quantité de parties rameuses du troisiéme Element, qu'il accrocha les unes aux autres, & dont il fit en divers endroits de gros & grands monceaux, qui n'avoient rien de différent de nos Montagnes. Cette terre étoit fort inculte, sans arbres, sans herbes, sans fleurs : car de produire toutes ces choses qui font les plus beaux ornemens de la Terre, c'étoit une affaire qui demandoit encore trop de tems.

Cela étant fait, il emploia le reste du tems, que nous demeurâmes avec lui, à nous faire considerer principalement deux choses. Premierement la cause de la pesanteur, ou plûtôt du mouvement des corps, qu'on appelle pesans, vers le centre de la Terre ; & en second lieu, la maniere dont se fait le flux & le reflux de la Mer. Il commença par la premiere, & nous l'expliqua de la sorte.

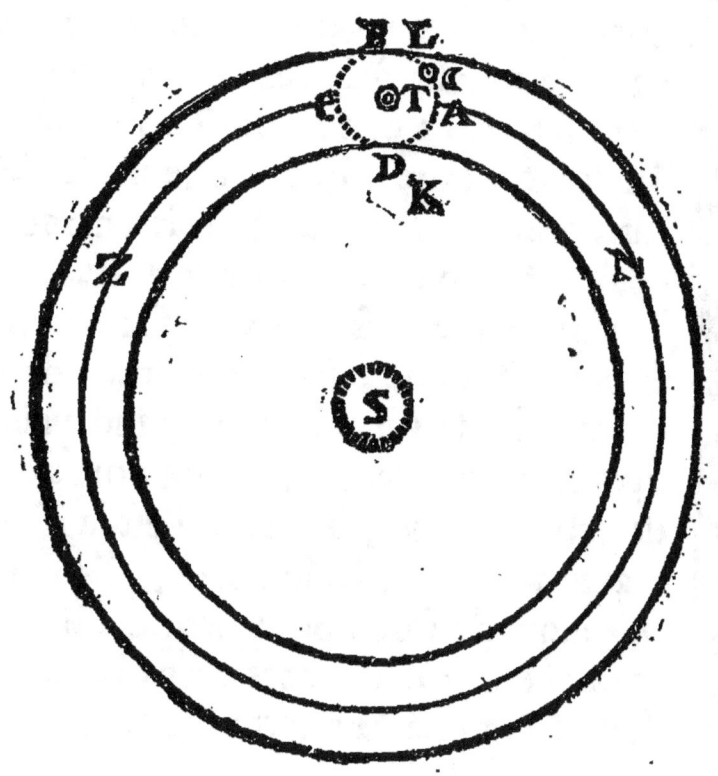

S. *Le Soleil.* T. *La Terre.* ABCD.
Le petit Tourbillon de la Terre. NACZ.
Le grand Orbe, dans lequel la Terre est emportée autour du Soleil.

Remarquez, nous dit-il, que cette Terre tourne sur son essieu dans son Tourbillon : elle n'a pas d'elle-même cette force de se mouvoir ; mais elle est emportée par le cours de la matiere céleste, qui l'environne, & qui tournant avec beaucoup plus de rapidité qu'elle, emploie ce qu'elle a de surplus, à faire divers autres mouvements de tous côtez, & sur tout à serrer & à presser les corps terrestres contre la Terre ; pression si necessaire, que si elle ne se faisoit, toute la Terre s'en iroit en morceaux, & tous les hommes & tous les animaux qui se trouvent sur la terre de vôtre Monde, seroient lancez dans l'espace fluide suivant mon grand principe du mouvement, que tout corps qui est agité en rond, ainsi que l'est la Terre avec tout ce qu'elle porte, s'éloigne du centre de son mouvement, s'il n'en est empêché par d'autres corps qui l'arrêtent, comme fait cette pression de la matiere celeste.

Et c'est par la même raison, qu'un corps terrestre poussé en l'air, est obligé de descendre vers le centre de la Terre, parce qu'il a moins de force pour s'éloigner du centre, que n'en a la masse de l'air, qu'il devroit faire descendre pour monter à sa place ; & il a moins de force pour s'éloigner du centre, parce qu'il contient beaucoup plus de matiere du troisiéme Element, & beaucoup moins du second, que la masse de l'air qui lui est égale en grandeur. Or la matiere du troisiéme Element a peu de force pour s'éloigner du centre, & celle du second en a beaucoup : il faut donc que ce corps descende. Il n'y a, ajoûta-t'il ni qualité Péripatéticienne, ni chaînes d'Atomes crochus de Démocrite & de Gassendi, qui vaillent ce que je vous dis ici : & en même tems il jetta une pierre en haut, pour nous montrer par l'experience tout ce qu'il venoit de nous enseigner.

De là nous passâmes au Flux & au Reflux de la Mer. Pour nous le faire mieux entendre, il nous fit penser 1°. Que le Tourbillon de la Terre étoit de figure ovale. 2°. Que celui de ses Diametres, où la Lune se devoit trouver étant pleine ou nouvelle, étoit le plus petit de tous. 3°. Que le centre de la Terre n'étoit point le centre du Tourbillon, mais qu'il en étoit un peu éloigné à cause de la Lune, qui en quelqu'endroit qu'elle se rencontre de la circonférence du Tourbillon, rend l'espace qui est entre elle & la Terre, plus étroit, & empêche par consequent la matiere céleste de couler si librement entre deux; d'où s'ensuit que la Terre, dont le lieu n'est déterminé que par l'égalité des forces qui la pressent de tous côtez, doit un peu reculer vers la partie du Tour-

DE DESCARTES. III. PART. 335
billon opposée à la Lune. 4°. Que, comme la matiere celeste qui tourne beaucoup plus vîte que la Terre & la Lune, trouvoit le passage entre l'une & l'autre fort étroit en comparaison de celui qu'elle occupoit auparavant, il étoit nécessaire que sa vîtesse s'augmentât en cet endroit, & qu'elle pressât en même tems avec beaucoup de violence la surface de l'Air

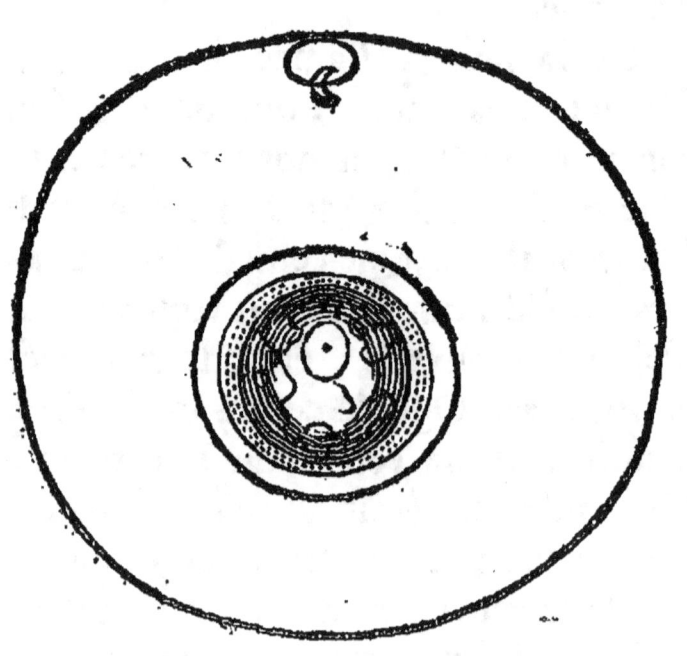

Figure du Tourbillon de la Terre.

& de l'Eau; & enfin qu'une égale pression devoit se faire à peu prés dans la partie opposée du Tourbillon, par la même raison, & à cause du reculement de la Terre.

Il nous fit reconnoître aussi-tôt la vérité de tous ces Principes, & les effets qui en suivoient naturellement. Car, aiant placé la Lune dans un endroit perpendiculaire à l'Equateur de la Terre, nous vîmes en même tems, 1°. la Mer pressée par cette masse qui pesoit sur l'Air, s'enfoncer au dessous, & ses eaux ainsi pressées & poussées, prendre leur cours avec rapidité vers les poles, & se répandre successivement sur les rivages, suivant leur éloignement de l'Equateur. 2°. Le Globe terrestre tournant sur son essieu d'Occident en Orient, nous voïons la pression de la Lune se faire aussi successivement en divers endroits de la Mer selon l'ordre des Méridiens. 3°. Cette pression successive des diverses parties de la Mer, avoit un effet necessaire, qui étoit de la faire monter & baisser en divers lieux suivant les régles évidentes de la Statique : ce qui nous donnoit une idée tres nette & tres naturelle du flux & du reflux de la Mer, qui consiste en ce que tantôt elle monte, tantôt elle baisse, & qu'elle monte dans un endroit, quand elle baisse dans l'autre ; tous ces mouvemens se faisant régulierement l'un aprés l'autre, & dans des espaces de tems réglez.

De plus, comme le Diamétre du Tourbillon, où la petite Lune se devoit trouver dans les conjonctions, & dans les oppositions, étoit le plus petit de tous, & qu'au contraire, celui où elle devoit se rencontrer dans les quadratures, étoit le plus grand, il nous étoit évident que la pression & l'enfoncement des eaux devoient être beaucoup plus grands dans les conjonctions, & dans les oppositions, que dans les quadratures ; & par consequent, que la Mer devoit pour lors se répandre avec plus d'impetuosité & de vehémence vers les rivages, c'est-à-dire, que les marées devoient être beaucoup plus grandes aux nouvelles & aux pleines Lunes, que dans les autres tems ; & aux Equinoxes, qu'aux Solstices, comme il arrive en effet dans nôtre Monde.

Ensuite il nous fit voir tous les Phénoménes particuliers du flux & du reflux, fondez sur les mêmes principes, & nous fit remarquer sur tout, la raison pourquoi on ne doit point voir de flux & de reflux dans les lacs & dans les étangs, quelque grands qu'ils soient, à moins qu'ils n'aient quelque communication avec la Mer. Parce, disoit-il, que ces lacs & ces étangs, s'ils sont au delà des tropiques, il ne font jamais pressez par la Lune, & pour ceux qui sont sous la Zone torride, entre les Tropiques, ils ne couvrent pas de si grandes parties de la Terre, qu'un côté de leur surface soit jamais beaucoup plus pressé que l'autre par le Globe de la Lune. Or cette inégalité de pression est l'unique cause de cette vicissitude de mouvemens, que nous appellons flux & reflux.

Cette explication me charma; & cette maniere de rendre raison du flux & du reflux est si commode, que ceux qui démontrent à M. Descartes que la Terre ne peut avoir de Tourbillon, ou du moins de Tourbillon ovale, devroient par cette consideration, être un peu plus indulgens à son égard: mais les Philosophes sont d'étranges gens, & qui ne sçavent ce que c'est que de faire quartier à leurs adversaires.

Cependant tous les autres mouvemens se faisoient dans ce petit Monde avec toute la justesse possible. Mercure, Venus, Mars, & les autres Planetes aïant une fois pris leur place dans le Tourbillon du Soleil, suivoient exactement leurs routes. Il commençoit à s'élever des vapeurs, & à se former des nüages

nüages à l'entour de la petite Terre. Enfin j'étois enchanté de tous ces prodiges, mais il fallut se resoudre au départ, lé tems pressoit. Il y avoit déja prés de vingt-quatre heures, que nous étions partis de nôtre Terre, & M. Descartes qui, comme j'ai dit ailleurs, n'a jamais approuvé la conduite de ceux qui abandonnoient leur corps autrement que par la mort, & par les ordres du Souverain Etre, nous conseilla lui-même de differer de contenter nôtre curiosité à une autre fois. Je lui marquai la reconnoissance que j'avois pour toutes ses bontez, & l'estime que je faisois de sa personne & de sa doctrine. Je lui demandai la permission de lui proposer les scrupules qui me pourroient venir dans la suite sur sa Philosophie, lorsque je trouverois l'occasion de lui faire tenir mes lettres. Il me fit de son côté mille amitiez, m'exhorta à n'aimer jamais rien tant que la verité, & enfin me fit present de deux verres hyperboliques, pour faire une Lunete d'approche, avec quoi il me promit, que de la Terre, je verrois tout ce qui se passeroit dans le Globe de la Lune, & même des animaux, s'il y en avoit. Il a démontré dans sa Dioptrique l'excellence de cette figure pour les verres à Lunette, en comparaison de toutes les autres. Il avoit même entrepris de faire travailler en Hollande, & avoit inventé une machine exprés pour cela : mais il ne put trouver d'Ouvriers capables d'executer son dessein & son idée avec l'exactitude nécessaire. Il nous conduisit jusqu'au second Ciel, qui est celui des Étoiles, & nous laissa le Pere Merienne pour nous servir de guide jusqu'à nôtre Monde.

A quelque distance des étoiles, les deux Ambassadeurs de l'Aristote aiant trouvé des Philosophes de leur connoissance & de leur païs, nous prierent de trouver bon, qu'ils se joignissent à eux, & prirent congé de nous, fort médiocrement satisfaits de leur voïage, & de leur négociation. Comme nous étions fort pressez, nous ne nous arrêtâmes point en chemin, & nous ne nous entretîmes avec personne, quoi qu'en divers endroits nous rencontrassions quantité d'Esprits, qui eussent volontiers lié conversation avec nous. En chemin faisant, le P. Mersenne me fit remarquer la disposition des Tourbillons, & la situation des differens Elemens qui les composent, & sur tout les boules du second Element que je n'appercevois point, lors que j'avois encore les idées Péripatéticiennes ; mais que je voiois clairement occuper la plus grande partie de l'espace, depuis que j'étois devenu Cartésien. En moins de six heures nous nous rendîmes à ma maison, où il m'arriva un tres grand malheur; c'est qu'en allant extrémement vîte, sans faire réflexion que j'avois les deux verres à Lunettes de M. Descartes, comme je passois au travers de la muraille de ma chambre, & que ces verres en qualité de corps ne pouvoient pas y passer, ils en furent arrêtez, & cassez en mille morceaux par la rapidité avec laquelle ils la choquerent ; & ainsi je fus privé du plaisir de faire l'experience dont M. Descartes m'avoit répondu, de voir de nôtre Terre tout ce qui se passeroit dans le Globe de la Lune aussi distinctement, que lorsque j'y étois en personne.

Je trouvai mon corps un peu affoibli, & fort échauffé par un jeûne de plus de trente heures. Avant que d'y rentrer, je voulus obliger le petit Négre à remettre mon cerveau dans son ancien état, appréhendant qu'il n'en eût démonté quelque ressort : car il ne faut rien en cette partie de nôtre machine pour causer de grands changemens dans l'esprit d'un homme; & j'aurois été fort attrapé, si après m'être uni à mon corps, je me fusse trouvé devenu fou: mais ce petit esprit malin n'en voulut rien faire, disant que je lui étois encore fort obligé de ce qu'il m'avoit rectifié les idées, & tourné mon cerveau à la Cartesienne. Il fallut donc en passer par là, & après avoir remercié le P. Mersenne & mon vieillard, de la faveur qu'ils m'avoient faite de m'avoir pris pour compagnon d'un si beau voïage, mon ame entra dans son cops, & ne manqua pas en qualité d'ame Cartésienne de prende sa place dans la glande pinéale.

J'avois prié le P. Mersenne de me faire l'honneur de me venir revoir avant que de retourner au Monde de Descartes, afin que je pusse lui donner une lettre de remerciment pour ce grand Philosophe, qui m'avoit traité avec tant de bonté & d'honnêteté; il me le promit, & revint en effet au bout d'un mois, qu'il passa partie dans ce Monde à exécuter quelques commissions de M. Descartes, partie dans diverses Planétes, & en d'autres lieux de ces grands espaces, où il alla chercher quelques an-

ciens Cartésiens de la part de ce Philosophe, pour leur donner avis du lieu où il
étoit, & du grand dessein, qu'il étoit
prest d'executer. Je lui donnai la lettre,
que j'ai ajoûtée à cette rélation.

VOIAGE
DU MONDE
DE
DESCARTES.

QUATRIE'ME PARTIE.

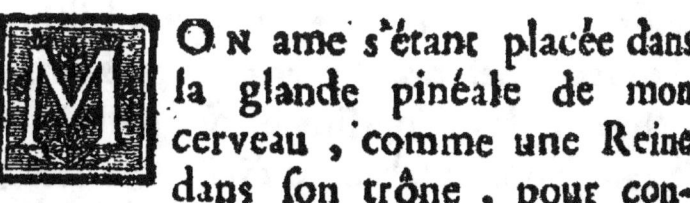

MON ame s'étant placée dans la glande pinéale de mon cerveau, comme une Reine dans son trône, pour conduire & régler de là tous les mouvemens de la machine de mon corps, se sçavoit extremement bon gré du changement de ses idées; & s'applaudissoit elle-même de la nouvelle qualité de Cartésien, que j'allois commencer à porter parmi les Sçavans. Je me sentis incontinent disposé à prendre tous les airs, & toutes les manieres des Philosophes de cette Secte. Je ne parlois plus qu'avec mépris de la Philosophie des Colléges, qui ne sert, disois-je, qu'à gâter l'esprit, & à le remplir d'idées creuses & confuses, propres seulement à entretenir une vanité pédantesque. Descartes étoit le prémier, & même le seul Philosophe qui eût jamais esté au Monde, tous les autres n'étoient que des enfans auprés de lui, des chicaneurs, & des diseurs de sornettes. Etant invité quelques jours aprés à une Thése de Philosophie, il fallut me faire une violence extrême, pour me resoudre à y aller. Je n'y assistai qu'en bâillant, & en regardant avec pitié du haut de mon esprit tout ce qui s'y disoit. Une des prémieres choses que je fis, fut de dégrader dans ma bibliotheque les Suarez, les Fonseca, les Smiglesius, les Goudins : de leur ôter le rang considerable, qu'ils y tenoient; & de les abandonner dans un méchant cabinet de décharge, à la merci de la poussiére & des vers, pour mettre à leur place M. Descartes, relié en beau maroquin de Levant, & tous ses illustres Disciples.

Avant que d'être Cartésien, j'étois si

tendre, que je ne pouvois pas seulement voir tüer un poulet : mais depuis que je fus une fois persuadé, que les bêtes n'avoient ni connoissance, ni sentiment, je pensai dépeupler de chiens la ville où j'étois, pour faire des dissections anatomiques, où je travaillois moi-même, sans avoir le moindre sentiment de compassion ; & même à l'ouverture des conférences & des assemblées de Sçavans, que je m'avisai de tenir chez moi, pour faire valoir, & répandre dans le païs la doctrine de mon maître, la première harangue que je fis, fut une invective contre l'ignorance & l'injustice de ce Sénateur de l'Areopage, qui fit déclarer incapable d'entrer jamais dans le gouvernement de la République un enfant de qualité, qu'il avoit vû prendre plaisir à crever les yeux à des corneilles, qu'on lui avoit données pour se joüer.

Cependant il faut l'avoüer de bonne foy, quelque déterminé Cartésien que je fusse, je sentis dés lors de grands scrupules, que d'habiles gens me faisoient naître dans mes conférences. Je m'aperçois même, que plus je vais en avant, plus ils augmentent, & si M. Descartes n'appaise les remords de ma conscience par une réponse juste & précise à la lettre, que je lui ai écrite sur ce sujet, j'ai grand peur que les traces de mon cerveau ne changent, & que les esprits animaux ne reprennent l'ancien cours qu'ils y avoient. Voici une copie de cette lettre, que j'ai écrite à M. Descartes, qui comprend les principales de ces difficultez, que je n'ai pas crû indignes d'être présentées au Public.

Lettre de...... à M. Descartes.

MONSIEUR,

Je ne sçaurois vous témoigner assez de reconnoissance de l'honneur, & des amitiez, que j'ai reçuës de vous, pendant le peu de tems que j'ai passé dans vos quartiers du troisième Ciel. Quelque peu de bonnes qualitez, que vous aiez dû reconnoître en moi, vous n'y avez traité comme un homme du premier mérite. Bâtir un Monde entier en ma présence : vous appliquer vous-même à me faire comprendre tout l'artifice & tous les ressorts d'une si admirable machine, c'est m'honorer d'une manière qui passe dans son genre, celle dont le Roi honore les Princes, les Ambassa-

P v

deurs, & les grands Seigneurs étrangers, lorsqu'il ordonne, qu'on fasse joüer pour eux toutes les eaux de Versailles. Vous pouvez assurement conter aprés tout cela, que je suis entiérement à vous; & que vous étant rendu maître de mon esprit par les sublimes connoissances, que vous lui avez communiquées, vous vous êtes encore attaché plus fortement mon cœur par ces bontez extraordinaires, dont vous m'avez comblé.

Le R. P. Mersenne qui a bien voulu se charger de cette lettre, vous instruira encore mieux de mes veritables sentimens, & pour vôtre personne, & pour vôtre doctrine. La conduite que j'ai tenuë depuis mon retour, l'a tres fortement persuadé, que vous n'avez jamais eû de disciple plus zelé que moi pour l'honneur & l'accroissement de la Secte. En moins d'un mois qu'il y a, que je suis revenu de vôtre Monde, j'ai répandu la terreur dans tout le Péripatétisme de ce païs. J'ai fait reprendre courage à quelque peu de Cartésiens, qui s'y trouvent encore, & qui y vivoient dans l'obscurité & dans le silence, se contentant de joüir de la vérité, sans se mettre autrement en peine de la faire connoître à des gens, qui l'avoient d'abord mal reçuë. Il se tient des conferences chez moi deux fois la semaine, où je tâche de mon mieux à donner vogue à vôtre doctrine : j'ai déja fait quelques conquêtes parmi les Péripatéticiens dont plusieurs ne manquent point de s'y trouver, & à deux ou trois prés, dont l'entêtement est insurmontable, ils seront bientôt tous à moi : mais il faut auparavant que je leur donne la solution de quelques difficultez assez bonnes, qu'ils m'ont proposées sur divers points de vôtre Philosophie. Les principales regardent la constitution générale de vôtre Monde. Et comme dans cette matiere, ils prétendent détruire vos conclusions par vos propres Principes ; que quelques-uns d'entre eux sont gens d'esprit qui donnent un certain tour spécieux à leurs argumens, en sorte que j'ai quelque fois de la peine à en démêler le défaut : j'ai cru que je devois avoir recours à l'oracle, & que je ne pouvois mieux faire, que de vous consulter vous-même, comme vous m'avez permis de le faire, & de vous prier de me communiquer vos pensées la dessus le plûtôt que vous pourrez. Un voïage du troisiéme Ciel jusqu'ici n'est pas une affaire pour vôtre petit Maure. Voici donc à peu prés comme ces Messieurs s'y sont pris.

Ils me proposerent d'abord deux ou trois argumens usez, dont on se sert tous les jours dans les Classes, pour réfuter vôtre systême & pour montrer, que c'est une pure chimére, qu'on ne peut pas même soûtenir comme une simple hypothése, en admettant les Principes, que vous posez vous-même. M. Descartes, disent-ils, suppose prémiérement que Dieu crée la matiére ; secondement, qu'il la divise en une infinité de petites parties cubiques ; & qu'enfin déterminant diverses grandes portions de cette matiére, il les agite en rond, & fait en même tems, que les petites parties cubiques, dont ces grandes portions, qu'il appelle alors Tourbillons, sont composées, tournent autour de leur propre centre. Or, il est impossible, ajoûtent-ils, de concevoir la division, & le mouvement de la matiére dans ces Principes.

Car enfin, pour ce qui regarde la division, on ne la peut concevoir qu'en deux maniéres, ou bien en imaginant entre les parties divisées des intervalles vuides, ou bien en concevant ces intervalles remplis de quelques corps, ou de quelque matiére d'une nature différente de celle des parties. C'est ainsi que, quoique tout soit plein dans le Monde, nous concevons quatre Dez approchez les uns contre les autres, comme quatre corps cubiques distinguez, parce que, quoi qu'il n'y ait point de vuide entre eux, on y apperçoit cependant un petit intervalle rempli d'air, qui nous empêche de les concevoir comme un seul corps. Mais selon les principes du Cartésianisme, on ne peut concevoir la chose ni en l'une ni en l'autre maniere : car on ne peut pas supposer de vuide entre les parties divisées, puisque que le vuide dans ce systême est impossible. On n'y peut pas non plus concevoir de corps de differente nature, puisque la difference des corps selon l'Auteur du systême, ne se trouve qu'après l'agitation & le mouvement de la matiére. Cette division est donc une chimere.

Pour ce qui est du mouvement c'est bien pis encore ; car le moien de concevoir, que toutes ces parties cubiques, lesquelles sont toutes dures, impénétrables, & incapables de compression, puissent tourner sur leur centre & se coller, qu'il n'y ait déja, ou qu'il ne se fasse quelque vuide : car la petitesse ne fait rien ici, puisque, quelque petites qu'elles soient, elles sont dures & impénétrables, & concourent toutes ensemble à resister au mouvement de chacune en particulier. Cette hypothése donc est insoûtenable, & on y arrête Descartes dés sa prémiere supposition.

Ce furent là, Monsieur, les premiers coups, que l'on me porta, & les prémieres difficultez, que j'eûs à resoudre sur le système de vôtre Monde. On les avoit tirées des livres de tres habiles gens ; & comme Messieurs vos Disciples semblent tenir pour maxime & pour methode, d'aller toûjours leur chemin, de faire seulement l'exposition & la preuve de leur doctrine, sans paroître s'inquiéter fort des objections, qu'on pourroit leur faire, n'aïant pas à répondre sur les bancs, ces argumens passoient communément pour des argumens sans réponse, & qui dés l'entrée de la dispute pousseroient tout Cartésien à bout. Mais plus mes adversaires paroissoient invincibles avec de si bonnes armes, plus je me fis valoir en les terrassant, & en les desarmant.

Comme j'avois lû exactement vos ouvrages, & sur tout le livre des Principes, & celui qui porte pour titre : *Traité de la Lumiere*, ou *le Monde de M.*

Descartes : je ne répondis au premier argument, qu'en m'inscrivant en faux contre cette distinction d'instants, que l'on sembloit mettre entre la division & le mouvement, comme si vous aviez prétendu, que Dieu eût dans un premier instant divisé la matiere, & l'eût remuée dans le second ; je dis que vous n'aviez jamais supposé, que la matiere fût divisée avant le mouvement ; que la maniere dont vous proposiez vôtre systême dans la troisiéme partie des Principes, ne supposoit nullement cette distinction, & que dans le traité de la lumiere, Chap. 6. où vous décrivez la formation du Monde, vous disiez positivement le contraire ; avertissant vôtre Lecteur, que cette division de la matiere ne consistoit pas en ce que Dieu eût séparé ses parties de sorte, qu'il y eût du vuide entre elles ; mais que toute la distinction que vous supposiez, que Dieu y mettoit, consistoit dans la diversité des mouvemens qu'il leur donnoit, faisant que dés le premier instant qu'elles furent créées, les unes commençassent à se mouvoir d'un côté, & les autres d'un autre: tellement que dans cette occasion, la division & le mouvement étoient la même chose, ou du moins que l'un n'étoit point sans l'autre. Que vous feriez le premier à avoüer, qu'il n'y avoit rien de plus absurde par rapport à vos autres principes, que de supposer les parties de la matiere en repos, & cependant divisées, puisque selon vous, l'union des parties d'un corps dur, tel qu'on doit concevoir la matiere avant le mouvement, ne consiste que dans le repos, qu'elles ont les unes auprès des autres; & qu'au reste, il n'étoit pas plus difficile de comprendre comment la division se fait par le mouvement, & en même tems que le mouvement, qu'il est difficile d'entendre comment je puis déchirer une feüille de papier en la divisant en deux demies feüilles, dont je tire l'une vers l'Orient, & l'autre vers l'Occident. J'ouvris aussi-tôt les livres, que je leur avois citez, & leur montrai les endroits dont il s'agissoit. Ils demeurerent d'accord du fait, & n'eurent rien à y opposer.

Mais nous n'eûmes pas si tôt fait sur le mouvement de la matiere: il fallut nécessairement disputer, sans emportement néanmoins, & sans chicane, parce que la plus part de ceux à qui j'avois affaire, étoient honnêtes gens & de bonne foi, qui se rendoient à la raison. Il étoit donc question d'expliquer comment les parties de la matiere, que nous concevons tellement pressées les unes contre les autres, qu'il n'y ait pas le moindre vuide dans toute la masse, que nous supposons outre cela être dures, peuvent passer du repos au mouvement.

Aprés que ces Messieurs se furent étendus fort au long sur ce sujet, je leur demandai, si tout Péripatétiens qu'ils étoient, ils avoient l'esprit bien convaincu, que la fluidité de l'eau, par exemple, fût une qualité absoluë ; que, quand elle étoit gelée, elle fût dure par un accident absolu, qu'on appelloit dureté ; & que quand elle étoit dégelée, elle fût liquide par un accident absolu, qu'on appelloit fluidité. Que l'un de ces accidens fît couler le plomb, quand on le mettoit sur le feu; & l'autre le fixât, quand il commençoit à se refroidir ; & au contraire, si aïant vû la maniere nette, naturelle, intelligible, dont M. Descartes expliquoit la nature de la fluidité, & les propriétez des corps fluides par le mouvement des parties insensibles de ces corps (mouvement, que la seule dissolution des sels par l'eau commune, & des métaux par les eaux fortes, démontroit évidemment,) ils ne s'étoient pas du moins convertis sur ces article. La plus part me répondirent que dans la persuasion où ils étoient, qu'on ne pouvoit se passer de qualitez absoluës pour l'explication de quantité de Phénomenes, celle qu'ils abandonneroient le plus volontiers seroit la fluidité, & qu'ainsi ils ne voudroient pas trop me chicaner là dessus.

Cela supposé, leur dis-je, Messieurs, vous serez bientôt satisfaits, où plus embarassez que M. Descartes : car enfin dans vôtre système, le Monde est plein, & il n'y a point du tout de vuide, le mouvement néanmoins s'y fait, & s'y continuë : les parties sensibles & insensibles des corps s'y remuënt, sans que leur dureté & leur impenetrabilité les en empêchent. Pourquoi la matiere de M. Descartes, qui n'est pas plus impenetrable que la vôtre, ne pourra-t-elle pas joüir du même privilege ? Pourquoi son mouvement sera t'il plus impossible ? Vous & nous supposons la même chose, & nous n'avons plus qu'à nous soûtenir contre les Epicuriens, qui prétendent démontrer par le mouvement la nécessité de leurs petits vuides insensibles semez dans tous les corps. Leur prétenduë démonstration se reduit à ceci. Afin qu'un corps se remuë, il faut qu'il en fasse sortir un autre de sa place : cet autre n'en peut pas sortir, parce qu'il n'a pas où aller, si tout est plein. Donc le mouvement sera impossible, s'il n'y a pas de vuide. Au contraire, s'il y a du vuide dans les corps, ils se peuvent comprimer, & par consequent ceder à ceux qui les poussent ; & ainsi le mouvement se fera. C'est là un pur sophisme, dont vous & nous donnerons la solution, disant seulement aux Epicuriens, que pour concevoir comment le mouvement se peut faire sans vuide, il n'y a qu'à comprendre, que jamais un corps ne se remuë tout seul ; mais que dans le même instant, qu'un corps quitte sa place, il en pousse un autre qui la prend ; & que dés là que je conçois, qu'un corps peut dans le même instant prendre la place que l'autre quitte, je conçois parfaitement le mouvement, car c'est là tout le mystere.

Mes Péripatéticiens me parurent surpris de me voir tirer si promptement une conclusion si nette du principe, qu'ils m'avoient si liberalement accordé, & se repentirent sans doute de leur condescendance ; mais je continuai en leur disant, que je ne prétendois pas me prevaloir de l'avantage, qu'ils m'avoient donné, quoi qu'ils ne l'eussent fait que forcez par l'évidence de la verité ; que je ne voulois pas qu'ils me reprochassent, comme ils faisoient peut-être déja dans leur cœur, d'avoir usé de surprise, & abusé de leur facilité, pour les faire tomber dans le piége ; & qu'enfin j'entreprenois de leur rendre au moins probable dans leurs propres principes la verité que je defendois.

On a dis-je, Messieurs, dans le sujet, dont il s'agit, des préjugez qui viennent plus de l'imagination, que de la raison. On s'imagine premierement, qu'un corps, qu'on se represente au milieu de la matiere du Monde, est beaucoup plus pressé, si on suppose cette matiere dure, qu'il ne le seroit, si on la supposoit fluide ; cela est évidemment faux. Car si le Monde est plein, soit que cette matiere soit fluide, soit qu'elle soit dure, il n'y en a ni plus ni moins ; & elle est en égale quantité dans l'une & dans l'autre supposition, & par consequent ses parties ne sont pa plus pressées, quand on la suppose dure, que quand on la suppose fluide. Secondement, on se persuade, que dés là qu'un corps est liquide, il est toûjours disposé à ceder au mouvement d'un autre corps ; & qu'aucontraire, dés là qu'un corps est dur, rien ne lui peut donner cette disposition à céder, s'il est entouré d'autres corps durs. La fausseté du premier paroît dans une experience fort commune. Remplissez d'eau une bouteille de verre, dont le cou soit long, & assez étroit; renversez-la perpendiculairement; l'eau est poussée par son propre poids vers la terre: elle ne rencontre point d'autre corps en son chemin, que l'air, qui est encore plus liquide qu'elle : cependant nonobstant ce poids & cet effort, que l'eau fait pour se mettre en mouvement, nonobstant la liquidité de l'air, qu'elle a au dessous d'elle, le mouvement lui est impossible, & l'air ne lui résiste pas moins qu'un corps dur, dont on auroit bouché la bouteille avec force. Qu'est-ce donc qui empêche le mouvement de l'Eau ? C'est que l'Air & l'Eau se trouvent dans une telle situation, que quelque effort que fasse l'Eau pour se mouvoir, elle ne peut déterminer l'Air, ni aucun autre corps à venir prendre sa place dans l'instant même qu'elle la quitte : car dés là qu'elle le pourra, c'est-à-dire, dés que vous inclinerez un peu la bouteille avec quelque mouvement, & que par conséquent une petite ligne d'air pourra s'insinuer à côté de l'eau, le mouvement suivra à proportion de l'espace, que l'air remplira. On ne doit donc pas supposer, que dés là qu'un corps est liquide, il soit toûjours disposé à céder au mouvement des autres corps: mais aussi on ne doit pas non plus supposer que dés-là qu'un corps est dur, & entouré de corps durs, il ne peut se trouver disposé à estre remüé; ce que je prouve ainsi.

Supposons un Globe creux, qui soit parfaitement plein, partie d'eau, partie de quantité de petits corps durs de toute sorte de figure, dispersez de tous côtez dans cette masse d'eau. Pensons que tous ces corps sont en repos. Comme l'eau remplit tous les espaces qui sont entre ces petits corps, nous concevons les parties de cette Eau de toute sorte de figures, comme le sont les espaces qu'elles remplissent. Ainsi nous concevons dans ces espaces de petits Globes d'eau, de petits triangles, de petits cubes, de petits exagones, &c. Supposons maintenent que cette Eau, & tous ces petits corps sont agitez.

Comme nous avons fait réflexion sur la figure des parties de l'Eau avant le mouvement, nous concevons aisément que toutes ces figures se changent dans l'instant du mouvement ; c'est-à-dire, que de petits Globes d'eau se divisent en deux Hémisphéres, que des Cubes d'eau perdent leurs angles, &c. Que de ces petites parties, soit dures, soit liquides, les unes reçoivent beaucoup de mouvement, les autres peu, & qu'enfin toutes se déterminent tellement les unes les autres, qu'il ne se fait pas le moindre vuide, & que dés qu'une sort d'un endroit, une autre y entre en même instant ; & tout cela se fait aisément par la facilité, que les parties de l'Eau ont à se rompre, & à se séparer les unes des autres. Ainsi dans ce premier instant du mouvement, nous concevons, qu'il s'est fait un changement d'une tres grande quantité de figures : que ce changement ne s'est fait que par la fraction, ou la séparation des parties : que cette fraction s'est faite par le mouvement, & que le mouvement n'a pû se faire sans cette fraction : que c'est l'effort, qu'on a fait pour mettre ces corps en mouvement, qui a causé & le mouvement & la fraction : que la fraction d'une partie à été causée immédiatement soit par un des corps durs, soit par une autre partie d'eau ; par exemple, que l'angle d'un cube n'a été separé du reste de la masse, ou de l'autre partie où il étoit attaché, que par une autre partie qui s'est insinuée entre deux, ou qui a pris sa place si juste, qu'elle a rempli parfaitement l'espace abandonné ; & qu'enfin une seule chose a pû empêcher la fraction & le mouvement, c'est, si les parties avoient été tellement disposées entre elles, que les unes quittant leur place, d'autres n'eussent pas pû la prendre en même temps : car tout étant plein avant le mouvement, c'est une necessité, que tout soit plein dans le mouvement même.

Supposons maintenant, que toute cette eau, & tous ces petits corps soient remis dans le même état, qu'ils étoient avant le mouvement ; & pensons qu'à la place des parties de l'eau, qui occupoient tous les espaces d'entre les corps durs, on mette d'autres corps durs, qui occupent précisément les espaces qu'occupoient les parties de l'eau ; ou bien supposons seulement, que l'eau se gele, mais sans aucune diminution ou augmentation de sa masse. Supposons de plus, que Dieu fasse effort pour remüer cette matiere ; & qu'il tâche en même temps de diviser toutes ses parties précisément

ment de la même maniere, que les parties de l'eau, dont elle occupe la place, se sont divisées dans l'instant du mouvement. Je ne suppose point encore de mouvement, mais seulement un effort pour le produire; & il n'y a nulle contradiction dans cet effort : mais je maintiens, que de cet effort le mouvement & la fraction doivent nécessairement suivre, & voici comme je raisonne.

De cet effort que je suppose, doit suivre le mouvement & la fraction, si rien ne les empêche. Or rien ne les empêche : car la disposition au mouvement & à la fraction est la même dans cette hypothése, où je ne suppose que des corps durs, qu'elle est dans la précedente, où je suppose des corps liquides mêlez avec des corps durs ; & si l'opposition au mouvement & à la fraction, que quelques-uns se figurent dans la derniere, étoit inviolable, elle le seroit aussi dans la prémiere.

Car, si dans la premiere hypothése des corps liquides meslez avec des corps durs, nous pensons que les parties sont tellement poussées & déterminées, qu'une venant à se mouvoir, une autre ne pourroit pas prendre sa place dans le même instant : nous concevons, que le

Q

mouvement & la fraction des parties ne se feront jamais : ainsi qu'il arrive dans l'expérience de la bouteille, dont j'ai parlé auparavant, parce qu'alors tout étant supposé plein, toutes les parties résistent ensemble au mouvement de chacune en particulier ; mais dès là que nous concevons, que les parties de cette matiere sont tellement poussées & déterminées, qu'en cas que l'une se remuât, une autre prendroit dans le même instant sa place, & une autre la place de celle-ci ; alors nous concevons que le mouvement & la fraction doit infailliblement suivre l'impulsion. Or, dans la seconde hypothése des corps durs supposant que Dieu pousse & détermine les parties de ces corps précisément de la même maniere, que les parties de l'eau avoient été déterminées dans la premiere hypothése au premier instant du mouvement & de la fraction, il est clair, qu'en cas qu'une se remüât, une autre prendroit incontinent sa place, puisqu'elle est précisément poussée & déterminée, comme celle de l'eau, qui prendroit cette place. Donc le mouvement doit suivre dans la seconde hypothése, comme dans la prémiére.

Toute la différence qu'il y a, c'est

que les parties de l'eau étant tres faciles à diviser, il ne faut qu'un tres petit effort pour les remüer; & que les parties des corps durs étant plus difficiles à diviser, il faudroit un effort beaucoup plus grand: mais il est permis à M. Descartes de le supposer, s'il veut, infini; & cette résistance que Dieu trouveroit, ne seroit pas de toutes les parties en général contre la division de chacune en particulier; résistance, que nous trouvons invincible dans le plein même fluide: mais ce ne seroit que la résistance de chaque partie à sa propre division, que l'on conçoit tres distinctement n'être pas invincible.

En un mot le mouvement & la division des corps durs est possible dans le plein, dés là que l'on conçoit les diverses parties de ces corps poussées vers toutes les parties imaginables de l'espace, & qu'on les conçoit déterminées de telle maniére, qu'en cas que l'une se rémuât, une autre rempliroit incontinent sa place: car sans cela le mouvement est impossible même dans les fluides, & avec cela il est nécessaire, même dans les corps durs.

Quoi que cette explication, leur disje, me paroisse une véritable démonſtration, je ne prétens pas que vous la regardiez comme telle. Je me contente qu'elle vous faſſe ſeulement douter de la certitude des argumens contraires, qu'on fait ordinairement en cette matiére ; & je ne deſeſpere pas, qu'aprés que vous l'aurez examinée avec attention, vous ne m'accordiez quelque choſe de plus, que ce que je vous demande maintenant.

En effet mes Académiciens me parurent eſtre aſſez ſatisfaits de moi. Il ne leur reſta preſque plus qu'un ſcrupule, qui conſiſtoit en ce qu'ils ſuppoſoient, que dans le prémier inſtant de la diviſion, vous donniez la figure cubique à toutes les parties de la matiere : circonſtance qui révoltoit toûjours leur imagination. A cela je leur dis, que pour peu qu'ils vouluſſent faire de réflexion ſur ce que je venois de leur expliquer, ils verroient clairement, que cette circonſtance ne faiſoit point une difficulté particuliere, mais que pour les tirer entierement de peine, je les aſſurois, que jamais vous n'aviez fait cette ſuppoſition : qu'ils pouvoient s'en convaincre par vos propres paroles : que dans le livre des Principes, vous ne ſuppoſiez point autre choſe, ſinon, que les parties de la matiere n'avoient pas été toutes rondes ; & que dans le Traité de la Lumiere, vous leur attribüez toutes les figures imaginables. Je leur montrai encore ces endroits, & je les fis convenir du peu de fidélité, ou d'exactitude de certains Auteurs, qui faisoient ainsi l'exposition de vôtre doctrine à leur fantaisie, & de la maniere qui leur étoit la plus commode, pour l'attaquer avec avantage. Enfin je leur expliquai en deux mots vôtre pensée là-dessus, que j'ai toûjours cru être telle; sçavoir, que Dieu dans la prémiere agitation & division de la matiere avoit fait des parties de toute sorte de figures, qu'il avoit poussées & déterminées en tous sens, & vers tous les côtez de l'espace : qu'il en avoit fait par là un corps liquide, dont il avoit pris ensuite certaines grandes portions, pour les agiter en rond, & en faire des Tourbillons, dans lesquels la plûpart des petites parties insensibles qui les composoient, tournoient autour de leur centre : que par ce mouvement, il se faisoit un continuel changement dans les parties de la matiére, les unes perdant leurs angles, les autres s'unissant & s'accrochant ensemble : Que je croiois aprés vous, que la même chose se passoit à chaque moment entre les parties insensibles de tous les corps liquides, & que c'étoit de là, que vous concluïez l'existence, & la difference de vos trois Elémens. J'ose me flater, Monsieur, que vous ne serez pas trop mécontent de mes réponses, & que vous avoüerez, que si je suis inférieur à la plûpart de vos Disciples en esprit & en pénétration, il n'y en a gueres à qui je cede dans l'application, que vous souhaitez, que vos Lecteurs apportent à la lecture de vos livres, avant que d'en porter leur jugement, & sur tout avant que d'entreprendre de les combatre, ou de les défendre.

Mais pour continuer à vous rendre compte de mes conferences, celle-cy, dont je viens de vous parler, eut deux effets. Le premier fut de faire un peu revenir nos Péripatéticiens de cette mauvaise opinion, qu'ils avoient conçuë de vôtre doctrine, qu'ils avoient regardée jusqu'alors comme pleine de contradictions & d'absurditez absolument insoûtenables, & comme un systême qui se détruisoit de lui-même. L'autre fut de faire appliquer tout de bon deux ou trois des plus subtils, & des plus pénetrans à la lecture & à l'examen de vos livres, où ils ont trouvé en effet des difficultez qui me paroissoient grandes; & sur lesquelles ainsi que je vous l'ai marqué d'abord, je me trouve obligé de vous consulter vous-même. Car je vous avouë, que tout fier que je fusse de mon prémier succés, je me suis trouvé dans l'embarras, & que j'ai besoin de lumieres aussi vives que les vôtres, pour m'en tirer.

Ces Messieurs ont été quinze jours sans me rien proposer contre vôtre doctrine ; & trois ou quatre conférences, que nous avons tenuës dans cet intervalle, se sont passées à expliquer vos sentimens, & à résoudre quelques questions, qu'ils me faisoient sur certains points particuliers de vos livres, dont ils croioient, ou du moins dont ils faisoient semblant de croire ne pas assez pénétrer le sens. C'étoit un stratagéme dont ils usoient pour m'engager dans quelque mauvais pas : je m'apercevois bien de cette petite conjuration, qui m'auroit sans doute donné quelque inquiétude, aïant affaire à de tres habiles gens, si la bonté de la cause, que je défendois, ne m'avoit rassuré. Enfin, il y a deux jours, qu'ils se déclarerent hautement ; & qu'en me promettant, ou me menaçant de réfuter dans peu de temps la plus grande partie de vôtre Métaphysique, & de vôtre

Physique, ils me dirent qu'ils en vouloient d'abord au systême de vos Tourbillons : que c'étoit là vous attaquer par la tête ; & qu'ils croiroient avoir sur cet article de quoi renverser vôtre Physique de fond en combe.

Comme ils sont néanmoins aussi civils, & aussi honnêtes, qu'ils sont habiles & pénetrans ; & que d'ailleurs ils étoient persuadez, que leurs argumens étoient tres difficiles, pour m'épargner l'embarras & la confusion dans la peine qu'ils prévoioient que j'aurois à en donner la solution, ils ne voulurent pas m'obliger à y répondre sur le champ : mais ils se contenterent de me les donner par écrit, afin que j'y répondisse à loisir. Ils me les lurent seulement, pour voir si je comprenois bien leur pensée, & je vous avoue que quoi que je fisse le brave, je leur sçûs néanmoins tres bon gré au fond du cœur, de ce petit ménagement, dont ils avoient usé à mon égard : car ils n'argumentent que par des faits, ou par des principes tirez mot pour mot de vos livres, qu'ils oposent les uns aux autres, & qu'ils montrent se détruire mutuellement d'une matiere si plausible & si vraisemblable, qu'il faut être M. Descartés, ou du moins plus habile que je ne suis, pour y répondre. Je vais vous transcrire les principales choses de leur mémoire, & dans leurs propres termes. Ils lui avoient donné ce titre.

Difficultez proposées à un Cartésien par quelques Péripatéticiens contre le Système general du Monde de M. Descartes.

PRémiérement, on prétend prouver, que l'arrangement, que M. Descartes fait de la matiere, ou des trois Elémens dans ses Tourbillons, ne peut nullement s'accorder avec les principales régles du mouvement, qu'il a données lui-même, ni avec les propriétez, qu'il attribuë à chacun de ces Elémens. Et on tirera de là des conséquences, qui détruisent entiérement sa doctrine touchant la nature de la lumiére.

Secondement, on montrera que la maniére dont il explique la lumiére, ne peut nullement subsister avec celle dont il dispose, on ne dit plus, ses Elémens dans ses Tourbillons ; mais celle dont il dispose les Tourbillons même entre eux.

Q v

Troisiémement, on prouve que dans les Principes de M. Descartes, la Terre non plus que les autres Planétes, ne peut point avoir de Tourbillon propre dans le Tourbillon du Soleil. Ce qui étant une fois démontré, toute l'Astronomie de M. Descartes est renversée, & toute l'œconomie de son Monde terrestre est absolument ruinée.

PREMIER ARGUMENT.

1º. On suppose d'abord le grand principe de M. Descartes, que tout corps qui est agité en rond fait à tous momens effort, pour s'éloigner du centre de son mouvement, & du cercle qu'il décrit.

2º. De ce principe universel suit immédiatement cette conséquence particuliere, que dans un Tourbillon, où les matieres du premier, du second, & du troisiéme Elément sont agitées en rond, elles font toutes trois effort pour s'éloigner du centre du Tourbillon.

3º. On tire encore du même principe, cette autre conclusion, que dans l'effort commun que font divers corps ainsi agitez, & confondus ensemble, pour s'éloigner du centre de leur mouvement, ceux qui auront le plus d'agitation, & seront plus propres au mouvement ; ceux-là dis-je, doivent l'emporter sur les autres, se placer à la circonférence du cercle que le Tourbillon décrit, & contraindre par conséquent les moins agitez & les moins propres au mouvement à descendre vers le centre.

Quand cette conclusion n'auroit pas une liaison nécessaire, & visible avec le principe, comme elle l'a en effet : il suffiroit, pour avoir droit de s'en servir, de dire qu'elle est de M. Descartes en divers endroits de ses livres, & sur tout dans la quatriéme partie du livre des Principes, où il rend raison du mouvement des corps pesants vers le centre de la Terre, par cette proposition là même : & que ce n'est qu'en vertu de ce principe, que dans le Tourbillon de la Terre les corps terrestres sont au dessous de l'Air, & l'Air au dessous de la matiére céleste.

Num 23

4°. On en ajoûte encore une autre, que M. Descartes repete plusieurs fois, principalement dans la troisiéme, & dans la quatriéme partie des Principes, & dans le Chapitre huitiéme du Traité de la Lumiére : c'est à sçavoir, que le prémier & le second Elément ont beaucoup plus d'agitation, & font beaucoup plus propres au mouvement, que le troisiéme Elément, dont les parties sont rameuses & branchuës, & de figure fort irréguliére.

Tout ceci étant supposé, accordons, disent-ils, à M. Descartes que la matiére aïant été créée telle qu'il nous la propose, Dieu a pû la diviser, & lui imprimer le mouvement, & qu'il l'a en effet divisée & remuée. Arrêtons-nous, & fixons nôtre imagination & nôtre pensée à cette grande portion de matiére, ou à ce Tourbillon, au centre duquel l'Etoile polaire se trouve placée. Concevons, que cette portion de matiére composée d'une infinité de petites parties insensibles est agitée en rond, tandis que toutes ces petites parties se remuent aussi autour de leur propre centre.

De ce mouvement doivent naître les trois Elémens; c'est à dire la poussiere tres subtile du premier Elément, les petites boules du second, & les parties rameuses du troisiéme, qui toutes ne font que des parties de la matiere, différentes entre elles seulement par leur figure & par leur grandeur.

Soit que le troisiéme Elément se soit

formé en même temps que les deux autres, comme M. Descartes semble en
quelque façon le supposer dans son Traité de la lumière, soit qu'il ne soit formé que par la jonction de plusieurs
parties du prémier Elément, qui se
sont accrochées les unes aux autres,
comme il semble l'enseigner dans le livre des Principes : ce Philosophe prétend, que dans cette agitation de la
matiere, aprés qu'elle aura duré assez
long-tems pour rompre les angles de la
plûpart des parties agitées, la matiére
du prémier Elément doit avoir deux
places principales. La prémiere dans
tout l'espace du Tourbillon, où elle
doit estre répanduë pour remplir exactement tous les intervalles, qui se trouvent entre les Globes du second Elément, dont tout le corps du Tourbillon ou du Ciel, est composé ; & la seconde au centre, où elle doit estre obligée de descendre par les globules du second Elément, pour y faire un corps
sphérique & fluide, qui n'est point autre que l'étoile même ; laquelle par l'a-
gitation de sa matiere en rond, & par
l'effort que cette matiere fait pour s'é-
loigner du centre du Tourbillon où elle
se trouve, pousse les globules du second

Elément, qu'elle a au dessus d'elle, en tous les points imaginables, & communiquant par leur moien cette impression à nos yeux, y produit la sensation de la Lumiere.

C'est-là, continuent-ils, toute la belle doctrine de M. Descartes sur cet article. Mais on prétend lui démontrer par les principes posez, qui sont tous de lui, que ce n'est point la matiére du prémier Elément, mais que c'est la matiére du troisiéme, qui doit faire le centre du Tourbillon ; & qu'ainsi les Etoiles ne doivent point être lumineuses, ni le Soleil non plus, mais qu'elles doivent être toutes des corps opaques, comme les Planétes & la Terre, & des masses dures, composées de parties du troisiéma Elément, embarrassées les unes avec les autres, & accrochées ensemble, presque sans nul mouvement.

Démonstration.

Quand plusieurs corps ou parties de la matiere se meuvent ensemble circulairement, celles qui ont le moins d'agitation & qui sont les moins propres au mouvement, ont moins de force pour s'éloigner du centre ; & au contraire celles qui ont le plus d'agitation & font les plus propres au mouvement, ont plus de force pour s'éloigner du centre, & contraignent les autres à descendre vers le centre. C'est le troisiéme principe qu'on a supposé, aprés l'avoir tiré de M. Descartes.

Or la matiére du prémier & du second Elément ont beaucoup plus d'agitation, & font beaucoup plus propres au mouvement que celle du troisiéme. C'est le quatriéme principe, que M. Descartes suppose par tout.

Donc la matiere du troisiéme Elément, & non pas celle du prémier, doit occuper le centre du Tourbillon. C'est la proposition, qu'on avoit à démontrer, contradictoire de celle, sur laquelle M. Descartes bâtit tout son systême de la Lumiére. Donc le Soleil & les Etoiles seront des corps opaques, & non pas lumineux. On ne lui attribuë rien ici, qui ne soit expressément de lui ; & on lui demande en même tems, par lequel de ses principes, ne sçachant que faire des fragmens des macules du Soleil, ni quel usage leur donner au centre, & auprés du centre du Tourbillon, où elles se forment, & où elles se brisent : il les fait chasser & pousser bien avant dans la circonference, tout branchus

& peu propres qu'ils sont au mouvement, & composer une espece d'Air, qui selon lui s'étent jusqu'à la sphére de Mercure, & même plus loin. Comment est-ce que le prémier Elément, & le second Elément, qui sont ou au centre, ou plus prés du centre, ou immédiatement au dessous de ces parties brisées, leur cédent ainsi le droit qu'ils ont en vertu de leur grande agitation & de leur disposition au mouvement, sur la place qu'elles occupent vers la circonference. Que si une fois ce désordre, tout opposé qu'il est aux loix que M. Descartes a établies dans son Monde, se tolére vers le Soleil, pourquoi auprés de nôtre Terre, une pierre que j'aurai jettée en l'air, sera-t'elle contrainte de descendre avec violence vers le centre par la matiere du second Elément, qui se trouve au dessous d'elle, sous prétexte que cette pierre s'est saisie d'une place, qui ne lui appartient pas, & qui est dûë à la matiere qu'elle a déplacée à raison de son grand mouvement.

P. 3. princip. num. 190.

C'est ainsi que les Principes de M. Descartes s'accordent. C'est ainsi qu'il trouve le moien de les faire servir à des conclusions contradictoires, à la faveur de quelques petites comparaisons, dont il sçait user à propos, pour éblouïr ceux qui lisent ses ouvrages sans les méditer, & qui pour l'ordinaire ne lui servent qu'à déguiser des paralogismes, & à faire passer des propositions que nulle bonne raison ne pourroit appuier. C'est là, Monsieur, le premier argument de ces Messieurs les Peripateticiens dont la conclusion vous offenseroit peut-estre, si vous ne connoissiez pas le stile philosophique, qui n'est pas toûjours si poli que celuy de la Cour.

SECOND ARGUMENT.

Voici le second. Pour comprendre cette difficulté, il faut supposer avec M. Descartes, que les Etoilles fixes ne sont pas dans la circonference d'une même Sphére, ni également éloignées du centre du Monde visible : que les unes sont plus enfoncées dans ces vastes espaces du Firmament, les autres sont plus avancées vers le centre du Monde. Il faut aussi se souvenir qu'elles ont toutes chacune leur Tourbillon, dont elles occupent le centre ; & que ces Tourbillons sont tout autant de Sphéres differentes placées au dessus, au dessous, & aux côtez les unes des autres. De sorte, par exemple,

378 **Voiage du Monde**
que nous pourrons concevoir le Tourbillon du Soleil, où nôtre Terre se trouve avec les autres Planétes, comme une Sphére fluide entourrée de plusieurs.

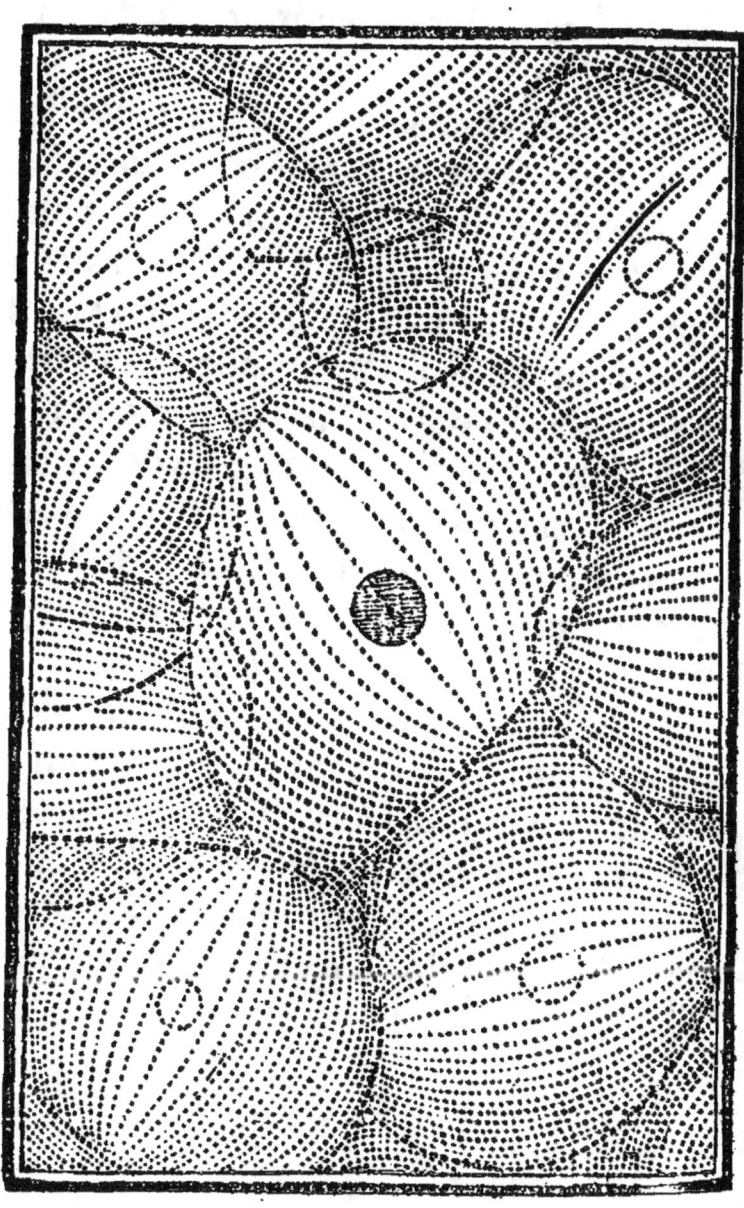

S. *Tourbillon du Soleil.*

autres semblables, qu'elle touche en divers points de sa surface exterieure, de même qu'une boule environnée de toutes parts d'autres boules, les touche toutes par differens endroits de sa circonférence.

En troisiéme lieu, il faut rappeller dans son esprit la maniére, dont M. Descartes explique la Lumiere, qui consiste selon luy dans l'effort, que fait la matiere du prémier Elément, qui est au centre du Tourbillon, pour s'éloigner de ce centre : d'où il arrive, que poussant la matiere céleste ou du second Elément, qui est au dessus d'elle, dans tous les points imaginables, cet effort & cette pression se font dans toutes les lignes, qui vont à la circonference du Tourbillon ; quelques-unes desquelles rencontrant nécessairement nôtre œil, quand il est tourné vers l'Etoile, ou vers le Soleil, elles le pressent & l'ébranlent d'une maniere qui détermine nôtre ame à la perception, que nous appellons vision.

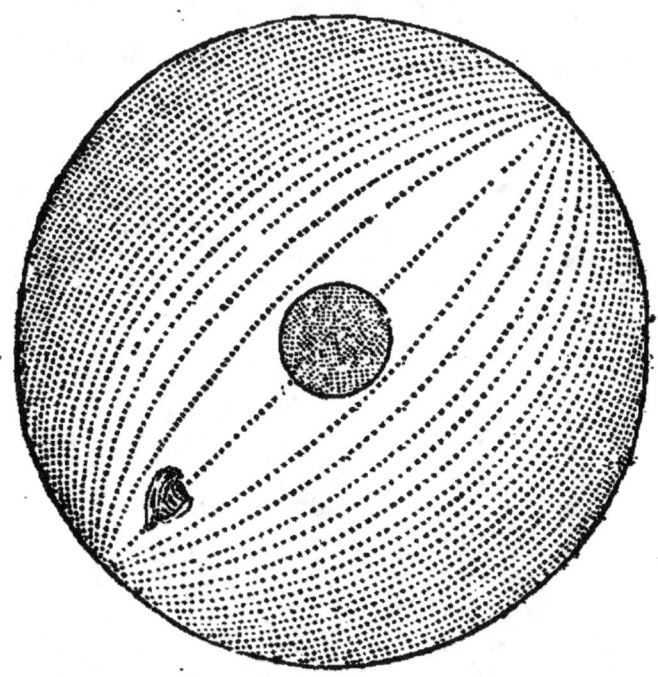

Cela se comprendra aisément dans cette figure, où les petits points qui sont au centre du cercle, représentent la matiere du premier Elément ou le corps de l'Etoile. Les lignes tirées à la circonference representent la matiere céleste, dont les raïons aboutissent à l'œil placé dans la circonference du Tourbillon.

On ose assurer, que dans cette disposition de Tourbillons, nous qui sommes dans celui du Soleil ne pourrons pas voir les Etoiles, en supposant les principes de M. Descartes.

Ajoutons à la figure précedente qua-

DE DESCARTES. IV. PART. 381
tre autres Tourbillons, que je suppose
être les Tourbillons de quatre Etoiles

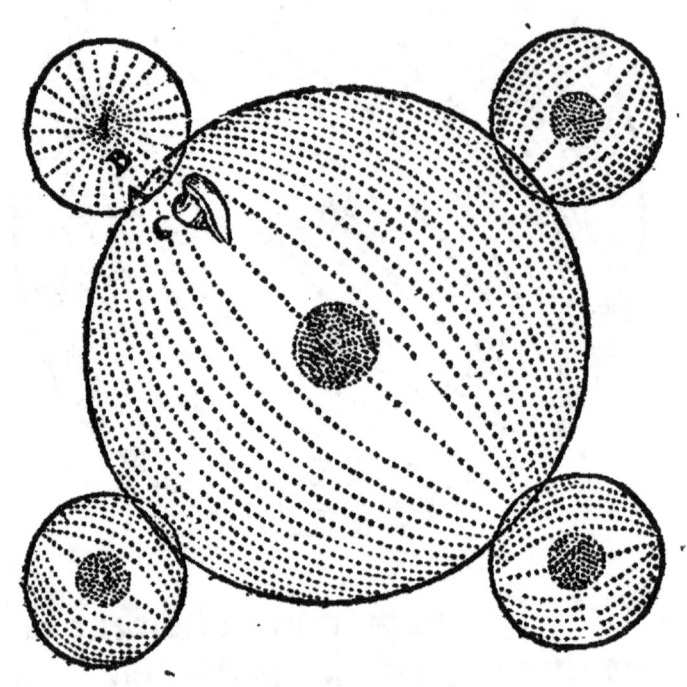

les plus proches de celui du Soleil. Que
l'œil, qui étoit tourné dans l'autre figure pour voir le Soleil, soit tourné
vers un de ses Tourbillons, pour regarder par exemple l'Etoile B. on démontre par les principes de M. Descartes,
qu'il ne peut pas la voir.

Démonstration.

L'œil ne peut voir l'étoile B. que par
le moien des rayons, ou des lignes de la

matière célefte pouffée par l'effort, que l'Etoile B. fait pour s'éloigner du centre de fon Tourbillon, & dont l'impulfion vienne fe communiquer à l'œil en le preffant, & remüant les filets de fon nerf optique. Or cela eft impoffible en fuppofant l'œil placé dans le Tourbillon du Soleil. On le prouve de la forte.

Cette impulfion ne peut fe communiquer à l'œil qu'en deux manieres ; ou bien immédiatement par un raïon, ou ligne de la matiere du Tourbillon de l'Étoile, qui aboutiffe à l'œil ; ou bien médiatement par une ligne du Tourbillon folaire où l'œil fe trouve, repouffée vers l'œil par le Tourbillon de l'Etoile. Comme fi la ligne B. A. du Tourbillon de l'Etoile repouffoit vers l'œil la ligne A. C. du Tourbillon folaire. Car il eft impoffible de concevoir, que l'Etoile caufe quelque preffion dans l'œil, que par un de ces deux moïens : or on ne peut avoir recours ni à l'un, ni à l'autre.

On ne peut pas fe fervir du prémier, parce que les Tourbillons, felon M. Defcartes, ont chacun leur diftrict féparé, & leur mouvement tout différent. De forte que les lignes de l'un ne fe mêlent jamais dans les lignes de l'autre : mais elles se terminent toutes chacune à la circonference de leur Tourbillon ; & si l'on admettroit une fois cette communication, ou plûtôt cette confusion, tout retourneroit bien-tôt dans ce cahos confus & embroüillé, d'où M. Descartes veut que son Monde soit sorti par les seules loix du mouvement ; & de plus, comme il n'y a nul point dans le Tourbillon du Soleil, d'où on ne puisse voir l'Etoile, il faudroit, que la matiére du Tourbillon de l'Etoile occupât tout l'espace du Tourbillon du Soleil, ce qui seroit la chose du monde la plus absurde.

Reste le second moien, qui ne peut pas être plus utile à M. Descartes, que le premier, en suivant ses principes, parce que, selon lui, les Tourbillons, quoique peut-estre inégaux en grandeur, doivent être toûjours exactement d'égale force. Car, dit-il, s'ils n'avoient entre eux cette égalité, ils se détruiroient infailliblemement. Or cette égalité vient de ce que l'Etoile d'un Tourbillon se remüant toûjours uniformement en rond, pousse la matiere de son ciel vers la circonference, & contre les Tourbillons voisins précisement avec autant

Traité de la Lumiere. Ch. 15.

de force, que les Etoiles des autres Tourbillons poussent la matiere de leur Ciel contre le sien. D'où s'ensuit, selon lui, qu'ils se soûtiennent toûjours les uns contre les autres: mais aussi de là on conclut manifestement, que la matiere d'un Tourbillon ne peut pas repousser celle de l'autre, ni la faire reculer vers le centre, d'où elle s'éloigne de toute sa force, & de toute la force de l'étoile qui la pousse. Donc l'effort que fait la matiere d'une étoile pour s'éloigner de son centre, ne peut pas se faire sentir à nôtre œil, tandis qu'il est dans le Tourbillon solaire; puisque la communication de cette impression se trouve invinciblement empêchée par la matiere du Tourbillon solaire, qui s'y oppose de toute sa force, & qui consequemment empêche cette pression de l'organe, laquelle seule cause la vûë de l'objet. Car pour nous expliquer par une comparaison semblable à celle dont M. Descartes se sert souvent; supposons un aveugle, dont la main sans avancer ni reculer touche au bout d'un bâton. Supposons en second lieu, que sa main soit tellement disposée, qu'afin qu'elle sente ce bâton, il ne suffise pas, qu'elle y soit immédiatement jointe,

mais

mais, qu'il faille outre cela quelque pression du bâton contre cette main. Supposons en troisième lieu, qu'une autre main le pousse avec grande force contre celle de l'aveugle. Supposons enfin, qu'une troisième personne tenant le bâton par le milieu, fasse effort pour l'éloigner de la main de l'aveugle, & que cet effort soit précisement égal à celui que fait la seconde main pour le pousser. En ce cas le bâton n'avancera, ni ne reculera, il ne se fera aucune pression dans la main de l'aveugle ; & par conséquent suivant la prémiere partie de la supposition, il ne le sentira point.

Appliquons ceci à nôtre sujet. Imaginons nous une ligne de matiere céleste étenduë depuis l'œil jusqu'à la circonference du Tourbillon solaire. La conjonction immédiate de cette ligne avec l'œil, ne suffit pas pour faire la sensation de la lumiere, si nous n'ajoutons quelque autre chose. Ce qu'il faut donc ajouter, c'est un effort & une pression de cette ligne contre l'œil, qui le déterminera à voir ; c'est là la doctrine de M. Descartes. Or d'où viendra cette pression dans l'hypothese dont il s'agit ?

R

Ce ne fera pas précifement de cette ligne de matiere célefte, puifqu'elle fait effort au contraire pour s'éloigner de l'œil vers la circonference du Tourbillon. Elle ne peut donc venir que de la ligne du Tourbillon de l'étoile voifine, qui repouffe celle-ci vers l'œil. Mais celle-ci faifant autant d'effort pour s'éloigner de l'œil, que l'autre en fait pour la pouffer vers l'œil il s'enfuit que cet effort ou impulfion ne parvient point jufqu'à l'œil, non plus que l'effort de la main qui pouffe le bâton ne parvient point jufqu'à la main de l'aveugle; & que l'œil ne reçoit point de la matiere célefte, qui le touche, la preffion requife pour la fenfation de la vûë: comme la main de l'aveugle ne reçoit point du bâton la preffion requife au fentiment du toucher, ou pour fentir le bâton; & que par confequent, l'œil placé dans le Tourbillon du Soleil, ne verra pas plus l'étoile, que l'aveugle ne fentira le bâton.

DE DESCARTES. IV. PART. 387

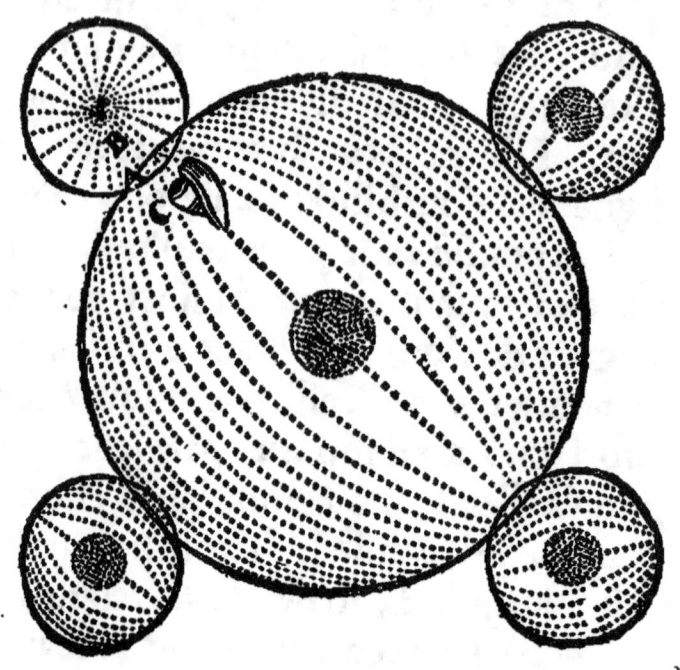

Mais pour confirmer tout ceci, il faut se souvenir, que dans les principes de Descartes, non seulement tout ce qui rompt cet effort & cette pression, mais encore ce qui diminue l'un ou l'autre, empêche conséquemment l'effet de l'objet lumineux sur nôtre œil, & c'est ainsi que ce Philosophe explique les macules du Soleil, ou ces défauts de lumiére, que nous apercevons dans quelques endroits du disque de cet Astre. Car, selon lui, des parties du troisiéme Elément s'étant accrochées les unes aux autres sur la surface du Soleil, empêchent la

R ij

matiere du premier Elément, dont le Soleil est composé, de pousser la matiere celeste vers mon œil, avec toute la force, dont elle la poussoit auparavant: ce qui est cause, que les lignes de matiere celeste, qui touche mon œil, & que l'on conçoit s'étendre jusqu'à cette matiere du troisiéme Elément amassée sur le corps du Soleil, ne sont plus pour moi des raïons de lumiere, qui me fassent voir cet endroit du Soleil lumineux comme les autres. De sorte que la lumière, que j'apperçois dans tout le reste du corps du Soleil, me fait appercevoir dans cette partie un défaut de lumiere, qu'on appelle macule. Or il est visible, que cette portion de matiere du troisiéme Elément, qui flote seulement sur la surface du Soleil, rompt moins l'effort, dont la matiere du Soleil pousse la matiere celeste vers mon œil, que si une force égale à celle de la lumiere du Soleil la repoussoit, & l'arrêtoit, comme il arrive ici, où la matiere du Tourbillon solaire s'oppose à l'effort de l'étoile, & l'empêche par consequent de se faire sentir à mon œil. Mais M. Descartes a beau se debattre ici, & tâcher de faire prendre le change à son Lecteur, par l'explication des réfractions qui arri-

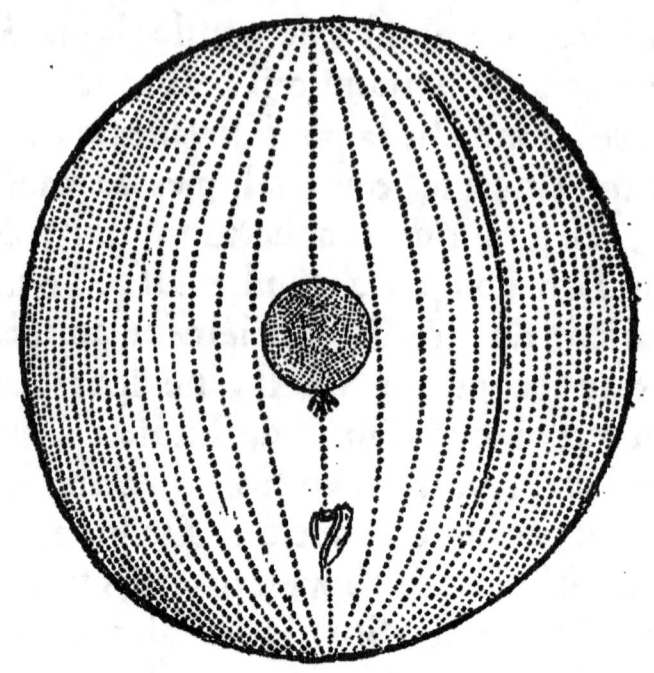

vent aux raions des Etoiles, lorsqu'elles passent dans le Tourbillon du Soleil. Il ne fait point autre chose en cela, que d'envelopper la question de nouvelles ténebres, au travers desquelles il semble vouloir se sauver. Qu'il nous dise seulement ce qu'il entend par ces raions de l'Etoile, qui viennent jusqu'à la terre au travers du Tourbillon solaire. Mais ce que nous avons expliqué, montre qu'il ne peut rien dire de tolerable là-dessus.

Que si l'on ne peut concevoir la communication de l'effort & de l'impulsion d'une étoile, dont le Tourbillon touche immédiatement celui du Soleil, que sera-ce des autres Etoiles, dont les Tourbillons sont infiniment éloignez de celui du soleil, & desquelles l'impression ne se pourroit faire sentir à nôtre œil, qu'au travers de plusieurs autres Tourbillons, dont la matiere se remuë diversement, & qui sont tous autant d'obstacles à cette communication? Certainement quand tout ce que nous venons de dire, ne seroit pas tout à fait démonstratif pour les Etoiles les plus proches du Soleil, il le seroit sans doute pour toutes les autres; & ainsi au lieu d'une infinité d'Etoiles, que nous voions briller la nuit dans le Ciel, nous n'en découvririons pas cent avec les meilleures lunetes.

Mais que seroit-ce, si on ajoûtoit que nous ne devrions pas même voir le Soleil? On le prouve cependant par les mêmes principes: car pour cela, il suffit que la Terre ait un Tourbillon particulier, dont le mouvement soit égal, & opposé à celui de la matiere céleste, que le Soleil pousse vers nos yeux. Or tout cela est vrai selon M. Descartes: car il enseigne expressément, que la Terre a un Tourbillon particulier, dont la matiere fait effort pour s'éloigner du centre. Cet effort est contraire à l'effort de la matiére du Tourbillon solaire du côté que la Terre est éclairée du Soleil. Cet effort est égal à celui de la matiere du Soleil: car sans cela ce Tourbillon de la Terre ne se conserveroit pas. Donc l'impression du Soleil ne peut pas arriver jusqu'à nôtre œil, du moins avec la veheméce avec laquelle elle y vient pour nous faire paroître le Soleil si lumineux.

Que dirons-nous des Planétes & des Cométes, que nous ne voions que par les raïons du Soleil réfléchis, qui par consequent ne sont pas sans comparaison si forts, que s'ils étoient directs? Si le Tourbillon de la Terre, en raisonnant sur les Principes de Descartes, doit arrêter ceux-ci, à combien plus forte raison devroit-il arrêter ceux-là, & nous empêcher de voir tous ces astres?

Tout cela nous paroît difficile; & avant que de nous faire Cartésiens, nous voulons être parfaitement instruits là dessus. Mais il nous reste encore quelque chose de meilleur peut-être sur ce Tourbillon particulier de la Terre, qui nous fait une troisiéme difficulté.

TROISIE'ME ARGUMENT.

Cette troisiéme difficulté est si bien fondée dans les Principes de M. Descartes, & a de si grandes suites contre le système de son Monde, que quand toutes les autres ne seroient rien, elle seule semble déconcerter tout ce qui y paroit le mieux établi. Il suppose que la Terre a son Tourbillon propre & particulier dans le grand Tourbillon solaire : Privilege, qu'il attribuë encore à Jupiter, & que la Lune n'a pas. Il explique cette supposition d'une matiere fort naturelle & fort simple par l'exemple de ces grands tournants d'eau, que l'on voit quelquefois dans les riviéres. Au milieu de ces grands tournants, il s'en fait de petits, qui suivent le mouvement du grand, & sont emportez autour de son centre, faisant en même tems tourner des feüilles & des pailles autour du leur propre. Il n'y a rien de mieux imaginé pour faire comprendre comment la Terre & Jupiter étant emportez autour du Soleil par la matiere du grand Tourbillon solaire, ils font en même temps tourner autour d'eux d'autres Planétes : comment la Lune est entraînée autour de la Terre, & quatre petites Planétes autour de Jupiter. Mais par malheur en examinant cette supposition sur les principes de nôtre Philosophe, elle paroit tout-à-fait impossible: & nous soutenons que la terre dans les

DE DESCARTES. IV. PART. 393
principes mêmes de M. Descartes, ne peut avoir de Tourbillon particulier.

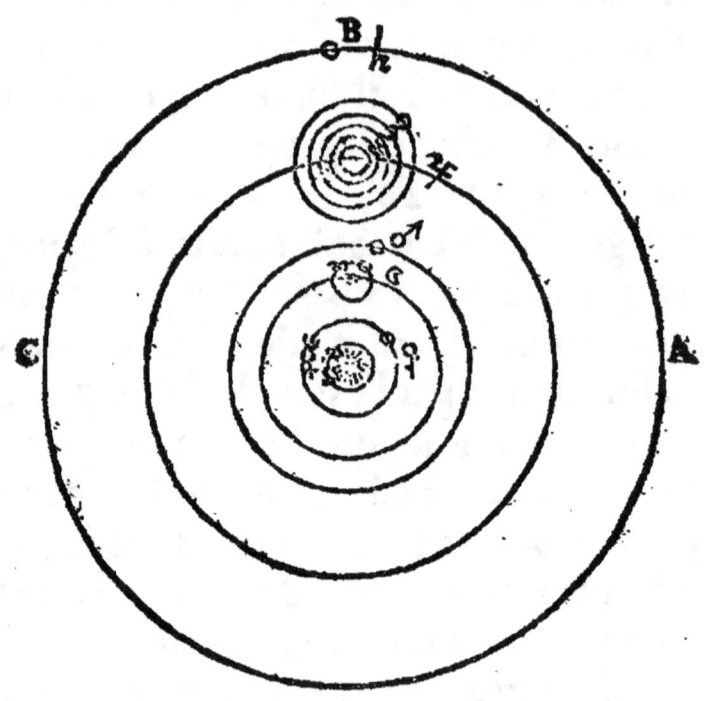

Démonstration.

Ou le Tourbillon particulier, que l'on donne à la Terre, est le même qu'elle avoit, lorsqu'elle étoit encore étoile ; ou c'en est un nouveau, qui s'est fait depuis que l'autre a été détruit. On soûtient que ni l'un ni l'autre ne peut être. Donc elle n'en peut avoir.

Ce ne peut pas être celuy qu'elle avoit autrefois. Car selon M. Descartes, une étoile ne devient Planéte ou Comète,

R v

qu'en perdant son Tourbillon. Selon lui un Tourbillon ne se conserve, que parce que sa matiere a autant de mouvement & de force, que la matiére de ceux qui l'entourent ; & sa matiére perd cette égalité de force & de mouvement, dés là que l'Etoile qui est au centre ne lui en peut plus tant communiquer, à cause des taches qui la couvrent. Or la Terre non seulement est une Etoile couverte de taches, mais même de plusieurs grosses croûtes d'une profondeur immense. Elle n'a donc pû se conserver son Tourbillon, & il a dû être entiérement détruit & englouti, (pour nous servir du mot qui répond au Latin de M. Descartes,) par celui du Soleil. Il reste donc à voir si la Terre a pû se faire un nouveau Tourbillon, depuis qu'elle est descenduë vers le Soleil.

M. Descartes prend en effet ce parti, & pour faire comprendre sa pensée, il fait la figure suivante, qui représente le Tourbillon du Soleil, dont le centre S. est le Soleil. Le petit cercle ou ellipse ponctuée C. D. B. A. représente le petit Tourbillon ovale de la Terre, qui fait tourner la Lune autour de la Terre. T. Le cercle N. A. C. Z. est celui que décrit la Terre dans l'espace d'un an autour du Soleil. Le cercle B. & le cercle D. ter-

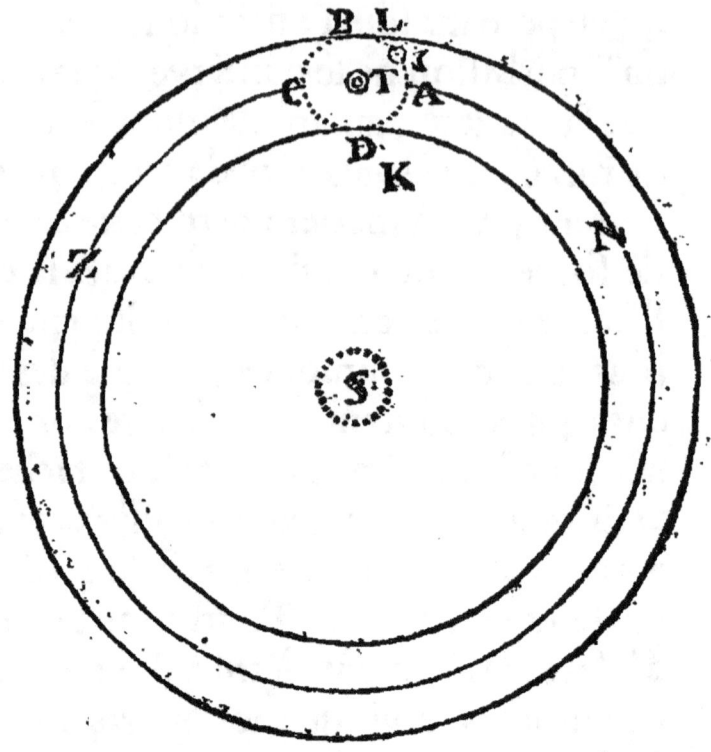

minent le plus petit diamétre du Tourbillon ovale de la Terre. Il suppose outre cela, que quoique les Planétes & la Terre soient emportées autour du Soleil par la matiere celeste, cette matiere va néanmoins plus vîte que les Planétes, de même que l'eau d'une riviere coule plus vîte que les bateaux, qui suivent son courant.

S. Le Soleil. T. La Terre. ABCD. Le petit Tourbillon de la Terre. NACZ. Le grand Orbe, dans lequel la Terre est emportée autour du Soleil.

De cette supposition, il conclut, que la matiere du ciel ne doit pas seulement faire tourner les Planétes autour du Soleil; mais encore autour de leur propre centre, & qu'elle doit composer de petits cieux autour d'elles, qui se remuënt en même sens que le plus grand.

Il conclut en second lieu, que s'il se rencontre deux Planétes dans le même cercle, dont l'une soit plus petite, & aille par conséquent, selon lui, plus vîte que l'autre, la plus petite arrivant vers l'autre, se doit joindre au petit ciel, qui sera autour de la plus grosse, & tournoier éternellement avec lui. Et c'est, dit-il, ce qui arrive à la Lune par rapport à la Terre.

Comme de ce Tourbillon particulier de la Terre dépend presque toute la Physique de M. Descartes, & que c'est, pour ainsi dire, la principale roüe de toute sa machine, il a dû l'établir d'une maniere qui rendît la chose incontestable, & ne rien supposer ici, qu'on pût justement révoquer en doute, & qu'il ne pût défendre avec toute la solidité possible. Voions ce qui en est.

Il explique sa prémiere supposition, sur laquelle tout le reste est appuié; sçavoir que la matiere céleste, qui entraîne la Planéte autour du Soleil, va plus vîte que la Planéte; il explique, dis-je, cette supposition par la comparaison d'un bateau, qui descend sur une riviére, & qui ne va pas si vîte, que l'eau de la riviére : comparaison specieuse, mais qui n'a rien de solide; puisque la raison pour laquelle le bâteau ne va pas si vîte que l'eau qui l'entraîne, ne se trouve point dans la Planéte qui nage au milieu de la matière céleste. Cette raison est que la partie du bateau laquelle est hors de l'eau, rencontre de la resistance dans l'air, qui n'a pas le même cours que l'eau, & qui par consequent résiste au mouvement que l'eau imprime au bateau : & plus cette resistance est grande, comme quand le vent est contraire, plus le mouvement du bateau est lent, en comparaison de celui de l'eau : & d'autant moins que cette resistance est grande, comme quand le vent est favorable, d'autant plus vîte est le mouvement du bateau : mais cela ne se rencontre point dans la Planéte, qui est plongée au milieu de la matiere céleste : elle n'a rien qui s'oppose à tout le mouvement que cette matiére lui doit imprimer. Outre qu'étant d'elle-même indifferente au mouvement & au repos, à tel, ou à tel dégré de mouvement, à telle, ou à telle détermination, elle ne fait nulle résistance à la matiére du ciel, ainsi que parle M. Descartes même.

Il apporte ensuite une raison de cette inégalité de mouvement de la Planéte, & de la matiere céleste qui l'emporte: c'est, dit-il, que, quoique de petits corps tels que sont les parties insensibles de la matiére celeste, s'accordant tous ensemble, pour agir contre un plus gros, puissent avoir autant de force que lui, toutesfois ils ne le peuvent jamais faire mouvoir si vîte en tous sens, comme ils se meuvent, à cause que s'ils s'accordent en quelques-uns de leurs mouvemens, lesquels ils lui communiquent, ils différent infailliblement en d'autres, qu'ils ne lui peuvent communiquer.

Ou nous nous trompons, ou cette raison n'est qu'un pur galimathias, au moins par rapport à l'affaire dont il s'agit; & un de ces petits coups d'adresse, dont nous avons remarqué, que M. Descartes se sert de tems en tems fort à propos pour éblouïr son Lecteur, & lui cacher le foible de quelque conclusion nécessaire à son systême, qu'il sent bien, mais dont il ne veut pas qu'on s'apperçoive. Car alors il apporte quelque comparaison éblouïssante, qui lui sert à préparer l'esprit, & à apprivoiser, pour ainsi dire, l'imagination du Lecteur, quoi que quelquefois elle ne fasse rien pour le point principal de la difficulté ; il y ajoûte aussi tôt, pour la soutenir, quelque raison abstraite, que peu de gens peuvent, ou veulent se donner la peine d'approfondir ; prévoiant bien, qu'étant déja à demi gagnez par la comparaison, ils se rendent aisément à quelque petite apparence de vérité, qu'il leur fait entrevoir dans sa raison, qui souvent n'est au fond qu'un vrai sophisme. Et pour ce qui est de celle-ci, qu'importe, que de petits corps, qui en poussent un plus grand, aient divers mouvemens ? Qu'importe, qu'ils ne lui communiquent pas tous ces divers mouvemens ? pourvû qu'ils aient assez de force pour le pousser, que ce corps ne leur fasse nulle résistance, qu'ils s'accordent tous, comme on le suppose ici avec M. Descartes, à lui communiquer le mouvement dont il s'agit, & qu'on les conçoive tous appliquez à sa surface, de maniére à le pousser vers l'endroit, où ils sont eux-mêmes poussez. Car certainement, dans ces circonstances, on conçoit qu'il doit aller aussi vîte qu'eux.

Cependant d'un principe aussi peu établi que celui-là, il conclut que la matière céleste doit faire tourner la Planéte autour de son centre, & composer un petit ciel autour d'elle, qui se remuë en même tems que le plus grand. Mais ne lui disputons point cette supposition, toute mal prouvée qu'elle est; suivons-le dans son raisonnement; & pour voir, s'il est juste, imaginons-nous la Terre T. comme suspenduë dans le vuide, & représentons-nous comme un cercle de matière céleste de la largeur du diamétre de la Terre, qui, venant avec impetuosité comme un torrent, l'emporte tout d'un coup : mais comme on suppose qu'il va avec plus de vîtesse qu'elle, il me semble que, sans avoir fort étudié les régles des déterminations du mouvement, on conçoit que ce torrent de matiére céleste rencontrant ainsi la Terre, se divisera incontinent en deux parties, & comme en deux bras, dont l'un coulera par dessus, & l'autre par dessous la Terre; & que si nous concevons ce torrent d'une profondeur égale ou plus grande, que le diamétre de la Terre, il se répandra de toutes parts sur la surface de la Terre, par dessus, par dessous, & de tous côtez. D'où s'ensuit, qu'il

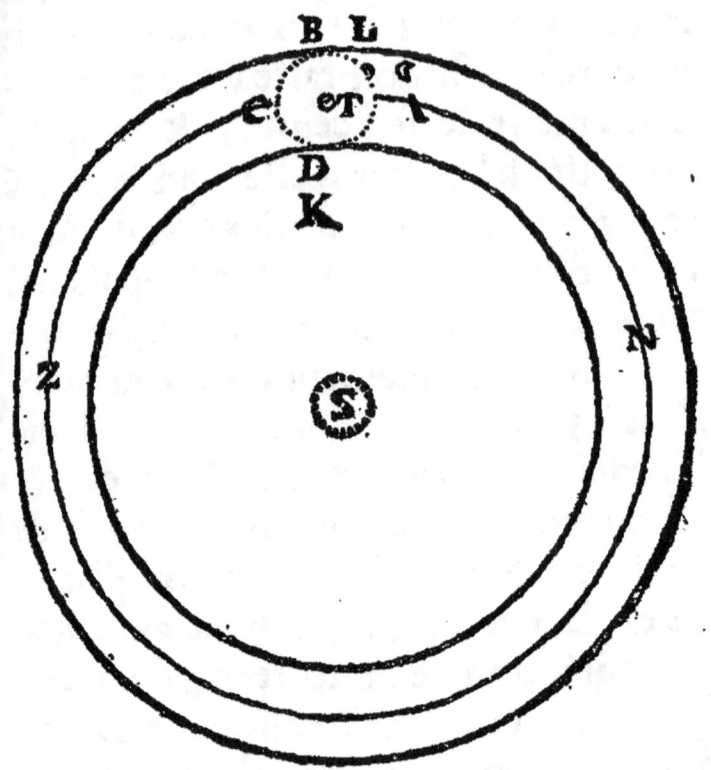

ne lui imprimera aucun mouvement autour de son centre, & qu'il le lui ôteroit même, si elle l'avoit, toutes les lignes de ce torrent se contrebalançant les unes les autres, & s'opposant aux déterminations, qu'elles trouveroient dans la Terre contraires à la leur. Or il nous semble, qu'en expliquant les

S. *Le Soleil.* T. *La Terre.* ABCD. *Le petit Tourbillon de la Terre.* NACZ. *Le grand Orbe, dans lequel la Terre est emportée autour du Soleil.*

choses de la sorte, ce n'est point une comparaison que nous donnons, mais une parfaite idée de ce qui doit arriver dans le mouvement de la matiére céleste, qui emporte la Terre autour du Soleil.

Pourquoi donc Descartes veut-il que la matiére céleste, qui emporte la Terre, & qui s'applique à sa superficie du côté d'A. allant plus vîte qu'elle, coule toute entiere d'A en B. & que la moitié n'aille pas d'A en D ? car il est impossible, que les choses se fassent, & se conçoivent autrement. Mais si cela se doit faire de la sorte, comme on n'en peut pas douter, il n'y a plus de Tourbillon; puisque la matiére, qui coule d'A en D. empêche celle qui va d'A en B. de revenir par C. D. Se peut il rien de plus évident & de plus sensible que cette démonstration?

Mais supposé que, par impossible, la matiére qui arrive en A. dût toute se détourner, pour couler vers B. le Tourbillon se feroit il ? Non, asseurément : car allant de B. en C. & arrivant en C. elle doit s'éloigner du centre de son mouvement, & continuër son chemin vers D. dont la raison est dans les Principes de Descartes, que c'est l'endroit de tout le petit cercle qu'elle avoit commencé à décrire, où elle trouve moins de résistance. Prémierement, parce que la matiére, qu'elle rencontre dans ce point, est déja en mouvement vers Z. & lui cede d'elle-même sa place. Secondement, parce que celle qui est au dessous, c'est-à-dire entre D. & C. lui résiste & l'empêche de descendre, étant plus pesante qu'elle, selon M. Descartes. Et en troisiéme lieu, parce que le cercle C. Z. est son lieu naturel selon le même Philosophe. Elle coulera donc plûtôt vers Z. que vers D. & par conséquent ne fera point de Tourbillon.

Mais, supposons encore, que le Tourbillon se fasse, & que la matiére acheve son tour d'A. en B. de B. en C. & de C. en A. ce Tourbillon se conservera-t'il ? Point du tout. Car de trois choses l'une : ou il est plus fort que le Tourbillon du Soleil ; c'est-à-dire, que sa matiére tend plus fortement à s'éloigner de son centre, que celle du Tourbillon du Soleil, qui est depuis S. jusqu'à D. ne tend à s'éloigner du sien, ou il est moins fort, ou il est égal. S'il est moins fort, il doit être détruit par celui du Soleil. S'il est plus fort, il doit détruire celui du Soleil. Il reste donc, qu'il soit égal en force; il faut nécessairement que Descartes le suppose: mais comment nous le prouvera-t'il, je ne dis pas par une démonstration, (on ne veut pas le mettre à une si forte épreuve) mais pourra-t'il seulement nous apporter la moindre conjecture, qui nous rende cette supposition vrai-semblable? Ne pourrions-nous pas au contraire apporter plusieurs raisons, pour détruire cette supposition? Ne pourrions-nous pas montrer, que si le Tourbillon de la Terre étoit aussi fort que celui du Soleil; & que si les petits Globes, dont il est composé s'éloignoient avec autant de force du centre du Tourbillon, la Terre, selon les Principes de Descartes, devroit paroître un Soleil, & Jupiter aussi? puisque ce qui nous fait paroître lumineux le centre d'un Tourbillon, c'est le mouvement véhement de sa matière, quand même, dit Descartes, ce centre seroit vuide de toute matière? Ne pourrions-nous pas encore, en imitant le stile de ce Philosophe, comparer le Tourbillon du Soleil depuis S. jusqu'à D. à une grande Mer, dont le flux se trouvant contraire à la pente d'une petite rivière, à laquelle nous comparerions le Tourbillon de la Terre, l'oblige à rebrousser chemin, & détermine ses eaux à un mouvement tout opposé à celui qu'elle avoit auparavant? Or selon M. Descartes, un Tourbillon être détruit, & la matière de ce Tourbillon prendre le mouvement & la détermination d'un autre, c'est la même chose. Si M. Descartes pouvoit prouver son Tourbillon de la Terre par la moindre des raisons, que nous avons apportées, ou par une comparaison aussi naturelle que celle que l'on vient d'employer pour montrer que c'est une pure chimére, il se croiroit en sûreté contre toutes les attaques de ses plus habiles adversaires.

Que si maintenant nous venions à examiner les difficultez, qui se peuvent prendre du côté de la petite Planéte, c'est-à-dire de la Lune considérée dans le petit Tourbillon de la Terre, peut-être n'en trouverions-nous guéres moins.

406 VOIAGE DU MONDE

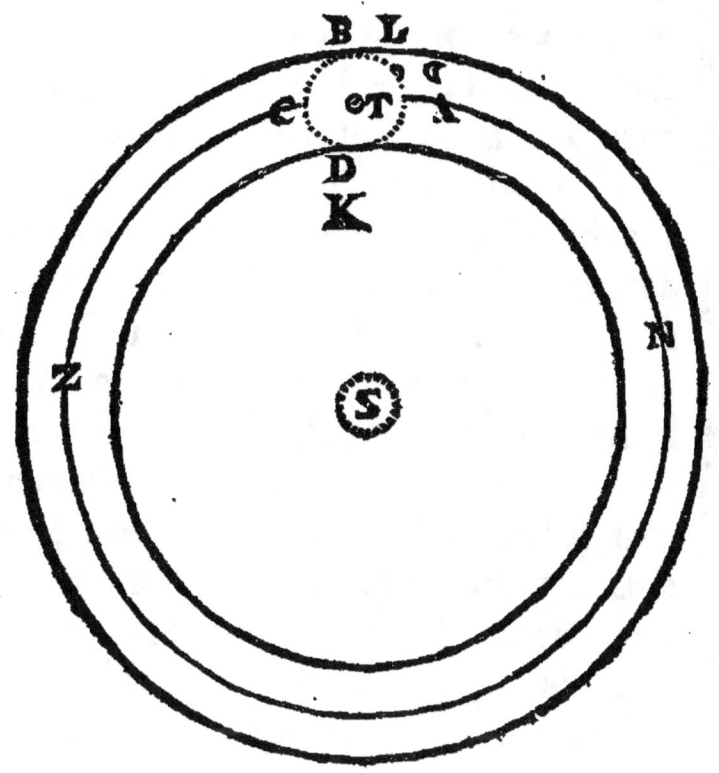

On avance seulement, qu'en supposant, que la Lune arrivant en A. fût
emportée vers B. elle devroit sortir du
Tourbillon en C. Car 1°. elle est la circonference du petit Tourbillon, selon
M. Descartes. 2°. elle fait effort pour
en sortir par le grand Principe du mouvement Circulaire ; que tout corps qui
est mû en rond fait effort pour s'échaper
par la Tangente du Cercle qu'il décrit.
Il prétend, qu'elle ne peut sortir vers B.
parce que la matiére du Tourbillon so-

laire en cet endroit, est plus légére, & la repousse vers le centre. Elle ne descendra pas non plus, selon lui, vers K. parce, dit-il, que la matiére céleste de cette partie du Tourbillon est plus pesante qu'elle, & s'oppose pareillement à sa descente : mais nous, nous prétendons qu'elle sortira en C. & continuëra sa route vers Z. Car étant en C. elle ne trouve point de résistance, puisque la matiére de C. Z. est celle de son cercle, qui se trouve déja en mouvement pour lui ceder la place. D'ailleurs étant dans ce point, elle fait actuellement effort, pour s'éloigner du centre de son mouvement, c'est-à-dire de T. Elle s'en éloignera donc, puisque rien ne l'en empêche comme dans les autres points; & au sortir de son cercle elle sera déterminée à continuer son chemin vers Z. par la matiére qui est au dessus & au dessous de ce cercle, pour les raisons que M. Descartes en apporte lui-même.

Malgré tout cela néanmoins, on voit bien que M. Descartes avoit ses raisons, pour supposer les choses de cette manière. Son systême étoit trop avancé: il ne falloit pas qu'il en demeurât-là pour la Lune. Toutes les principales Planétes étoient placées chacune selon le rang, que leur donne leur solidité. La Lune même avoit trouvé sa place dans le cercle de la Terre. Il s'est trouvé un petit inconvenient ; c'est qu'il falloit qu'elle tournât autour de la Terre, & que par conséquent elle fût tantôt dans le même cercle que la Terre, & tantôt qu'elle n'y fût pas. Un petit Tourbillon lui étoit nécessaire pour cela. C'est-là l'unique & la meilleure raison qu'il ait eu d'en faire un exprés, & sans cela les seules loix de la Statique ne l'auroient jamais obligé à faire cette nouvelle dépense.

On ne se seroit pas arrêté si long-tems sur cet article, si on ne l'avoit consideré comme le point capital du système Cartésien, & comme le fondement de ce grand édifice, qui a été regardé de nos jours par tant de gens, comme le chef d'œuvre de l'esprit humain. On en va voir l'importance, dans les conséquences, que nous en allons tirer.

Conséquences de la démonstration précédente.

La prémiére conséquence regarde l'Astronomie, & les Phénoménes des Planettes nétes. Car prémierement le Tourbillon ne subsistant plus, la Lune ne tourne plus autour de la Terre, puisque selon M. Descartes, l'unique cause, qui la fait tourner autour de la Terre, est ce Tourbillon qui l'emporte. Secondement les quatre Satellites de Jupiter perdront cette qualité, qu'ils ne possedent que parce qu'ils marchent toûjours à l'entour de lui, & cela par le moien du Tourbillon particulier, qu'on donne à cette Planete, aussi-bien qu'à la Terre dans le grand Tourbillon solaire. Car tout ce que nous avons dit du Tourbillon de la Terre & de la Lune, doit s'appliquer au Tourbillon de Jupiter & à ses Satellites.

Ces deux points sont assez considérables dans l'Astronomie, pour nous faire assûrer, que le Monde de M. Descartes n'est point du tout le nôtre; mais qu'il en est tres-différent.

La seconde conséquence regarde presque généralement tous les principaux Phénoménes de ce bas Monde, dont on ne touchera ici que les plus considérables, & les plus aisez à entendre. Ce n'est que par le moien du Tourbillon de la Terre, que les Cartésiens aprés leur Maître, expliquent la pesanteur des corps, & rendent raison du mouvement qu'ils ont vers le centre de la Terre : car par exemple, disent-ils, quand vous jettez une pierre en haut, elle met au dessous d'elle une masse du second Elément & d'air égale à son volume. Or cette masse a beaucoup plus d'agitation, & de disposition au mouvement, & par conséquent plus de force pour s'éloigner du centre de son Tourbillon, que la pierre, qui ne contient quasi que de la matiére du troisiéme Elément, & conséquemment elle doit être contrainte par la matiére du second, de descendre vers le centre du Tourbillon, c'est-à-dire vers celui de la Terre. Il est donc vrai de dire, que sans ce Tourbillon les corps pesants ne descendroient point, au contraire ils monteroient, & en ce cas nous verrions d'étranges choses.

Selon le nouveau systême, le Soleil, tout éloigné qu'il est de la Terre, ne seroit pas en assûrance, s'il se trouvoit encore de ces peuples, qui fâchez de ce qu'il les brûloit par l'ardeur de ses raions, s'assembloient en de certains tems, pour lancer contre lui un nombre innombrable de fléches. Car ces fléches tirées vers le Soleil, se rencontreroient dans la circonférence de son Tourbillon, & au milieu de cette matiere du second Elément, qui tâchant de toute sa force de s'éloigner du centre de son mouvement, contraindroit les corps moins capables de mouvement qu'elle, d'aller vers ce centre, c'est-à-dire vers le Soleil. Or ces fléches seroient des corps bien moins propres au mouvement, que la matiére du second Elément, donc elle les contraindroit d'aller vers le Soleil, chose assûrément bien surprenante. Et dans ce cas-là, nous rendrions aisément raison d'une expérience, que le P. Mersenne a écrit autrefois à M. Descartes, qu'il avoit faite; Qui étoit, qu'en tirant un mousquet bien perpendiculairement vers le Zenith, la bale ne retomboit point: car alors cette bale auroit infailliblement été emportée jusqu'au Soleil.

Selon ce systême, quand nous voudrions faire un voyage, je ne dis pas au globe de la Lune comme Cyrano de Bergerac, mais au Soleil même, rien ne nous seroit plus facile. Nous n'aurions qu'à nous tourner la tête bien perpendiculairement vers le Soleil, & ensuite faire un petit saut, pour nous mettre en mouvement, & donner lieu à la matière du Tourbillon solaire, qui viendroit frapper contre la Terre, de nous prendre par dessous les pieds. Selon le principe de Descartes, elle nous donneroit une impression, qui nous porteroit en moins de rien jusqu'à cet Astre. En un mot, les corps pesants ne descendroient plus vers la Terre, mais ils seroient tous emportez vers le Soleil.

Que dirons-nous du flux & du reflux de la Mer, qui est un des plus beaux endroits de la Philosophie de M. Descartes, & pour lequel seul on devroit avoir regret à ce Tourbillon: car à la faveur de ce Tourbillon M. Descartes, & M. Rohaut disent merveilles sur ce Phénoméne impénétrable de la nature. Non seulement il dépend entiérement du Tourbillon, mais encore de la figure de ce Tourbillon, qu'on a faite ovale exprés, & uniquement pour cela; quoique d'abord ce ne fut pas apparemment l'intention du Philosophe. Car jamais Poëte tragique n'a mieux, ni plus adroitement préparé les incidens de sa piéce, que M. Descartes a fait ses conclusions. On est surpris de voir, quand il les tire, qu'un mot qu'il avoit jetté en passant, & ce semble sans dessein, a été comme la semence d'une infinité de belles conséquences. On s'étonne dans sa troisiéme partie des Principes de voir la figure de ce Tourbillon, qui n'est pas mieux établie, que le Tourbillon même : mais quand on voit dans la quatriéme la nécessité que M. Descartes en avoit, pour expliquer le flux & le reflux de la Mer, on le loüe d'avoir pris cette précaution. Ce n'est pas pourtant que, nonobstant toutes ces belles & spécieuses explications des Phénoménes du reflux de la Mer, on ne démontre la fausseté du systême Cartésien, même sur ce point en particulier. De tres habiles Mathématiciens, qui ont paru depuis M. Descartes, nous ont fourni des réflexions & des observations pour nous en convaincre. On démontre par les observations des distances de la Lune, qu'on détermine par ses diamétres apparents, que cet Astre est autant éloigné dans plusieurs conjonctions & oppositions, que dans quelques quadratures, & aussi proche dans quelques quadratures, que dans quelques conjonctions & oppositions. Donc il est faux, que l'Apogée de la Lune soit toûjours dans les quadratures, & le Périgée dans les conjonctions, & dans les oppositions. Donc on ne peut pas supposer, que la Lune étant en conjonction, & en opposition, soit toûjours dans le petit diamétre du Tourbillon elliptique; & que dans les quadratures elle soit toûjours dans le grand Diamétre.

Cependant c'est par cette seule supposition, que Descartes explique, & peut expliquer l'inégalité des Marées dans les conjonctions & oppositions, & dans les quadratures, & de celles, que nous voions aux Equinoxes, & aux Solstices.

De plus, si lorsque la Lune passe par nôtre Méridien, la pression de l'Air étoit si notablement plus forte, que dans une autre heure du jour, on devroit s'en être apperçû dans les expériences communes du Tube de Toricelle. Jamais cependant on n'a remarqué cette difference, qui devroit être tres grande. Nous pourrions ajouter encore plusieurs autres raisons tres fortes contre ce systême : mais quoi qu'il en soit, si la Terre n'a plus de Tourbillon, il n'y a plus de flux ni de reflux. Or il est démontré par les principes mêmes de Descartes, qu'elle n'en peut avoir.

Enfin, selon M. Descartes, c'est la matiere céleste de ce Tourbillon, qui ayant plus de mouvement, qu'il ne lui en faut, pour tourner en vingt-quatre heures autour de la Terre, en emploie le surplus à se répandre de tous côtez, & cause avec la matiere du troisiéme & du prémier Elément toute cette grande varieté d'effets & de corps, que nous admirons dans le monde. Ainsi ce Tourbillon étant ruiné, tout sera en confusion, & retournera dans l'ancien cahos. C'est pourquoi il est non seulement de la gloire de M. Descartes, mais de l'intérêt de tout le genre humain de sauver ce Tourbillon. Au reste nous protestons, que nous verrons avec joie la solution des difficultez que nous lui avons proposées sur cet article & sur les autres, & qu'elle sera incontinent suivie de nôtre conversion entiére & sincere au Cartesianisme.

Mais, qu'en nous répondant, on n'entreprenne point de nous faire prendre le change : qu'on ne nous cite point un endroit de M. Descartes, pour nous convaincre qu'il n'a point dit le contraire dans un autre endroit, quand le fait est notoire. Cela n'est bon qu'à surprendre ceux qui n'ont pas lû exactement ses ouvrages, & à faire voir plus clairement la contradiction à ceux qui prennent la peine de confronter les endroits opposez. Nous voulons outre cela des réponses précises & plus nettes; que plusieurs de celles qu'il a fait autrefois lui même à plusieurs objections, qu'on a proposées contre sa Métaphysique. Ces réponses font naître une infinité de nouvelles difficultez dans l'esprit ; & cependant, parce qu'on les a imprimées avec quantité d'éloges de l'Auteur; parce qu'il s'y donne un air fort décisif, & souvent assez dédaigneux ; qu'on n'y voit pas toûjours des repliques, plusieurs se sont accoûtumez à les regarder comme de seconds oracles, dont il a confirmé & expliqué les premiers qu'il a prononcez. Nous ne serons pas ainsi la dupe de la réputation & de l'autorité de M. Descartes, non plus que de l'estime que nous avons de quelques-uns de ses disciples. Nous loüons & approuvons le conseil, qu'il donne à ceux qui cherchent la vérité, de se donner de garde des préjugez, & nous le mettrons en pratique.

Voila, Monsieur, les choses principales, de celles qui étoient contenuës dans le mémoire de mes Péripatéticiens. Ils m'en ajoûterent de bouche encore quelques-autres, comme par exemple, qu'on vous auroit fort embarassé, si on vous avoit suivi pas à pas dans la quatriè me partie de vôtre livre des Principes, sur tout depuis le nombre 32. jusqu'au nombre 45. où vous descendez dans un si grand détail touchant l'arrangement de ces parties du troisiéme Elément, dont vous formez vôtre Terre: qu'il y avoit là bien des choses qui ne contentoient pas l'esprit; & qu'il n'y avoit point de page, où l'on ne pût vous demander plusieurs fois avec sujet pourquoi telle chose se faisoit d'une maniére plûtôt que d'une autre, sans que vous puissiez en rendre une raison tolerable; qu'ils croioient, que cet endroit de vôtre Physique étoit un de ceux, qui avoit le plus contribué à faire passer dans l'esprit de plusieurs vôtre Philosophie pour une pure fable assez mal concertée, & que vos adversaires, sans s'amuser à réfuter les propositions, que vous y faites, dont l'examen ne manqueroit pas d'être fort ennuieux, n'avoient qu'à y renvoier les Lecteurs, pour les rendre fort mécontens de vous.

Ils disoient encore que vous attribuiez à vos Elémens des proprietez, que vous ne leur laissiez qu'autant qu'elles vous accommodoient. Ils m'en apportoient un exemple dans la matiere du prémier Elément. Vous donnez pour proprieté à cette matiere, une grande

S v

facilité à être divisée, & à changer de figure; de sorte qu'elle passe aisément par tout, & remplit sans difficulté toutes sortes d'espaces. Mais quand ce vient, disoient-ils, à l'explication de la nature de l'Aimant, cette proprieté devenant incommode à M. Descartes, il lui en donne une toute contraire. Il a besoin d'avoir autour de la Terre, & autour de chaque Aimant un petit Tourbillon de

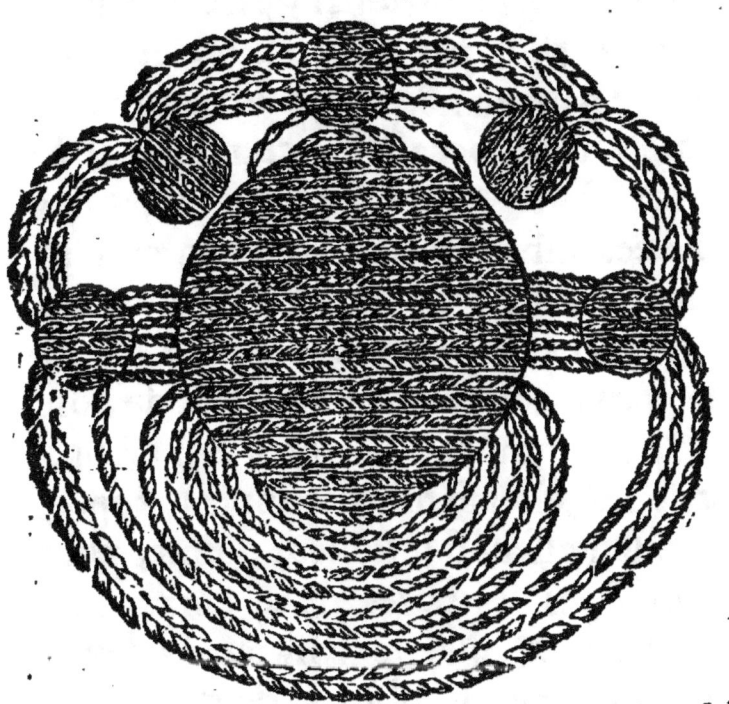

matiere Canelée, pour rendre raison des qualitez de cette pierre merveilleuse. Ces parties Canelées appartiennent au premier Elément. Elles ont pris autrefois le plus aisément du monde la figure de vis, en passant entre trois boules du second Elément. Et maintenant, quand elles sortent de la Terre, ou d'un Aimant, les parties de l'air suffisent pour les arrêter. Au lieu de se casser, & de s'accommoder à la figure des parties de l'Air, & du second Elément, qui y est mêlé, elles s'amassent en quantité autour de la Terre & de l'Aimant, où elles font un Tourbillon. Celles qui entrent par le Pole Austral, ne peuvent passer par le Pole Septentrional, parceque leur figure ne peut pas s'accommoder non plus à ce passage; & ils me demandoient encore à cette occasion, comment il se pouvoit faire, que toutes ces parties Canelées ainsi arrêtées dans un certain espace, & aiant les unes avec les autres un mouvement fort confus, comment, dis je, il se pouvoir faire qu'approchant du Pole de l'Aimant, ou de la Terre qui leur est proportionné, elles se tournassent si à propos, & présentassent si juste leur pointe, pour entrer dans les pores de ce corps. Ils prétendoient que le contraire devoit arriver, & que la plûpart de ces parties canelées devoient se presenter de travers, capable d'arrêter toutes les autres, & faire consequemment un embarras capable de boucher les pores de la Terre & de l'Aimant, & en suite empêcher

3. part. Principe.

tous les effets que nous y admirons.

Ils m'avancerent encore un paradoxe assez plaisant. Jusqu'à présent, me dirent-ils, les plus raisonnables des Philosophes ont avoüé, qu'on ne pouvoit prouver contre Copernic par aucun argument Physique, que la Terre ne tournoit pas autour de son centre : mais M. Descartes, qui suit cet Astronôme dans son hypothese, nous en fournit un tres fort contre ce mouvement. Son grand Principe est que tout corps qui est agité en rond, fait effort, pour s'éloigner du centre de son mouvement : ce Principe est vrai. Il en conclut, que la Terre tournant sur son essieu, s'en iroit en pièces, si tous les corps dont elle est composée, n'étoient pressez & serrez de tous côtez les uns contre les autres par la matiere du second Elément. Cette conséquence est encore évidente dans son systême : mais il reste à voir, si cette pression de la matiére du second Elément est capable de surmonter l'effort, que font les parties de la Terre, pour se séparer, & pour s'éloigner de leur centre. Cette difficulté, disoient-ils, est particuliére à Descartes ; car selon l'opinion de l'Ecole vraye ou fausse, loin de reconnoître un tel effort dans les parties de la Terre, pour s'éloigner du centre, on y suppose une qualité & une inclination, qui les y attache naturellement. Or en faisant la comparaison de la pression des corps terrestres les uns contre les autres par la matière du second Elément, & de l'effort que font les corps terrestres, pour s'éloigner de leur centre, il est évident que l'effort doit surmonter la pression: car l'effort des corps est aussi grand, que le mouvement qui le cause, & ce mouvement est tres grand, puisqu'il fait faire à la Terre plusieurs lieuës par chaque minute; & au contraire l'experience montre que pour surmonter la pression, il faut un tres petit effort, puisqu'il ne faut que celui que fait un enfant de quatre ans pour lever son pied en marchant, & le séparer de la Terre, contre laquelle la pression seule de la matière du second Elément l'attachoit. De quoi il semble qu'on peut raisonnablement conclure des principes de Descartes, que la Terre ne tourne point sur son essieu; puisque si elle tournoit, nous serions tous jettez en l'air suivant le principe du mouvement de M. Descartes, qui au fond est vrai en bonne Philosophie. Ainsi ce système fournit un tres fort argument contre celui de Copernic.

De plus ils me firent remarquer certains endroits, & certains points de vôtre système, qui sont de la derniere conséquence, & que vous avancez, à ce qu'ils prétendent, non seulement sans preuve, mais contre toute sorte de raison ; & en particulier ils me priérent de lire avec réflexion, & sans préoccupation le nombre deuxiéme de la quatriéme partie de vostre livre des Principes, où aprés avoir expliqué comment le Tourbillon de la Terre s'est détruit, & comment il s'est formé tout autour de cet Astre encroûté une grande étendüe d'air, vous la faites non seulement descendre bien avant dans le Tourbillon solaire, mais même vous l'y faites suivre, & accompagner par toute cette sphére d'air, qui l'entoure toûjours dans sa descente. Ils prétendent que cette supposition, que vous jettez comme en passant, & sans la prouver du tout, est inconcevable; & que néanmoins si elle est fausse, il seroit impossible, que nous eussions maintenant de l'air autour de nôtre Terre. Elle est inconcevable, disoient-ils : car selon M. Descartes l'air n'est point autre chose, qu'un amas de parties du troisiéme Elément fort petites, fort déjointes les unes des autres, & qui obeïssent très-facilement aux mouvemens, que lui impriment les petits Globes du second Elément, dans lesquels elles nagent. Or cela étant ainsi, comment se peut-il faire, que la Terre en passant tous ces espaces immenses, qu'il y a depuis le lieu où elle est, jusqu'à l'extrémité du Tourbillon solaire, d'où elle est venuë, se soit conservé tout l'air qui l'environne? Comment dans les principes de ce Philosophe, la masse de l'air étant beaucoup moins solide que la masse de la Terre, a-t-elle pû avoir le même mouvement, la même détermination, la même vîtesse que la Terre pour la suivre? Comment toutes ces petites parties si déjointes, si indépendantes les unes des autres, si obeïssantes à tous les mouvemens de la matiére céleste, n'ont-elles point été dissipées par la rapidité de la matiére, au travers de laquelle elles descendoient, comme la poussiére est dissipée par le vent? Mais, ajoûtoient-ils, comment cette masse d'air est-elle maintenant poussée avec la Terre par la matiére céleste? Comment a-t elle tous les mêmes mouvemens? Est-ce contre le corps de la Terre, ou contre le globe de l'air, que la matiére celeste s'applique pour donner à l'un & à l'autre le mouvement circulaire journalier, & le mouvement circulaire annuel ? Un Copernicien Cartésien pouroit-il aisément se tirer ici d'affaire ?

Je laisse, Monsieur, plusieurs autres difficultez, dont je trouverai apparemment la solution dans les réponses que vous aurez, comme j'espere, la bonté de donner à celles que je vous ai marquées dans cette lettre. Mais au reste, je vous prie de regarder l'empressement avec lequel je vous écris, comme un fruit de l'amour ardent, que vous m'avez inspiré pour la vérité; & sur tout, de juger favorablement de mes intentions. Je n'ai fait que transcrire les propres termes dont mes adversaires se sont servis dans leur écrit; & je n'ai pas crû que le respect, que je vous dois, m'obligeât à vous cacher toutes les manieres insultantes qu'ils y ont emploïées. Elles vous feront connoître combien il est de mon interest, & de l'honneur de nôtre Secte de ne les pas laisser triompher long-tems.

La grande & importante occupation, que vous donne maintenant la production d'un nouveau Monde, jointe à l'indifférence, que vous avez toûjours eüe, & que vous avez encore plus que jamais pour les sentimens des hommes, pourroient avec raison vous faire négliger & mépriser cette bagatelle. Mais les marques extraordinaires de bonté, que vous m'avez données, me font espérer, que vous aurez quelque égard à mon honneur, & que vous ne refuserez pas de me donner la main, pour me tirer d'un mauvais pas, où je vous avouë, que je me trouve assez en peine. J'ai prié le R. P. Mersenne de m'aider de son credit auprés de vous, à obtenir cette grace, & de vous assûrer en même tems, comme je le fais ici, avec tout le respect, dont je me sens capable, que je suis de tout mon cœur & de toute mon ame,

MONSIEUR,

     Vôtre tres humble, & tres
     obéissant serviteur & tres
     zélé Disciple. * * *

VOIAGE
DU MONDE
DE
DESCARTES.

CINQUIE'ME PARTIE.

LETTRE
D'UN PERIPATETICIEN,
à l'Auteur du Voyage du Monde
de Descartes.

E ne doute pas, Monsieur, que vous n'entreteniez toûjours commerce avec l'esprit de M. Descartes, & que vous ne receviez de tems en tems des couriers

de son nouveau monde. On ne neglige point une telle connoissance, quand on a eû une fois le bonheur de la faire. Je n'ai pas encore celui d'être assez de vos amis pour entrer en communication des misteres, que ce grand esprit vous révele. Deux cens Loüis que je vous ay offerts déja plusieurs fois pour une seule prise de ce merveilleux Tabac, n'ont pû jusques à present vous tenter. Il faut, dites-vous, être parfaitement Cartésien avant toutes choses, & vous êtes persuadé que je ne le suis pas encore à demi ; c'est-à-dire, que vous exigez des autres ce qu'on n'a point exigé de vous. Vôtre ame, Monsieur, auroit-elle maintenant son siége dans vôtre Glande Pinéale, & les esprits animaux couleroient-ils dans vôtre cerveau de la maniere qu'il faut pour y exciter des idées Cartésiennes, si le petit More de Monsieur Descartes n'eût pas travaillé sur cette principale partie de vôtre machine, & si ce bon Vieillard vôtre amy eût fait toutes ces façons avant que de vous donner de son Tabac. Mais dés-là qu'une grace est aussi singuliere que celle-cy, on est en droit de la refuser, sans que celui qui la demande ait sujet de se plaindre du refus. Ne dédaignez pas au moins de contribuër à mon inſtruction. Je veux, & de tout mon cœur, être Cartéſien. Aidez-moy à cela. Communiquez-moy vos lumiéres, ou celles que vous recevez de Monſieur Deſcartes, ſans me dire, ſi vous ne le voulez pas, qu'elles ſont de lui. Il m'eſt fort indifférent que vous les produiſiez du fond de vôtre eſprit, ou que vous me parliez en homme inſpiré.

Il en eſt, je croy, du Cartéſianiſme, comme de toutes les autres ſectes, où il y a toûjours quelque point capital de la doctrine, qui s'étend fort loin, & qui fait le caractére des vrais ſectateurs; c'eſt ce qui les diſtingue des autres Philoſophes, & en particulier de certains Indifferents, qui ne veulent être de nul parti, & qui prennent de tous côtez tout ce qu'ils s'imaginent être bon dans chaque ſecte, pour en faire une philoſophie de piéces rapportées. On y voit du Deſcartes, du Gaſſendi, de l'Ariſtote, & de tout cela pour l'ordinaire mal aſſorti, il n'en réſulte qu'un monſtre plûtôt qu'un corps juſte & réglé de Philoſophie.

Je me ſuis perſuadé que ce point eſſentiel du Cartéſianiſme, & comme la pierre de touche, dont vous vous servez, vous autres chefs de parti, pour reconnoître les fidelles disciples de vôtre grand maître ; c'est la doctrine des Automates, qui fait de pures machines de tous les animaux, en leur ôtant tout sentiment & toute connoissance. Quiconque a assez d'esprit ou assez d'entêtement pour ne trouver nulle difficulté à ce paradoxe, & pour appeller démonstrations ces belles & longues dissertations qu'on a imprimées sur ce sujet, a aussi-tôt vôtre agréement pour se faire par tout honneur du nom de Cartésien. Ce seul point renferme ou suppose tous les principes & tous les fondemens de la Secte. On ne peut penser de la sorte, qu'on n'ait les véritables & les claires idées du corps & de l'ame, & qu'on n'ait pénétré la démonstration que donne le grand Descartes, de la distinction qui est entre ces deux especes d'être. Avec cela il est impossible de n'être pas Cartésien, & sans cela il est impossible de l'être. C'est là l'esprit & le suc, si j'ose m'exprimer ainsi, du pur Cartésianisme : & c'est aussi la raison pour laquelle je vous prie de me contenter parfaitement là-dessus. Mais je vous demande des preuves directes & positives ; & que vous ne vous imaginiez pas que pour avoir jetté vos Adversaires dans l'embaras, vous vous soyez vous-même tiré de celui que l'on vous fait. On vous voit tous les jours faire à cette occasion des questions aux Péripatéticiens & aux Gassendistes, auxquelles il leur est difficile, ou, si vous voulez, impossible de répondre. Par là vous me faites délibérer si j'abandonnerai leur parti : mais avant que je vous aye vû satisfaire nettement à celles qu'ils vous font réciproquement, vous ne me persuaderez jamais d'embrasser le vôtre. Vous me montrez l'incertitude, & vous me faites, à ce que vous croyez, concevoir la fausseté de leurs sentimens : mais il vous reste encore à me conduire à la vérité que je cherche. Vous me faites défier de ceux que j'ai suivi jusqu'à maintenant ; mais je ne trouve pas encore qu'il y ait pour moy assez de seureté à vous suivre vous-même. Entrons donc en matiére ; car je ne veux pas être long.

Il me paroît en general, qu'il y a eû jusqu'à present dans vôtre méthode beaucoup plus d'adresse que de solidité. Vous êtes, selon moy, bien redevables à vos adversaires pour les occasions que leur prévention vous a données de faire de beaux discours Philosophiques, sur des choses qui dans le fond ne servent pas beaucoup au sujet ; mais dont vous vous êtes habilement servis pour préparer insensiblement l'esprit des gens à vous entendre, & pour les prévenir en vôtre faveur.

D'abord que les Cartésiens eurent avancé que les corps des bêtes étoient des machines, qui se remüoient par des ressorts comme des horloges ; ce seul mot de *Machine* révolta les Péripatéticiens de ce tems-là. Les uns le rejetterent avec quelques froides railleries : les autres tâcherent de prouver serieusement les fâcheuses conséquences de ce nouveau langage par ce fort argument ; qu'il s'ensuivroit delà que les ouvrages de la nature ne seroient point distinguez des ouvrages de l'art. Cela vous ouvrit la plus belle carriére du monde : Vous commençâtes à expliquer d'une maniére fort nette & fort intelligible la composition du corps de l'animal, la diversité des organes qui s'y trouvent, leur liaison, leur proportion, leur correspondance, leur disposition, la nécessité de cette disposition pour les différens mouvemens

mens du corps : Comment l'art dans les horloges & dans ses autres chefs-d'œuvres n'avoit fait qu'imiter grossiérement la nature : Que ce que nous appellons instruments, ou ressorts dans les ouvrages de l'art, nous l'appellons organes dans ceux de la nature : Que la différence de la matiére ne faisoit rien : Que les corps des animaux étoient des machines composées de chair, d'os, de muscles, de nerfs, comme les machines artificielles sont composées de fer, de bois, de cordes, de clous. Enfin on siffla la chicane des Péripatéticiens, & malgré qu'ils en eussent, le nom de *Machine* fut donné au corps de l'animal, & fut en moins de rien du bel usage.

Cependant vous allâtes toûjours vôtre chemin, & vous entreprîtes de soûtenir qu'une grande partie des mouvemens de la machine naturelle se font par les seuls principes de la Méchanique, comme dans les machines artificielles. Autre Paradoxe qui choque infiniment nos Philosophes, accoûtumez & déterminez jusqu'alors à attribuer sans hésiter à leur ame tout ce qui se passoit, & tout ce qui se faisoit dans leur corps. Vous expliquâtes comment supposant la figure & la disposition des organes intérieurs & extérieurs de l'animal, avec un certain degré & une certaine espéce de chaleur dans l'estomac & dans le cœur, la circulation du sang, la filtration des humeurs, & la distribution qui s'en fait par tout le corps, devoient naturellement & nécessairement suivre ; & que de cette distribution suivoit aussi ce qu'on appelle la nutrition, l'accroissement, & le reste de tout ce qui est commun à nôtre corps & à celui des plantes, dans lesquelles le suc ou la séve qui leur tient lieu de sang, se répand de tous côtez, les nourrit, les fait croître, sans attendre pour cela l'ordre d'une ame connoissante. Toutes ces choses bien développées & bien exposées dans plusieurs livres de la Secte, écrits poliment en nôtre langue, vous attirerent de nouveaux applaudissemens, & une nouvelle confusion aux Philosophes de l'ancienne école. Tant il est vray qu'en matiére de dispute, il est presque aussi dangereux de ne pas assez accorder à ses adversaires, que de leur accorder trop.

Les Cartésiens encouragez par ces succés firent encore une troisiéme démarche, qui poussa à bout la patience des Péripatéticiens. Ils oſerent dire que de certains mouvemens exterieurs que nous produiſons parce que nous le voulons, comme de marcher, de manger, de boire, de pouſſer certains cris qui marquent en nous de la joye, ou de la douleur, ſe font dans les bêtes par la ſeule diſpoſition de la machine. Et c'eſt-là en effet où ces philoſophes commencent à avoir quelque raiſon, & où volontiers je me tâcherois auſſi moy-même contre les Cartéſiens; parce qu'il me ſemble que c'eſt-là que commence leur paralogiſme. Mais il faut avoüer qu'ils le cachent & le déguiſent avec beaucoup d'eſprit, par les réflexions ingenieuſes qu'ils font ſur certains mouvemens de cette eſpéce.

Il n'y a rien de plus ſéduiſant que les expoſitions que fait le Pere Pardies dans ſon Livre intitulé *De la connoiſſance des bêtes*, où mettant le Cartéſianiſme dans toute ſa force ſur ce point, il va preſque juſqu'à convaincre ſes lecteurs que non ſeulement il n'eſt point beſoin d'ame pour marcher, pour boire, pour manger, pour ſe plaindre; mais encore pour parler, & pour parler auſſi long-tems que le fait un Prédicateur dans un ſermon d'une heure, ou un Avocat dans un long plaidoyer. Ce Livre a fait passer son auteur parmi les Péripatéticiens pour un prévaricateur, qui étoit Cartésien dans l'ame, quelque application qu'il ait apportée à réfuter le Cartésianisme dans la seconde partie de son Livre, & à défendre l'ancienne Philosophie sur le chapitre de l'ame des bêtes.

Arrêtons-nous donc là, & faisons un peu nos réflexions à nôtre tour sur toute cette matiére. Je prétends ne vous refuser icy rien de tout ce que je croiray pouvoir vous accorder, & pouvoir vous laisser supposer sans faire un tort visible à la vérité. Je veux réduire toute la difficulté à peu de points, sur lesquels il faut aussi que vous vous résolviez à me donner une satisfaction entiére, si vous voulez que je sois Cartésien tout de bon, ainsi que vous m'en sollicitez depuis si long-tems.

Je consens donc, puisque vous le voulez, que les corps des animaux & les nôtres soient des machines. Je veux encore que certains mouvemens qu'on appelle purement naturels, en les opposant à ceux que nous appellons volontaires dans les hommes, se fassent dans les bêtes par la seule disposition de la machine. Tels sont les mouvemens du cœur & du sang, & une infinité d'autres, qui en dépendent; à peu prés comme les mouvemens des roües d'une horloge dépendent de celui des poids & du balancier, lequel effectivement imite fort le mouvement de nôtre cœur. Je supposerai encore avec vous, que les mouvemens mêmes que nous nommons volontaires, comme sont ceux de nos jambes quand nous marchons, de la bouche, de la langue, des poumons quand nous parlons, de nos bras, de nos yeux quand nous déclamons, dépendent encore, au moins en partie, de la disposition de la machine; puisqu'une humeur, qui se sera jettée sur un muscle, une seule obstruction suffit pour empêcher ceux qu'on appelle Paralytiques, de marcher, de remuer les bras, de parler.

En un mot, je vous accorde que la disposition de la machine contribuë au moins toûjours à quelque mouvement que ce soit, qui se fasse dans nos corps & dans ceux des bêtes. Mais je dis en même tems qu'en raisonnant sur deux connoissances, qui seules nous peuvent guider en cette matiére; c'est-à-dire en raisonnant sur ce que nous expérimentons en nous-mêmes, & sur ce que nous connoissons des bêtes, rien ne nous doit faire raisonnablement penser, qu'elles soient de pures machines, dont tous les mouvemens se réduisent à la seule méchanique ; & que plusieurs raisons tres-fortes doivent nous faire penser le contraire.

J'expose cette proposition generale par quatre ou cinq plus particuliéres, que je développerai en peu de mots, & le plus briévement que je pourrai. J'y en ajoûterai une sixiéme, c'est à sçavoir que certaines questions que les Cartésiens ont coûtume de faire aux Péripatéticiens sur ce chapitre, & ausquelles ils prétendent que ces Philosophes ne peuvent répondre dans leurs principes, ne sont pas plus difficiles à résoudre que d'autres, que les Péripatéticiens peuvent faire aux Cartésiens sur le même sujet. Si j'éxécute bien tout cela, il me semble que ni les autres Péripatéticiens ni moi, nous n'aurons nulle obligation de renoncer au préjugé general de tous les hommes, sçavoir que les bêtes ont du sentiment & une espéce de connoissance.

Première Proposition.

Il ne se passe rien en nous qui puisse nous convaincre, & même nous faire penser que les mouvemens des bêtes qui répondent à nos mouvemens volontaires, se fassent par la seule disposition de la machine.

I. Proposition.

On me permettra, pour éviter les périphrases, d'appeller quelquefois ces mouvemens du nom de *Spontanées*. C'est un mot, qui répond au Latin *Spontanei*, dont on se sert dans l'école à l'égard des bêtes; parce que n'ayant pas de volonté, on ne peut pas appeller leurs mouvemens du nom de *volontaires*. Les exemples de ces mouvemens sont ceux dont j'ai déja parlé, comme marcher, manger, boire, & autres semblables, qui supposent en nous de la connoissance.

Soit que nous le voulions, ou que nous ne le voulions pas, soit que nous y pensions ou que nous n'y pensions pas, nôtre cœur bat toûjours dans nôtre poitrine, le sang circule dans nos veines & dans nos artéres, la digestion ou la coction des viandes se fait dans nôtre estomac. D'où les Cartésiens semblent avoir conclu assez raisonnablement, que tous ces mouvemens se font en nous par la seule disposition de nôtre machine, que nôtre ame n'y contribuë rien ; & que par consequent ils ne supposent pas nécessairement dans les bêtes une ame connoissante. Mais, encore un coup, ils n'ont pas droit de passer outre ; & cét argument tiré de nôtre propre expérience, cét argument de *conscience*, ainsi que l'appellent quelques nouveaux Philosophes, n'a point icy de lieu pour l'autre espéce de mouvemens dont il s'agit.

Expliquons-nous dans des exemples.

Aprés avoir beaucoup marché, étant de retour au Logis, je cherche à manger & à boire : las & fatigué que je suis, je me couche ; en hyver j'approche du feu. Un chien de chasse, aprés avoir longtems battu la campagne en fait autant, quand on l'a ramené à la maison. Si l'on raisonne sur le même principe, sur lequel les Cartésiens ont raisonné pour les mouvemens naturels, il faudra dire tout le contraire pour ces autres mouvemens-cy. Car, comme les premiers ne sont en nous ni la suite ni l'effet de la connoissance, ou du sentiment, & que de-là on conclud qu'ils n'ont point d'autre principe dans les bêtes, que la disposition de la machine ; de même, par une conséquence, qui ne paroît guéres moins bien tirée, il semble qu'on peut conclure, que cette seconde espéce de mouvemens a pour principe dans les bêtes la connoissance & le sentiment. Parce qu'en nous les principes de ces mêmes mouvemens sont de certains sentimens de certaines sensations qui s'appellent faim, soif, froid, lassitude, qui font aller mon corps vers le pain, vers le boire, vers le feu, vers le lit. De plus, dés-là que ces mouvemens sont l'effet, ou la suite du sentiment, & même de l'acte libre de nôtre volonté, il est visible qu'ils ne se font point par les loix de la méchanique, qui ne peuvent pas dépendre de semblables principes. Et ainsi, à raisonner contre les Cartésiens de la maniére dont eux-mêmes raisonnent contre les Péripatéticiens, les mouvemens des bêtes, qui ressemblent à ceux que nous appellons en nous volontaires, ne se feroient point par les loix de la Méchanique.

On pourroit même étendre ce raisonnement à certains mouvemens, qui ne sont en nous ni volontaires ni naturels, mais d'une espece mitoyenne. Je ne les appelle point naturels, parce qu'ils se font rarement dans nôtre corps, & seulement en de certaines occasions peu fréquentes. Tel est cette espéce de tremblement que nous cause le bruit d'un coup de canon ou d'un grand coup de tonnerre, tel encore le frémissement qui suit la vûë d'un précipice, sur le bord duquel on s'apperçoit tout-à-coup qu'on se trouve. Car ces mouvemens sont au moins précédez de connoissance & de sensation, & s'il n'est pas certain qu'ils en soient l'effet, il est au moins douteux, si cette connoissance & cette sensation n'y contribuënt pas comme aux autres; & par conséquent on n'a pas droit de les attribuer dans les bêtes à la seule disposition de la machine.

Asseurément un Péripatéticien plus décisif que je ne suis, concluroit delà hardiment, que toutes ces espéces de mouvemens dont j'ai parlé jusqu'à present, supposent de la connoissance dans les bêtes, comme ils en supposent en nous : & il croiroit être assez autorisé à tirer cette conséquence par la méthode & par l'argument d'analogie, dont se se servent les Cartésiens, pour prouver que les mouvemens naturels ne doivent nullement supposer dans les bêtes une ame connoissante, à cause, disent-ils, qu'ils n'en supposent point en nous. Car, quelle différence y a-t-il entre ces deux enthymêmes : Les mouvemens naturels ne supposent point de connoissance en nous : donc ils n'en supposent point dans les bêtes : Les mouvemens spontanées suposent de la connoissance en nous: donc ils en supposent aussi dans les bêtes.

Mais je ne vas pas si vîte, & je n'en demande pas tant tout d'un coup : ma conclusion ne sera que négative. Je conclus seulement qu'il n'en est pas icy des mouvemens spontanées, comme des mouvemens naturels : que le fondement que nous peut fournir nôtre propre expérience, pour dire que les mouvemens naturels se peuvent faire sans sentiment & sans connoissance dans les bêtes, ne se trouve point pour en dire autant des mouvemens Spontanées: qu'en vain les Cartésiens tirent les uns à conséquence pour les autres : que la vérité de la premiere supposition ne doit donner nulle vrai-semblance à la seconde : & qu'enfin ma prémière proposition est parfaitement bien prouvée ; sçavoir qu'il ne se passe rien en nous qui puisse nous persuader, ni même nous faire penser que les mouvemens des bêtes, lesquels répondent à nos mouvemens volontaires se fassent par la seule disposition de la machine.

<small>II. Propoſition.</small> Mais j'avance une seconde propoſition : *C'eſt que nous avons en nous de quoi nous perſuader poſitivement, que les mouvemens dont il s'agit, ne ſe font point dans les bêtes par la ſeule diſpoſition de la machine.*

Quoi-que nôtre corps ſoit une machine compoſée ſelon les loix de la plus exacte Méchanique ; quoi-que dans les mouvemens volontaires que nous lui donnons, qu'en marchant, qu'en nous aſſeïant, qu'en ramaſſant quelque choſe à terre, qu'en montant, qu'en deſcendant, qu'en portant quelque peſant fardeau, nous gardions naturellement & ſans y faire de réflexion toutes ces mêmes loix, ainſi que les Mathématiciens le démontrent; il eſt certain que pour l'ordinaire le premier principe de ces mouvemens n'eſt point la Méchanique. Je m'explique.

Quand je me leve de deſſus une chaiſe où je ſuis aſſis ; je ne me leve pas tout droit, mais j'avance un peu la tête & le haut du corps en devant : ſans quoi je ne garderois pas un certain équilibre absolument nécessaire pour me lever, ou pour m'empescher de retomber sur ma chaise. Mais quoique je suive en cela les loix de la Méchanique, il est cependant tres-certain que le mouvement par lequel je me suis levé, est un effet ou du moins une suite de ma volonté, & que dans la disposition de la machine de mon corps il n'y avoit rien qui exigeast que je change asse de situation, & qui obligeast mon corps à devenir droit pluſtôt qu'à demeurer plié. Mais voici un autre exemple qui nous conduira plus loin que celui-cy.

Quand j'ai faim & que je vois du pain sur une table, j'avance vers ce pain, je le prends, je le porte à ma bouche, & je le mange: la disposition de la machine contribuë à tout cela. Car si j'étois paralytique, je ne pourrois pas remuer les jambes pour aller vers la table, ni porter ma main au pain, & delà à ma bouche. Mais quelque faim que j'aye jamais eû, quelque proportion qu'euſt alors le pain avec la disposition de mon estomac vuid, je me suis témoin à moy-même, que ni cette proporion, ni cette veuë d'un objet si convenable ne déterminoit point les esprits animaux à venir donner aux muscles de mes jambes & de mes bras les mouvemens nécessaires, pour les faire avancer vers la table & vers le pain ; & que, de quelque manière que ces mouvemens se soient commencez, il y a eû entre la presence de l'objet & ces mouvemens une connoissance, & un acte de volonté. Sur quoi voici comme je raisonne.

La machine de nôtre corps est toute disposée comme celle du corps des bêtes; & le défaut de nourriture met nôtre estomac & d'autres de nos organes dans le mesme état que l'estomac & d'autres organes d'un animal, qui nous paroist avoir faim. Si je demande à un Cartésien, ce qui fait qu'un cheval, qui a beaucoup marché & qui n'a point mangé depuis longtemps, va du côté de l'écurie, où il y a du foin & de l'avoine, qu'il éleve sa teste au ratelier où est le foin, ou bien qu'il la panche dans la mangeoire, où est l'avoine, que me répondra-t-il ? Il me dira que la presence, la veûë, l'odeur de cét objet, ou, pour ne point employer icy de termes équivoques, que les corpuscules, qui sortent du foin & de l'avoine, entrant par les naseaux ou par les yeux du cheval, ébranlent son cerveau d'une certaine manière, & que cette manière, est propre à ou vrir certains paſſages aux eſprits animaux pour couler dans les muſcles, qui ſervent à ces mouvemens de ſes jambes, de ſa teſte & de ſes machoires ; de ſorte que la teſte du cheval eſt remuée vers le ratelier par le gonflement du muſcle deſtiné à la lui élever en haut ; lequel ſe racourcit en ſe gonflant par l'affluence des eſprits animaux qui y entrent avec violence & avec abondance, tandis que le muſcle antagoniſte, qui ſervoit à lui tenir la teſte baiſſée ſe laſche & s'eſtend par la ſortie de ces meſmes eſprits : à peu prés comme ſi une corde attachée entre les deux oreilles de cét animal étant tirée en derriere le contraignoit de lever la teſte vers le ratelier. Sur cela, dis-je, voici comme je raiſonne.

Si le Syſtéme Carteſien en cette matiére eſt veritable, quand j'aurai faim & que je verrai du pain à quelque diſtance de moi, la machine de mon corps étant dans la meſme diſpoſition où j'ai ſuppoſé celle du cheval dont je viens de parler, & les corpuſcules du pain m'entrant par les yeux & par les narines, pour aller frapper mon cerveau, ouvrir certains paſſages, & donner un certain cours aux esprits animaux; la machine de mon corps doit marcher aussi nécessairement & d'elle-même vers ce pain, que le cheval marche vers l'avoine. Or l'experience est contraire à l'égard de mon corps. Donc il est faux aussi qu'un semblable mouvement doive se faire dans celuy du cheval. Car là où se trouvent les mêmes principes du mouvement, les mêmes déterminations & les mêmes dispositions, le même mouvement doit suivre : Or dans les circonstances, où j'ai suposé mon corps tout cela se rencontre ; & cependant le mouvement ne se fait point. Il faut donc dire que ces principes prétendus des mouvemens spontanées des bêtes n'en sont point les véritables causes : Puis qu'entre mon corps & celui des bêtes à cét égard, il n'y a nulle différence.

Si ce raisonnement n'avoit rien de faux, il n'en faudroit pas davantage pour renverser toute la doctrine Cartésienne par les principes les plus certains des Méchaniques. Il est donc à propos de l'examiner avec toute l'éxactitude possible. Tout consiste icy à voir, si effectivement tout est égal de part & d'autre, & s'il n'y a rien de particulier dans mon corps, qui doive empêcher ce mouvement, lequel n'est point empêché dans celui de l'animal.

En ne considerant que les objets, je veux dire l'avoine & le pain, la proportion que le prémier a avec la disposition de la machine du cheval, & celle que le second a avec la machine de mon corps, & l'impression que ces deux objets font sur ces deux machines, tout est si semblable, que selon les principes de la Philosophie Cartésienne, s'il n'y avoit point d'ame dans mon corps, disposé de la maniere qu'on le suppose, il marcheroit aussi nécessairement vers le pain, que le cheval marche vers l'avoine ; & le mangeroit comme le cheval mange l'avoine. Il faut donc que ce soit mon ame qui empesche ce mouvement, de quelque maniere que ce soit qu'elle l'empêche. Voions donc comment cela se fait, ou se peut faire.

Premierement, l'impression que fait l'objet sur mon corps par les corpuscules qu'il y envoye ne peut pas être empeschée par mon ame ; & malgré elle cette impression se communique jusqu'à mon cerveau.

Secondement, supposé que cette impression communiquée jusqu'a mon cerveau ouvre le passage aux esprits & les fasse couler dans les muscles, qui servent à remuer mes jambes pour avancer vers le pain, mon ame ne peut pas empêcher le mouvement de mes jambes : comme elle ne peut pas empêcher certains mouvemens convulsifs de mon corps causez par le cours irrégulier des esprits, qui coulent alors malgré qu'elle en ait dans certaines parties. Car les jambes être remuées d'une certaine façon, & les esprits couler dans certains muscles & les enfler, c'est toute la même chose : ainsi que c'est la même chose de sonner une cloche, & tirer une corde, au bout de laquelle elle est attachée. Il reste donc que mon ame empêche que l'impression de l'objet portée jusqu'à mon cerveau n'ouvre ces passages aux esprits animaux.

Troisiémement, empêcher que les passages ne s'ouvrent, dit un effort ou une action, qui tienne fermées ces petites écluses ou ces petites soupapes qui naturellement & necessairement s'ouvriroient par l'impression de l'objet, pour laisser couler les esprits animaux.

En quatriéme lieu, une action & un effort proportionné à cét effet ne peuvent être produits par mon ame. Car les Cartésiens se moquent de la puissance motrice, que les Péripatériciens attribuent aux esprits. Tout ce que peut faire mon ame, c'est de connoître, c'est de vouloir. Or qu'elle connoisse, ou qu'elle veuille tant qu'il luy plaira, cela ne fera jamais remüer un corps de sa place, ni l'empêchera point d'en sortir, si un autre le pousse avec assez de violence. La volonté & le mouvement ne sont point des choses, qui ayent entre elles aucune proportion, & dont l'un puisse être l'effet de l'autre. Ainsi, que mon ame veuille tant qu'il lui plaira arrêter l'écluse ou la soupape de mon cerveau; elle n'en viendra pas about, s'il n'y a qu'elle seule qui s'en mesle. C'est pourquoi les Cartésieus ont dans cette necessité recours à Dieu, qui à l'occasion de la volonté de l'âme, a soin d'ouvrir & de boucher luy-même ces differens passages des esprits animaux, & de les faire couler; ou de les empêcher de couler vers certains côtez ou dans certains membres du corps : de maniere que selon eux, dans le corps des bêtes tous les mouvemens se font parfaitement suivant les loix de la Méchanique; & qu'au contraire dans le corps de l'homme, Dieu viole ces loix en une infinité de rencontres & à tous momens.

Je ne doute pas, Monsieur, que cette espece de déréglement, & cette infraction, si j'ose m'exprimer ainsi, de ces loix sacrées, n'ayent fait quelque peine à vos condisciples; que plusieurs n'ayent resvé long-temps pour tâcher de les sauver. Mais il n'y a pas eû moyen, la nécessité de ces loix est incompatible avec la connoissance, & encore plus avec la liberté de l'homme. Au reste je ne croy pas avoir rien avancé jusqu'à present que vous puissiez, ou que vous voulussiez me contester. Continuons donc & suivons nôtre raisonnement.

Puisque naturellement, selon les regles du mouvement, le passage des esprits animaux doit être ouvert à la presence du pain par les corpuscules qui pénétrent jusqu'à mon cerveau, ou qui ébranlent les fibres qui y répondent, il faut que ce soit Dieu lui même qui l'empêche de s'ouvrir: & Dieu, selon vous, ne l'empêche que suivant la volonté de mon ame. D'ailleurs je me suis témoin que mon ame ne veut point qu'il l'empêche. Au contraire en pareille occasion, pensant à cette matiére, j'aurois été ravi de faire cette expérience du mouvement naturel & méchanique de mon corps, & de me convaincre par là de la subtile & ingenieuse doctrine des Cartésiens.

J'aurois veû & je verrois avec plaisir mes jambes se remuër l'une aprés l'autre, sans que j'y contribuasse rien ; ma main se porter au pain, mes machoires se séparer & se refermer pour le mâcher, ma langue se tourner & se plier en une infinité de maniéres pour le faire descendre par mon œsophage dans mon estomac, sans que je m'en mêlasse, ou que je m'y opposasse : comme je sens mon cœur battre dans ma poitrine, soit que je le veüille ou que je ne le veüille pas.

Rien donc n'empêche en moi la suite de l'impression de l'objet ; rien ne s'oppose à ce que tout se fasse alors dans mon corps selon les loix de la plus exacte Méchanique. Le signal que Dieu attend pour violer ces loix en faveur de ma liberté, c'est un acte de ma volonté ; & je ne donne point ce signal. Au contraire mon ame à cet égard est au moins comme si elle n'étoit point dans mon corps. Rien n'oblige donc Dieu, cette cause premiére & universelle des mouvemens, à changer le cours que devroient avoir naturellement les esprits animaux excitez par l'objet. Rien ne la détermine à les détourner d'un autre côté. Que n'ouvrent-ils donc les passages qu'ils ouvriroient si je n'avois point d'ame, au lieu de passer par d'autres, par où je ne veux point qu'ils coulent.

Cependant rien de tout cela ne se fait en moy, & mes jambes demeurent immobiles. La chose doit donc arriver de même dans le cheval. Que les corpuscules de l'avoine lui entrent par les les yeux & par les narines tant qu'il vous plaira, ils pourront bien lui faire venir l'eau à la bouche, comme nous experimentons que la presence de certaines viandes fait en nous ; mais ils ne le feront pas marcher pour cela vers l'avoine, ils ne lui feront pas ouvrir les machoires pour manger. Pourquoi la presence & l'impression de cet objet déterminera-t-elle plus fortement cette machine, que la presence & l'impression du pain ne détermine la mienne ? puis qu'encore un coup dans la supposition tout est égal de part & d'autre.

Au moins si en cette occasion je sentois dans mes jambes & dans mon corps quelque ébranlement, ou quelque effort d'attraction vers l'objet ; mais je n'expérimente rien d'approchant. Je reçois de cét objet plusieurs autres impressions, & je les sens. Son odeur agit sur mon odorat, sa couleur sur mes yeux, d'autres corpuscules, qui s'en échapent, agissent quelquefois sur ma langue & sur mon palais en les humectant par la salive, que leurs mouvemens expriment des petites glandes dont ma bouche est pleine. Il n'y a que l'impression, dont il s'agit, de laquelle je n'ai pas le moindre sentiment, dans une disposition où mon corps, selon les principes Cartésiens, dévroit être emporté. Impression si forte, qu'elle peut entraîner, & qu'elle entraîne en effet, comme vous le dites, une machine aussi pesante qu'un cheval avec une piéce d'artillerie, ou une charette pleine de bois à laquelle il est attelé.

Mais que vous seriez heureux, Monsieur, & que vous feriez valoir vos belles idées, si les hommes communément se trouvant dans la disposition, où je viens de supposer mon corps, expérimentoient en presence du pain quelque chose de semblable à ce qui arrive, quand on approche tout à coup un charbon de feu de la main d'un homme qui ne s'y attend point. Il la retire sans délibérer. Voyez, ont dit tant de fois vos auteurs, comme en cette occasion la présence de l'objet, sans attendre le commandement de l'ame, fait ouvrir les pores du cerveau, par où passent incessamment les esprits animaux, pour aller aussi-tôt enfler le muscle qui sert à retirer promptement le bras. Mais parce qu'il ne se fait rien d'approchant dans l'autre cas que je vous propose, cét exemple, qui ne prouve rien où vous l'appliquez, à cause qu'il y a toûjours du sentiment qui précede le mouvement du bras, ne sert qu'à vous confondre, & à montrer la fausseté de vos hypothéses dans la question dont nous parlons maintenant.

Car pourquoi le pain, quand j'ay faim, ne fait-il pas remuër mon corps comme le feu? puisque l'un & l'autre doivent avoir cet effet sur la machine de l'animal, & par les mêmes raisons, & par tous les principes de vôtre systéme. Je veux que l'impression de l'un ne soit pas si vive que celle de l'autre: mais elle a autant & même plus de force, comme on le voit par l'effet. Car approchez un charbon de la patte d'un chien

chien couché auprès du feu, ce charbon lui fait retirer sa patte, & ne le fait pas toûjours lever de sa place. Mais montrez-lui de loin un morceau de pain, l'impression de cet objet le fait venir à vous, c'est à dire, qu'elle fait marcher toute la machine. Ainsi la différence qu'il doit y avoir entre l'impression qu'un charbon de feu appliqué subitement à mon doigt fait sur mon corps pour y exciter du mouvement, & celle que doit faire la présence du pain quand j'ai faim; cette différence, dis-je, doit être la même que celle qui doit être entre un coup d'éperon, & la vûë d'une mesure d'avoine à l'égard d'un cheval un peu vif: celui-là le met au galop, & celle-ci lui fait prendre le trot. C'est à dire, qu'à l'application du charbon de feu, mon corps doit retirer sa main fort vîte; mais il doit être entraîné, quoy-que plus lentement vers la table, quand elle se présente à mes yeux bien couverte. Faut-il autre chose que ces réflexions faites sans entêtement, pour conclure ma seconde proposition: que nous trouvons dans nous-mêmes dequoi nous convaincre, que les mouvemens spontanées des bêtes, c'est à dire, ceux qui répondent aux mouvemens, qui en nous sont

V.

accompagnez ou précedez de sentiment & de connoissance, ne se font point par la seule disposition de la machine & par les seuls principes de la Méchanique.

III. Proposition.

Trosiéme proposition, *Ce qui se passe dans l'exterieur des bêtes doit nous faire penser tout le contraire de ce qu'enseignent les nouveaux Philosophes.* Quand je parle de raisonner sur ce qui paroist dans l'exterieur des bêtes, je ne prétends pas répeter un certain argument si commun dans les écoles pris de la ressemblance de leurs organes exterieures avec ceux de nôtre corps, & de l'inutilité de ces organes, si elles sont sans sentiment. Pourquoi ont-elles des yeux, disoient autrefois les Peripatéticiens, si elles ne voyent point ? Pourquoy des oreilles, si elles n'entendent point ? & ainsi du reste. Non, ces organes ne sont pas inutiles mêmes dans l'hypothése des Cartesiens. L'œil, c'est-à-dire, cet assemblage & cette disposition de membranes, de fibres, de nerfs, d'humeurs, qui composent l'organe auquel on donne ce nom, sert, selon eux, dans les bêtes, non pas à voir, c'est-à-dire, à produire un certain sentiment, ou une certaine sensation qui se fait en nous, quand nous avons les yeux ouverts en préfence de quelque objet éclairé, mais à recevoir & à tranfmettre jufqu'au cerveau la lumiére envoyée ou réfléchie par les corps lumineux ou illuminez, d'où dépendent une infinité de mouvemens, dont ces machines feroient incapables fans cela. Il en eft de même des oreilles & des autres membres à proportion. C'eft-là encore un de ces argumens peu efficaces, dont les Cartéfiens ont tiré avantage & pris occafion d'exagérer la foibleffe de leurs adverfaires. Voicy le fens de ma propofition.

Je dis qu'en demeurant dans une certaine étenduë de connoiffances, qu'on ne peut pas paffer, & qu'en nous fervant en même temps des principes les plus évidents de la Méchanique, il doit nous paroître certain que quantité de mouvemens, que nous voyons dans les bêtes, ne fe font point par la feule difpofition de la machine remuée felon les loix de la Méchanique. Je me fers encore de l'exemple du cheval, comme d'un des plus communs que nous puiffions prendre.

Suppofons un cheval à cent pas d'un foffé efcarpé & profond de fix ou fept pieds, où il y ait de bon foin &

de bonne avoine. L'odeur de ce foin & de cette avoine le détermine à marcher de ce côté-là, où il vient au trot & en hannissant : mais étant arrivé au bord du fossé il s'arrête, & le mouvement de cette machine, qui la portoit vers le lieu où se trouve l'avoine, cesse tout à coup. Que si nous supposons un cavalier monté sur ce cheval, qui avec la bride, & la baguette tâche de le faire avancer de ce côté-là, il recule au contraire. Si on se sert de l'éperon, il se cabre, & il se jette à côté, & retournera quelquefois plûtost sur ses pas que de se précipiter dans le fossé, c'est-à-dire, que d'avancer plus avant vers l'avoine.

Je dis donc qu'à juger par ce qui nous est évident en cette occasion, la machine du cheval ne se remüe pas par les seuls principes de la Méchanique. Car dans cette science c'est un principe certain qu'un corps poussé & déterminé au mouvement, suit la détermination qu'il reçoit, & continüe à se mouvoir dans la ligne qu'il a commencée, à moins de quelque obstacle capable de luy faire changer son chemin, & d'une détermination plus forte que celle qu'il a reçûe d'abord.

Or icy deux choses sont constantes. La prémiére que le cheval reçoit par l'impression du foin & de l'avoine, par la main du cavalier, par l'éperon, des déterminations infiniment fortes, pour se precipiter dans le fossé : que tout cela contribüe à ouvrir les passages des esprits animaux, pour les faire couler dans les muscles du cheval, d'où dépend le mouvement par lequel il se précipiteroit vers l'avoine : que ce mouvement étoit commencé, que la détermination vers le même terme est augmentée & fortifiée par le cavalier, qui le manie.

Secondement, qu'à raisonner sur la nature des choses & sur l'experience, il ne se rencontre rien dans le fossé, qui doive selon les principes de la Méchanique changer la détermination du mouvement commencé pour luy en donner une toute contraire. Car qu'y a-t-il dans ce fossé, qui puisse produire cet effet ? Il y a du foin & de l'avoine, qui sont plus proche du cheval, qu'ils n'étoient auparavant, qui font par conséquent une impression plus forte, qu'ils ne faisoient avant qu'il fût arrivé jusques-là ; ce qui le doit plûtost faire avancer que le faire reculer. Nul objet cōtraire ne se presente. Il y a dans ce fossé de l'air & de la lumiere : l'une réflechie de plus prés par le foin & par l'avoine aux yeux du cheval, l'autre respiré par la bouche du cheval se trouvant plus chargé des corpuscules du foin & de l'avoine, font un nouvel effort sur la machine, qui doit la faire venir plus vîte vers l'endroit où ils sont.

Examinez tant qu'il vous plaira tous les mouvemens des corpuuscles, toutes les modifications de la lumiere. Tout ce que vous trouverez de difference consistera en ce que les rayons de la lumiere réflechis du foin & de l'avoine sont plus longs de trois ou quatre pieds, qu'ils ne seroient, si le fossé n'avoit qu'environ deux pieds de hauteur ; car en ce cas le cheval entreroit dedans sans nulle façon. Or que fait cette longueur ? veû que si l'avoine étoit à dix pieds du cheval, mais dans une autre situation, cette même longueur du rayon de la lumiere réfléchie ne l'empêcheroit pas d'avancer vers l'avoine.

Dira-t-on que c'est cette longueur jointe à ce que le rayon vient de bas en haut ? Mais de bonne foy concevons-nous qu'il puisse y avoir la moindre proportion entre cette modification & un tel effet dans les circonstances, où nous mettons le cheval.

Oüi, me direz-vous ; car quand nous regardons en bas d'un lieu fort élevé & escarpé, nous sentons un certain frémissement dans le corps. Il est vray ; mais ce fremissement suppose en nous la veûë de la hauteur. Je dis la veûë, entendant par ce mot la perception vitale de l'objet & une véritable sensation, que les Cartésiens ne supposent pas dans le cheval : & je nie, sans qu'on puisse me le prouver, que ce fremissement dust arriver, si la perception ne se faisoit pas. Et puis, nous experimentons cela en nous quand nous regardons en bas d'un lieu extraordinairement élevé, & non pas d'une hauteur de cinq ou six pieds.

Dites-moy donc quelque chose, Monsieur, qui m'apprivoise à vos paradoxes, & qui m'oblige à cesser de prendre pour régle de mes jugemens, des connoissances aussi certaines, que celles dont je me sers icy, pour m'attacher à des idées vagues & sans fondement. Car je vous défie de me dire à tout cela autre chose, sinon qu'il n'est pas impossible que ce rayon de lumière de cinq ou six pieds réfléchi par l'avoine venant de bas en haut, détermine autrement la machine, que s'il étoit plus court, ou plus incliné. Vous dites qu'il n'est pas impossible ; car vous n'oseriez seulement dire qu'il est vraisemblable : & vous êtes obligez de parler de la sorte en une infinité d'autres occasions. Je dis en une infinité, & c'est sans exageration ; car il n'y a point d'animal depuis la fourmi jusqu'à l'éléphant, sur lequel je ne vous oblige à répondre de même, & en mille rencontres. Ce qui m'enhardit à vous faire une quatriéme proposition.

IV. Proposition.

C'est que jamais les Cartésiens n'ont touché au point essentiel de la difficulté en cette matiére. Car à quoy se réduit, je vous prie, toute vôtre doctrine ? à rien autre chose qu'à nous dire que les esprits animaux sont déterminez par l'impression des objets à couler dans differens muscles, d'où doivent suivre differens mouvemens. Voilà tout. Mais je n'aurois que faire de consulter le Grand Descartes, pour n'apprendre que cela. Je n'ay qu'à voir palpiter le cœur d'un bœuf assommé & à me souvenir que la veüe de quelque objet terrible a fait quelquefois palpiter le mien, pour me convaincre que les esprits animaux peuvent contribuer au mouvement des membres.

Mais quand on m'a addressé à ces habiles Philosophes, à ces gens qui dans cet heureux siécle ont tiré la vérité du fonds du puis ; j'esperois apprendre autre chose, & pouvoir par leur secours philosopher un peu plus en détail. J'ai eû recours au livre de Monsieur Régis, qui remplace aujourd'huy avec tant de reputation les Rohauts, les Cordemoys, les Clerseliers, & que quelqu'un a soupçonné depuis peu être Monsieur Descartes luy même revenu du pays des Lappons sous une nouvelle figure: & je l'ai lû pour apprendre ce que c'est par exemple, que ce que nous appellons passions dans les animaux. J'y trouve beaucoup de netteté, de méthode, une grande intelligence des dogmes de la secte qu'il a embrassée: mais sur ce que je cherche icy, aussi bien que sur le reste de ce qui regarde les mouvemens spontanées des animaux, tout se réduit à dire que les différens mouvemens viennent de la difference des objets, qui remuent differamment les organes, ouvrent differens passages aux esprits, qui coulent dans de différens muscles.

Nouveaux Mémoires pour servir à la vie de M. Descartes.

Le feu brûle le pied d'un chien, qui s'en approche de trop prés ; il retire aussi-tost sa jambe. C'est que le feu par son action fait que l'esprit animal est conduit par les pores du cerveau dans les muscles, qui servent à mouvoir les membres exterieurs de la manière qu'il faut pour éviter cette brulûre. Un chien caresse son maître, remue la queuë, parce que le maître par sa présence ébranle les nerfs de ses yeux de telle sorte, qu'ils font couler les esprits animaux dans les muscles qui servent à remuer la queuë. Ce même chien poursuit un liévre, ce sont les parties insensibles qui s'exhalent du corps du liévre, qui déterminent les esprits animaux à couler précisément dans les muscles, qui servent à faire les mouvemens nécessaires à cette poursuite.

Or en appliquant ainsi vôtre proposition générale des esprits animaux déterminez par la présence de l'objet à couler dans certains muscles ; en appliquant, dis-je, cette proposition d'une maniere aussi vague qu'on le fait à tous ces effets particuliers, je n'apprends rien de plus que ce qu'elle m'a appris d'abord. Cette proposition générale, qui m'est tres-obscure, tres suspecte, & que ma propre experience me fait paroître fausse, n'est nullement prouvée, ni confirmée, ni éclaircie par cette application.

Qu'on dife à un homme, qui n'eft point Phyficien que l'air eft pefant, & que ce qu'il en porte fur fa tefte péfe autant qu'une colomne d'eau de trente deux pieds de haut, ou qu'une colomne de deux pieds & un quart de vif-argent de même diametre que fa tête; il n'en voudra rien croire, & traitera cette pefanteur de chimere. Mais faites-luy rematquer certains phénoménes; faites devant luy certaines experiences; conduifez-le de principe en principe, de verité en verité pour réünir ces cas particuliers avec la propofition que vous avez faite d'abord : s'il a de l'efprit, il vous comprendra, & vous le convaincrez.

Mais icy le contraire arrive. Les cas particuliers ne font que révolter l'efprit. Vous avez beau le ménager, en luy choififfant exprés des mouvemens tres-peu compofez ; comme dans ces exemples mêmes les plus faciles vous ne luy faites rien voir diftinctement, les réfleixons qu'il ne manque pas de faire fur plufieurs autres mouvemens beaucoup plus compliquez, par exemple, fur ce qui fe paffe dans la République des abeilles „ lui font paroître vision tout ce que vous lui débitez là-dessus. En un mot les Péripatéticiens disent que toute la difficulté consiste à expliquer les choses en détail ; qu'il n'y a que ce détail qui leur fait de la peine ; que si vous vouliez bien leur faire comprendre cette *certaine manière, cette différente manière* que vous nommez si souvent & que vous n'expliquez jamais, ils seroient aussi-tost à vous : mais faute de cela ils en demeureront à ma proposition, que les Cartésiens sur ce chapitre n'ont jamais touché au point essentiel de la difficulté.

Pour ce qui est de moy, afin de donner dans vôtre pensée, je n'exigerois pas de vous que vous me rendissiez un compte exact de tout. Je me contenterois de l'une de ces deux choses : ou que vous m'expliquassiez un seul phénoméne, quel qu'il fût, pour me servir à conclure en faveur des autres par analogie, ou que vous me montrassiez dans l'homme un seul exemple de ces mouvemens que j'appelle spontanées dans les bêtes, qui se fist indépendamment de toute connoissance : ou bien encore que vous me répondissiez clairement à quelques unes des objections que l'on vous peut faire.

Par exemple, une brebis, ou certains chiens aux approches du loup s'enfuïent. C'est, dites-vous, que la présence de cet objet ouvre le passage aux esprits animaux pour entrer dans les muscles, qui font le mouvement des jambes, qu'on appelle courir. Mais songez qu'il ne s'agit pas ici de la course, il s'agit de la fuite. Si la brebis a la tête tournée vers le loup, ces esprits animaux coulant simplement dans les muscles des jambes, la feront courir vers le loup, au lieu de le luy faire fuir. Ainsi il faut que les corpuscules, qui exhalent du loup, & qui luy imprimeroient un mouvement droit, s'il étoit derriére, luy fassent dans cette autre situation décrire un demy-cercle, & enfin la poussent en ligne droite pour la faire courir devant le loup. Cette seule vire-volte bien expliquée, & dont on me rendroit une raison particuliére, me contenteroit.

A tout cecy on ne manquera pas de me dire qu'un Cartésien ne peut pas avoir d'assez bons microscopes, pour découvrir dans la dissection d'un animal tous les petits organes & tous les petits passages, qui servent à toutes ces fonctions; & qu'il eſt cer à égard comme un homme qui voit l'aiguille d'une montre marquer les heures, d'où il conclud qu'il y a des reſſorts, qui lui impriment ce mouvement ſi régulier, quoy-qu'il ne puiſſe pas expliquer l'artifice de cette machine. C'eſt à dire, & remarquez bien cela, s'il vous plaiſt, Monſieur, que toute la ſcience des Carteſiens en cette matiére ſe réduit à nous aſſurer que Dieu eſt tout-puiſſant, & qu'il peut executer l'idée tres-confuſe, qui leur eſt venuë à l'eſprit, d'une machine de chair & d'os, qui feroit par le moyen de ſes reſſorts tout ce que nous voyons faire aux bêtes. Il eſt tres-vrai que les Carteſiens ne nous apprennent que cela, & que ce n'eſt que là deſſus que pluſieurs d'entre-eux ôtent hardiment & ſans balancer toute ſorte de connoiſſance & tout ſentiment aux bêtes. Je dis pluſieurs d'entre-eux : car Monſieur Deſcartes lui-même n'a rien décidé poſitivement, & Monſieur Régis ſe contente d'avancer cette doctrine comme une pure hypothéſe. Mais il me ſemble qu'on pourroit prouver que c'eſt encore trop que cela ; & que le plus grand effet que pourroit produire la ſubtilité Carteſienne ſur un eſprit qui examineroit les choſes tres à fonds, ſeroit tout au plus de le faire douter, si Dieu ne pourroit pas faire une semblable machine.

Car il n'en est pas icy comme de certains autres points de la philosophie Cartésienne, ou comme du Systême de Copernic. Qu'on m'accorde seulement telle & telle chose, qui est possible, dit un Philosophe ou un Astronome, & je rendrai par mes principes, raison de tous les phénoménes & de tous les effets sensibles de telle espéce. Ainsi supposant le Soleil fixe au centre du monde, la terre tournant autour de cet astre comme une planette, & en même tems autour de son propre centre ; y ajoûtant le mouvement de parallélisme, on démonstre que l'inégalité des saisons, la vicissitude du jour & de la nuit seroient telles que nous les expérimentons, que les éclipses du Soleil & de la Lune dévroient arriver selon qu'elles sont prévûës & calculées par les plus exacts Astronomes ; & ainsi du reste. Quand je serois convaincu que la terre est en repos au centre de l'Univers, je pourrois encore soûtenir ou proposer, comme une hypothése, ce Systême de Copernic.

Mais il n'en est pas, dis-je, de même dans le point dont il est question. Car les Cartésiens ne connoissent rien distinctement dans la composition du corps de l'animal par rapport aux mouvemens dont il s'agit. Ils ne peuvent pas faire un sistéme débroüillé des ressorts de cette machine, de maniére qu'ils puissent dire: En supposant ce corps fait de telle maniére, c'est une nécessité que quand le Printems sera venu, deux hirondelles fassent leur nid, amassent de la paille, de la boüe, des plumes pour les mettre en œuvre & en bâtir une maison; la défendent contre l'insulte des moineaux, autres machines, qui viennent quelquefois s'en emparer; Ils ne connoissent rien dans le corps de la bête, par où ils puissent démontrer la proportion qu'il pourroit avoir avec tous ces mouvemens si variez & si infinis en nombre.

Les choses que suppose Copernic vraïes ou fausses, sont des *postulata* ou des demandes que nul Astronome ne s'est défendu de lui accorder; & il en déduit toutes ses conséquences d'une maniére juste, & où il n'y a rien à redire. Au contraire, ce que supposent les Cartésiens, sçavoir que la machine de l'animal est tellement faite, que posé l'impression des objets elle doit se remuer, marcher, s'agiter, jetter des cris, leur est nié par tous les Philosophes. Et quand on le leur accorderoit, ils ne pourroient pas rendre par cette supposition une raison claire & convaincante, je ne dis pas de toutes les déterminations, mais de la moindre partie des déterminations de ces mouvemens, & peut-être de pas une seule. Voyez, Monsieur, combien nous sommes éloignez de compte. Vous regardez cette doctrine comme une vérité constante; & moy je prouve qu'on ne peut pas même la soûtenir comme une hypothése.

Ainsi quand un Cartésien vient quelquefois dans une dispute publique demander d'un air moqueur à un Professeur Péripatéticien, s'il ne croit pas Dieu assez puissant pour pouvoir faire une machine semblable au corps d'un chien, où tous les mouvemens que nous admirons dans cet animal se feroient par les seules régles de la Méchanique; le Péripatéticien peut tres bien répondre : Je n'en sçai rien, & vous Cartésien vous n'en sçavez rien vous-même. Car pour pouvoir répondre à cette question, il faudroit parfaitement imaginer & connoître tous les organes & les ressorts du corps de cette machine, afin de voir si en vertu de ces ressorts tous ces mouvemens &

toutes ces déterminations infinies, dont plusieurs nous paroissent contraires aux plus certains principes de la mechanique, pourroient suivre. Il faudroit sçavoir en perfection tout le détail anatomique des parties & des organes les plus insensibles du chien, & les proportions qu'ils peuvent avoir avec les objets & avec les corps insensibles qui devroient produire ces mouvemens. Or vous demeurez d'accord, malgré que vous en ayez, que vous ne les connoissez pas. Que diroit à cela le Cartésien ? & tout le monde n'avoüeroit-il pas que le Péripateticien parleroit plus judicieusement que lui ?

V. Proppofition.

Mais on pourroit encore le presser par un autre endroit qui va faire le sujet de ma cinquiéme proposition. Sçavoir, *que les Cartésiens ne parlent & ne raisonnent point du tout consequemment en cette matiére.*

Je soûtiens que chaque Cartésien en particulier, pour parler conséquemment, doit dire aussi sérieusement des autres hommes, qui sont au monde avec lui, que ce sont des Automates, qu'il le dit des Bêtes. Quelques-uns ont proposé cet argument à ces Messieurs en riant & par maniére de divertissement ; mais en effet c'est un des plus solides & des plus véritables qu'on puisse faire en ce genre à des Philosophes qui se piquent de raisonner de suite & toûjours sur leurs principes. Vous l'examinerez, Monsieur.

Un Péripatéticien donc vous demandera à son tour, si Dieu ne pourroit pas faire une machine semblable à un homme, qui fît par les seules loix de la Méchanique tout ce que nous voions faire tous les jours aux hommes. Non, dites-vous, parce qu'un homme répond à un autre qui l'interroge : ils ont ensemble des conversations & des entretiens suivis ; dans une dispute de Philosophie, l'un argumente & l'autre se défend, en donnant des solutions aux argumens proposez. Et cela ne peut point se faire par les principes de la Méchanique. Qui vous l'a dit ? Quelle est vôtre hardiesse de mettre ainsi des bornes à la puissance de Dieu? Qu'appercevez-vous en tous ces discours, & en toutes ces conversations que du mouvement ? Et Dieu n'est-il pas assez puissant pour faire une telle combinaison de ressorts dans plusieurs machines, que tous les mouvemens de bouche & de langue, qui se font dans un entretien, se suivent necessairement les uns les autres ? N'a-t-on pas vû autrefois des machines répondre à certaines questions qu'on leur faisoit? Et n'est-ce pas là une ébauche d'un ouvrage infiniment plus parfait, que Dieu se seroit proposé de faire dans toutes ces machines, que nous appellons des hommes qui nous répondent de telle manière, en telles occasions où il y a toûjours quelque diversité selon laquelle elles peuvent, & doivent être diversement déterminées, & par conséquent parler d'une façon plûtost que d'une autre.

Mais à bien considerer les choses sans préjugé, comme vous avertissez éternellement les Philosophes de le faire, y a-t-il à vôtre avis beaucoup plus de mystére dans les discours suivis des hommes, que dans une infinité d'actions tres suivies des bêtes? Car qu'est-ce aprés tout que ce discours suivi? Voyons tout ce qu'il renferme.

Dans le discours suivi il y a du mouvement; on y remüe les levres, la langue, les machoires; & par ce mouvement l'air est poussé, brisé, réflechi en diverses façons. Il est clair qu'un principe pensant n'est pas nécessaire pour cela. Ces diverses modifications de tous ces mouvemens qui font certains sons plûtost que d'autres, qui forment des mots François, Latins, Espagnols, tout cela n'est rien encore, les Perroquêts, les Corbeaux, les Pies forment ces sons; & cependant ils ne pensent pas Et puis quand on dispute avec un Cartésien on n'a que faire d'apporter de preuves de semblables choses. Si donc ces discours suivis supposent un principe qui pense, dans la machine qui les prononce c'est parce qu'ils sont suivis. Examinons ce que veut dire le mot de *suivis*.

C'est à-dire prémierement que celui que j'entends parler fait des propositions qui d'elles-mêmes présentent un sens à mon esprit; que ces propositions ont ensemble certains rapports; & que toutes en particulier me faisant comprendre quelque chose, toutes ensemble me font comprendre encore quelque autre chose que ce qu'elles signifient séparément. Elles me paroissent toutes aller à un certain but avec un certain ordre.

C'est-à-dire en second lieu, que celui qui me parle, produit non seulement des sons qui composent des propositions, mais encore qui ont du rapport avec ce que je luy dis. Je luy demande s'il à été à Rome? Il me répond qu'il y a été. Je le prie de me faire la description de la grande & fameuse

Eglise de Saint Pierre; il me la fait fort exacte, & ainsi du reste. La suite donc de ces discours consiste en ces rapports que j'apperçois entre les paroles que j'entends prononcer à celuy qui parle en ma presence, & entre ce que je je dis & ce qu'il dit.

Mais je vous demande, Monsieur, si vous autres Cartésiens attachez si fort la persuasion où vous êtes, que les autres hommes avec lesquels vous vivez, ne sont pas de pures machines; si, dis-je, vous attachez tellement cette persuasion aux discours & aux paroles, qui vous paroissent avoir de la suite, que vous excluïez tout autre signe, comme incapable de vous persuader là-dessus: de maniere que, si les hommes n'avoient pas receû du Créateur la faculté de parler; mais seulement de se faire connoître l'un à l'autre leurs pensées & leurs inclinations par des signes & par des gestes, un Cartésien dans cette hypothése croiroit asseûrément que les autres hommes ne sont que de pures machines? Je ne sçaurois penser que ce soit là vôtre sentiment. Autrement vous n'avez déja qu'à m'accorder, que tous les Polonois, tous les Moscovites, tous les Turcs, tous les Amériquains, dont je crois que vous n'entendez pas la langue, & qui par conséquent ne peuvent pas faire des discours dont vous connoissiez la suite, ne sont que des Automates.

Mais, si vous en étiez réduits là, je vous trouverois bien mal en vos affaires : car qu'y a-t-il de plus significatif dans les paroles, que dans plusieurs autres choses ? Et ne peut-il pas y avoir de la suite & une suite aussi marquée entre les autres signes, qu'entre les paroles ? Vous sçavez ce qu'on raconte des Muëts du Grand-Seigneur, avec quelle promptitude ils conçoivent ses pensées, & lui font entendre les leurs. On a vû de tout tems, & on voit encore par tout d'autres muëts, avec lesquels on s'entretient aussi aisément que s'ils avoient l'usage de la parole. On convient avec eux des signes, & de leur signification, comme les hommes sont convenus entr'eux des sons, & de leur signification. Aprés quoy, si j'ose m'exprimer ainsi, il se fait des propositions, & des raisonnemens composez de signes & de gestes, qui ont du rapport les uns avec les autres, & en un mot cette suite parfaite, par laquelle on se convainc de la raison de ceux entre lesquels on remarque ce commerce, ou avec qui on l'entretient.

Ainsi les sons produits par la langue, c'est-à-dire, les paroles, quand elles sont suivies & rapportantes les unes aux autres, ne sont pas plus des signes de sentiment & de connoissance, que les mouvemens des mains, de la tête, des yeux, que les gestes & toutes les maniéres extérieures; quand on y voit pareillement cette suite, & ce rapport mutuel, quand on les voit tendre à une fin déterminée. Et c'est sur ce principe que tous Cartésiens que vous êtes, vous faites la justice ou la grace à une infinité d'hommes sans les entendre parler, sans sçavoir leur langue; & à tous les muëts, de ne les pas croire de pures machines. Rendons cecy encore plus sensible par d'autres exemples.

En faisant voyage dans un païs étranger, vous entrez dans une hôtellerie. On met vôtre cheval à l'écurie, on vous conduit à une chambre, on vous dondonne à souper, on vous fait un lit, vous comptez avec l'hôte, vous voyez la subordination qu'il y a entre le maître & les valets. Chacun fait son office. Encore que vous ignoriez la langue du pays, où l'on en use de la sorte, vous ne croyez pas que toutes les différentes personnes qui se sont employées à vous servir, ne marchent & qui n'agissent que par ressorts.

Vous passez dans une ruë de Paris, où des massons Limousins, dont vous n'entendez pas le jargon, bâtissent une maison ; vous voyez qu'ils agissent de concert, que tandis que l'un va querir de l'eau pour détremper le mortier, un autre assemble les matériaux, d'autres taillent les pierres, d'autres les élevent & les placent ; que tantôt il se servent du marteau, tantôt de la truelle, tantôt du niveau & de l'équiére : enfin en repassant par là un mois après, vous voyez la maison toute bâtie.

Je ne crois pas qu'à cette occasion il vous soit venu en pensée de croire que ces massons, avec qui vous n'avez jamais lié conversation, n'eussent pas plus de connoissance que les gruës & les autres machines, dont ils se sont servis pour élever cet édifice.

Faisons maintenant l'application, ou plûtost la comparaison de tous ces exemples avec ce que nous voyons faire aux animaux.

Rappellez dans vôtre mémoire ce qui se passe, quand un chasseur dresse un barbet ou un autre chien de chasse : les leçons qu'il lui fait, comme il use tantôt de caresses, tantôt de menaces, tantôt de récompense, tantôt de châtiment : la docilité de l'animal, les progrés qu'il fait dans l'art de chasser, comme il exécute toutes les volontez de son maître: comme il s'accoutume à tous les différens signes qu'il lui donne de ses différentes intentions : cette correspondance de signes, de commandemens d'un côté, de soumission & d'obéissance de l'autre. Y a-t-il beaucoup de difference entre la maniére de dresser ce chien, & celle dont on instruiroit un petit valet qui ne sçauroit pas le François, ou qui seroit sourd & müet de naissance ? Cét homme pourroit-il avoir plus de commerce & de communication de pensées & de sentiment avec ce valet qu'avec son chien ?

Mais si je voulois vous faire le parallèle d'une ruche de mouches à miel avec l'hôtellerie dont je vous ai parlé, & de deux hirondelles qui bâtissent leur nid avec les massons qui bâtissent une maison ; de combien l'emporteroient les mouches à miel sur le maître & la maîtresse de l'hôtellerie, pour l'ordre, la subordination, l'œconomie, la régularité, la multiplicité des emplois, pour la propreté & pour l'arrangement ? De combien les hirondelles surpasseroient-elles les maſſons, pour le concert, pour l'artifice, pour la commodité du bâtiment, pour la solidité eû égard aux usages auſquels l'ouvrage des uns & des autres est destiné ? Que de suite en tout ce qui se passe dans la Republique des abeilles, & dans la famille de deux hirondelles, en la maniere de nourrir & d'élever leurs petits ? Il n'y a rien de plus beau que les descriptions que les Peres, les Philosophes & tant d'autres auteurs ont fait de ces merveilles. Vous sçavez, Monsieur, auſſi-bien que moy où cela se trouve, une nouvelle deſcription de ma façon seroit icy fort inutile.

Mais je devine la pensée, qui vous vient actuellement à l'esprit. Vous dites en vous-même que cét argument, dont je me sers pour vous embaraſſer, non seulement a été propoſé bien des fois, mais encore qu'il prouve trop ; parce qu'il faudroit conclure de ce que je dis, que non seulement les animaux connoiſſent, mais même qu'ils raisonnent.

Non, Monsieur ; je le tourne d'une maniére à m'épargner la solution de cette inſtance, que vous croiez pouvoir me faire. Je ne prétends pas prouver absolument par ces exemples que les bêtes connoissent : mais j'ay dessein de montrer que, si vous jugez qu'elles ne connoissent pas, & ne sentent pas, malgré toutes ces apparences de sentiment & de connoissance ; malgré cette suite d'actions, ce commerce, cette société qu'elles paroissent entretenir ; malgré cette correspondance qu'elles ont avec les hommes ; vous devez aussi juger que ces êtres que vous appellez des hommes, ne connoissent pas non plus. En un mot les bêtes agissent, comme si elles connoissoient, comme si elles sentoient, comme si elles raisonnoient : Cela ne prouve rien selon vous. Les hommes parlent comme s'ils connoissoient, comme s'ils sentoient, comme s'ils raisonnoient : cela ne prouvera aussi rien selon moi, parce que cela ne doit rien prouver selon vous.

Je veux montrer encore la bonté de ma conséquence, & pousser mon raisonnement plus loin par une réflexion dont la verité ne vous paroîtra pas moins évidente qu'à moy. Quand vous m'auriez convaincu que les bêtes ne connoissent point, & que moy à mon tour je vous aurois obligé d'avoüer, en me servant de vos Principes, que les autres hommes, excepté nous deux, ne raisonnent point ; nous demeurerions toûjours d'accord, que les discours suivis de ceux-cy & les actions suivies de celles-là devroient se rapporter à quelque cause connoissante & raisonnable.

Par tout où il y a de l'ordre, de la subordination, un usage constant & régulier de certains moyens proportionnez à une fin, c'est une nécessité qu'il y ait un Principe connoissant & plein de raison ; parce que c'est à la raison seule qu'il appartient d'arranger, de proportionner, de régler, de destiner. Ce sont des effets, qui lui sont autant propres, qu'ils sont disproportionnez à toute autre cause qu'on pourroit imaginer.

Mais le principe immédiat de ces mouvemens, dans quelque machine que ce soit, peut estre ou un estre raisonnable créé de Dieu, comme on le suppose dans l'homme ; ou la disposition même de la machine, que le Créateur aura construite d'une manière propre à produire tous ces mouvemens réguliers : ainsi qu'un horloger, aprés avoir fait & assemblé tous les ressorts & toutes les pièces d'une montre, & aprés l'avoir montée, l'abandonne, pour ainsi dire, à elle-même, laisse tourner les roües, le balancier s'agiter, seûr qu'il est qu'elle sonnera à temps & marquera les heures infailliblement & fort juste. De manière que le corps de l'homme & le corps de la bête sont des machines, qui me démontrent l'existence d'un tres-excellent ouvrier, soit qu'elles ayent en elles-mêmes un principe connoissant, ou qu'elles n'en ayent point ; & qu'étant une fois placées dans le monde, comme elles le sont, elles puissent en vertu de leur seule composition & des seuls ressorts qu'elles renferment, faire tout ce que nous leur voyons faire à l'exterieur. Dans toutes les deux hypothéses, on trouve le principe de ces discours suivis & de ces actions suivies.

Vous n'en reconnoissez point d'autres dans les bêtes que l'artifice de la machine travaillée de la main toute puissante du Créateur, & vous en admettez un dans l'homme distingué de cet artifice, & moy je soûtiens qu'en philosophant selon vos principes, vous devez juger de l'un comme de l'autre. Voyons encore qui a raison de nous deux. Tout se réduit enfin à sçavoir si les discours suivis ne peuvent pas être produits par le seul artifice de la machine, aussi-bien que les actions suivies. Car si l'un n'est pas plus difficile que l'autre, la conséquence que vous tirez des discours suivis des hommes pour assurer qu'ils ont une ame, & qu'ils ne sont pas de pures machines, est visiblement fausse. Je vous prie donc de me dire en quoy l'un est plus difficile que l'autre. Car j'ay droit de m'en tenir là, & de vous obliger à la preuve, que je vous défierois de me donner bien nette & bien positive.

Quelque habile homme que vous soyez, vous ne sçauriez faire consister cette plus grande difficulté que dans l'infinité de combinaisons de ressorts, & des usages différents & innombrables de ces ressorts, que Dieu auroit dû faire pour proportionner les unes aux autres toutes ces machines, qui s'appellent des hommes, pour mettre entre elles & y entretenir cette correspondance mutuelle, que supposeroient des discours suivis, qui ne se feroient que par les loix de la Méchanique. La difficulté ne consiste qu'en cela. Ostez l'idée de cette difficulté & de cette impossibilité aux Péripatéticiens & au commun des hommes pour les actions suivis des bêtes, & sans nulle peine ils vous accorderont que ce ne sont que de pures machines. Mais ce qui les arrête, c'est qu'ils y voyent cette même difficulté. Il faut en venir à la supposition de ces combinaisons infinies pour les actions suivies aussi-bien que pour les discours suivis. Je dis infinies, non pas en donnant à ce mot son étroite signification ; mais je les appelle infinies par rapport à nôtre esprit, qui forme deux jugemens à cette occasion : le prémier, que ces combinaisons dans l'un & dans l'autre exemple sont à son égard également innombrables, inimaginables, inconcevables : le second, que si la chose n'est pas impossible dans l'un, elle ne l'est pas aussi dans l'autre ; & que tout au plus, il n'y auroit de différence que du plus ou du moins.

Certainement, quand je fais réfléxion sur tout ce qui se passe dans une ruche de mouches à miel, & que je les considére d'un œil Cartésien, comme je fais quelque-fois, il n'y a point de maison de manufacture en France, dont il ne me prenne envie de regarder tous les ouvriers comme des automates.

Y a-t-il parmy eux plus de differens employs, plus d'ordre, plus de concert, que parmy les abeilles ? Elles se partagent dans leurs travaux : les unes vont à la campagne ramasser le miel, les autres querir de l'eau : d'autres sont à la porte de la ruche pour recevoir ce que celles-cy apportent de dehors : il y en a pour le porter dans l'intérieur de la boutique, où d'autres demeurent pour travailler, & ont chacune leur tâche aussi différente de celles de leurs compagnes, que les façons nécessaires pour préparer le miel & la cire doivent être diverses & en grand nombre. Avant que d'en venir là il a fallu se loger ; il leur a fallu bâtir leurs maisons avec une régularité surprenante, faire leurs retranchemens & leurs enduits contre les autres mouches, contre les arraignées & une infinité d'autres petits animaux infiniment friands & avides de cette admirable liqueur. Or je demande combien cette multiplicité d'emplois, cette suite d'actions, dont il ne faut pas qu'une seule soit dérangée, a dû supposer dans l'esprit du Créateur de combinaisons, de mouvemens, & de déterminations de mouvemens : car il ne faut pas seulement les regarder dans chacune de ces petites machines : il faut que ces mouvemens, ces déterminations, ces ressorts d'une abeille en particulier ayent rapport à la disposition de la machine de deux mille autres, qui travail-

X v

lent au même ouvrage : & ces deux mille doivent aussi être disposées chacune de telle, ou telle façon par rapport à toutes en particulier.

Que si la seule multitude des mouvemens & des déterminations de mouvemens nécessaires pour remüer en mille manieres differentes les pieds, le bec, tout le corps d'une abeille, lorsqu'elle prépare la matiére du miel, qu'elle en sépare certaines parties, qu'elle en unit d'autres ensemble, & qu'elle les met toutes à leur place, nous paroît innombrable ; si chaque changement de situations & de figures, que prend le corps de ce petit animal, suppose de nouvelles déterminations, qui leur viennent des objets, qui les environnent, & de la disposition des ressorts de la machine, & cela sans confusion & sans interesser l'ordre de leur travail : que sera ce si nous les considerons comme faisant partie de tout un petit peuple, qui conspire au même dessein & à faire un même ouvrage, avec plus de justesse & de régularité que deux mille hommes commandez par un, ou plusieurs Ingenieurs habiles ne bâtiroient une citadelle ?

Il y a certes en cela, Monsieur, de quoy se convaincre de l'existence, de la puissance, & de la Providence d'un Créateur. Mais ce n'est pas à moy à moraliser avec vous. C'est à vous à m'instruire & à me montrer qu'il faudroit à cet être souverain beaucoup plus d'adresse & plus de puissance, pour faire des machines semblables aux hommes tellement composées & tellement disposées, qu'elles puissent sans connoissance faire des propositions, des syllogismes en forme, des discours, des conversations ; c'est-à-dire, produire avec la langue des sons rangez, par lesquels l'un semble entendre & comprendre ce que l'autre dit : qu'il faudroit, dis je, à Dieu pour cela beaucoup plus d'adresse & de puissance qu'il ne lui en a fallu, pour faire des machines semblables aux abeilles, parmi lesquelles on vist un concert, un tissu d'actions & de choses aussi suivies, & aussi rapportantes les unes aux autres, & qui semblassent entretenir un commerce, une subornation & une intelligence entre elles aussi grande & aussi parfaite, qu'il y en pourroit avoir entre des esprits, qui conspireroient pour l'execution d'un même dessein.

Pour produire les sons qu'on appelle demandes, réponses, propositions, syllogismes, & pour les produire si disversement, faut-il une plus grande diversité d'organes, de mouvemens, de déterminations de mouvemens, qu'il n'en faut pour représenter le gouvernement d'un état, où il y auroit un Roy parfaitement aimé & honoré de ses sujets, qui se trouveroient tous prests, quand il le jugeroit à propos, de donner des batailles & de perir pour luy; où l'on verroit des maisons bâties avec toute la justesse imaginable, des métiers différens, des peines pour les fainéans, des précautions contre les voleurs, & une infinité d'autres choses semblables, qui se trouvent dans la republique des abeilles?

Quand nous demandons les raisons de toutes ces merveilles, de cette correspondance, de cette diversité surprenante; on nous dit que cela ne suppose que la disposition de la machine, & ensuite certaines déterminations qu'il nous est impossible d'appercevoir, mais qui viennent des objets extérieurs; & que toutes ces petites machines se déterminent & se modifient diversement les unes les autres. Voilà à quoy se réduit toute la Doctrine Cartésienne. Pourquoy n'aurois-je pas droit d'appliquer ces deux grands principes & ces deux solutions à la manière d'agir que ces estres appellez des hommes gardent entr'eux?

Supposée en eux une telle disposition, l'un parle: c'est une détermination à faire parler l'autre, lequel répond de cette manière, parce que l'autre a parlé de telle manière : & la machine parlant ainsi a remué le cerveau de l'autre de la manière qu'il falloit pour ouvrir le passage aux esprits qui servent à donner à sa langue un tel mouvement : & c'est tout juste celui qui est requis pour produire telles paroles, que nous appellons réponse & replique à ce qui lui a été dit. Cette manière donc de parler d'une machine est, dis-je, une détermination pour l'autre à parler de cette autre manière; comme l'arrivée de l'abeille qui revient chargée à la ruche, est une détermination pour une autre abeille qu'elle trouve en entrant, à se charger de ce qu'elle apporte, & à le transporter dans l'intérieur de la ruche. Je ne conçois plus qu'il y ait rien davantage dans l'un que dans l'autre.

Mais y eut-il en effet quelque chose davantage, il n'y auroit encore un coup de différence que du plus ou du moins. Et que fait ce plus & ce moins, quand on suppose l'auteur des deux espéces de machines infiniment puissant, d'une connoissance infinie, qui en un instant conçoit non seulement des combinaisons infinies de ressorts, de mouvemens, de déterminations de mouvemens, mais qui en conçoit une infinité d'infinitez? Examinons bien icy toutes choses selon les Principes de la Philosophie Cartésienne, & nous verrons qu'il doit y avoir une bien plus grande différence entre la machine d'un ver de terre & celle des abeilles, afin qu'elles puissent faire entr'elles tout ce que nous y admirons, qu'il n'y en dévroit avoir entre les machines des abeilles & celles des hommes, pour faire produire à ceux-cy par les loix de la Méchanique cét arrangement de sons & de paroles que nous appellons discours suivi.

Je croy que, si les Cartésiens pouvoient expliquer aussi plausiblement leurs paradoxes touchant les bêtes, que je viens de montrer par leurs principes la ressemblance qu'il y a sur cét article entre les abeilles & les hommes, ils seroient contens d'eux-mêmes. Mais je ne sçai si vous le serez de moi, Monsieur, quand enfin vous me verrez conclure de toutes ces réflexions, comme je vais faire, que les Cartésiens raisonnent en tout cecy beaucoup moins conséquemment que les Péripatéticiens ; & qu'ils se laissent aller aux préjugez pour le moins autant qu'eux.

Il n'y a point d'ame dans les bêtes. Pourquoy ? Parce que, supposant que leur corps ait une certaine disposition, un certain arrangement de ressorts ou d'organes, une certaine proportion avec les autres corps, qui les environnent, & reconnoissant par dessus tout cela une puissance de Dieu infinie, qui a pû proportionner & rapporter ensemble tant de piéces différentes ; on comprend que tout ce que font les bêtes, se fait sans connoissance & par les seuls principes de la Méchanique. Mais si cela est, pourquoi vous, Cartésien, que je veux bien supposer n'être point un automate, exceptez-vous de cette régle générale une seule espéce d'estres, dont tout ce que vous voyez est une machine comme le corps des autres animaux ; & pourquoi précipitez-vous ainsi vôtre jugement à la seule vûë d'un effet, qui en tout ce qui frappe vos sens, n'est que du mouvement tout pur, où vôtre esprit n'apperçoit qu'un certain ordre ; & qui ne demande pas une plus grande, ou une beaucoup plus grande puissance dans Dieu pour être produit selon les loix de la Méchanique dans une machine, dont cét être tout-puissant se seroit formé l'idée par sa connoissance infinie.

Mais souffrez qu'avant que de finir cét article je vous fasse part d'une pensée, qui me vient actuellement en vous écrivant, & qui toute burlesque qu'elle est, ne laissera pas de donner quelque force à mes raisonnemens. Imaginons-nous que Dieu place une ame raisonnable dans la glande pinéale du cerveau d'un chien, pour gouverner de-là cette machine : de sorte qu'à l'occasion de certains mouvemens, qui se feront dans la machine, Dieu produise dans l'ame certaines pensées, & qu'à l'occasion de certaines pensées & de certaines volontez de l'ame, Dieu produise dans la machine certains mouvemens. Il n'y a rien en tout cela que je ne puisse supposer. Car, selon la doctrine de la secte, l'union de l'ame avec le corps ne consiste que dans cette dépendance mutuelle, que Dieu peut aussi bien établir entre l'ame & la machine d'un chien, qu'entre la même ame & la machine d'un homme. Ajoûtons que cette ame soit du caractére de celle de Monsieur Descartes, & qu'enfin en philosophant sur ce qu'elle connoît d'elle-même, & sur ce qu'elle voit au dehors, elle se fasse une philosophie toute Cartésienne. Je suppose enfin qu'elle n'entende les hommes parler entr'eux, que comme nous entendons les oiseaux en été chanter dans les bois & se répondre les uns aux autres. Pensez-vous que cette ame eût une idée plus avantageuse des hommes, que celle que les Cartésiens ont aujourd'hui des chiens ? Non apparemment. Tous les principes de sa Philosophie la porteroient à juger des hommes comme un Cartésien juge aujourd'hui de ces animaux. Ce que la satire fait dire à l'âne portant des choux au marché, pourroit naturellement lui venir en pensée, & peut être qu'aprés bien des réfléxions qu'elle feroit en sa faveur & en faveur des chiens ses semblables, elle se diroit intérieurement à elle-même

———— *en secoüant la tête,*
Ma foy, bien plus que nous, l'homme
n'est qu'une bête.

Que cette idée soit chimérique & impertinente tant qu'il vous plaira; je vous laisse à examiner sur quels principes elle est fondée.

A parler donc sérieusement, vous jugez que les autres hommes ne sont pas des automates, parce qu'ils sont faits comme vous, & qu'ils agissent à l'extérieur comme vous. Ainsi à proportion parle un Péripatéticien pour juger qu'un chien sent de la douleur, quand on le frape, & qu'il l'entend crier.

En vérité cela est honteux d'en revenir à la méthode de ses adversaires, aprés l'avoir si fort méprisée, raillée & décriée. Dire le contraire, dites-vous ; dire que les autres hommes avec lesquels nous conversons tous les jours, ne sont que de pures machines, cela est ridicule, & repugne au sens commun. Dire que les bêtes n'ont ni sentiment ni connoissance, en voyant ce que nous y voyons à chaque moment, cela est ridicule aussi ; ou du moins il l'étoit autant, ou peu s'en faut, il y a quarante ans. Parlez, parlez hardiment, on s'accoûtumera avec le tems à l'un & à l'autre. Pourquoy réculer en arriere. *Qui semel verecundiæ fines transilierit, eum bene & naviter oportet esse impudentem.* Ne vous choquez pas de ce mot, Monsieur, il n'a pas toute la force qu'il vous paroît avoir. Ciceron a parlé ainsi de lui-même. Le vrai sens de cette expression en François est, que quand une fois on a passé de certaines bornes, il ne faut pas être si scrupuleux; mais aller sans façon un peu plus loin qu'on ne pensoit aller d'abord. Cela fait paroître la fecondité de vos principes, d'où naissent de si admirables conclusions ; & qui conduisent l'esprit humain à des véritez qui le surprennent lui-même, quand il y est parvenu.

Mais vóyons enfin si certaines questions que vous faites aux Péripatéticiens en cette matiére les embarassent plus, que d'autres qu'ils vous pourroient faire sur le même sujet, ne vous doivent embarasser : & s'ils ne feroient pas de bonnes represailles, en cas qu'ils vouluffent être un peu plus sensibles, qu'ils n'ont été jusqu'à-present aux insultes des Cartésiens.

Premierement, j'ai vû souvent des Cartésiens demander ce que feroit cette ame connoissante dans le corps de la bête ? A quoi elle y serviroit? Seroit-ce, disoient-ils, pour remuër les membres de ce corps par elle-même, ou pour déterminer le cours des esprits animaux, & les faire couler vers certains muscles plûtôt que vers d'autres ? Mais cette question qui paroît embarassante, donnoit lieu aux Péripatéticiens un peu instruits des misteres du Cartésianisme, de se tirer d'embarras par une question toute semblable, qu'ils faisoient à ceux qui les attaquoient par cet endroit.

Ils demandoient ce que faisoit nôtre ame dans nôtre corps : comment il se pouvoit faire que par ses ordres les esprits animaux coulassent si à propos dans les membres qu'elle vouloit mouvoir : vû que souvent elle ne connoît pas non plus que l'ame de la bête, l'œconomie du corps qu'elle anime; & que la plûpart des ames ne sçavent pas seulement s'il y a des esprits animaux, ni même ce que c'est. La maniére dont cela se fait selon vos principes, continuoient-ils, c'est que Dieu à l'occasion de certaines pensées de l'ame détermine le mouvement de ces esprits. La chose se fera de même à proportion dans les bêtes. A l'occasion de certaines perceptions, Dieu déterminera les esprits animaux à aller vers certains côtez plûtôt que vers d'autres, pour produire dans la machine de la bête certains mouvemens plûtôt que d'autres. Ce n'est pas là, ce me semble, trop mal répondre, au moins selon vos principes.

Mais, Monsieur, si j'étois Cartésien, je ne pourrois jamais me défaire d'un scrupule, dont je vous ai déja dit un mot en passant, & que la matiére que je traite feroit de tems en tems renaître. Les loix du mouvement sont quelque chose de si sacré parmi vous, qu'étant de vôtre secte je ne croirois pas pouvoir dire en conscience, à moins d'une nécessité absolument indispensable, que Dieu agisse jamais contre ces loix. Vous supposez neantmoins vous même qu'il le fait à chaque moment dans le corps de l'homme, dans lequel il détermine le cours des esprits, non pas selon ces regles, mais conformément à certaines volontez & à certaines pensées de l'ame.

La Théologie naturelle (car pour la Chrétienne, le respect que sa sublimité vous inspire, vous empêche d'y toucher; & en tant que Philosophes, disent quelques-uns de vos Messieurs, vous faites profession d'ignorer les mistéres de la foy, dont elle traite :) La Théologie naturelle, dis-je, pourroit vous fournir peut être un moyen d'accommoder les loix du mouvement avec la liberté & la connoissance de l'homme. Elle re-

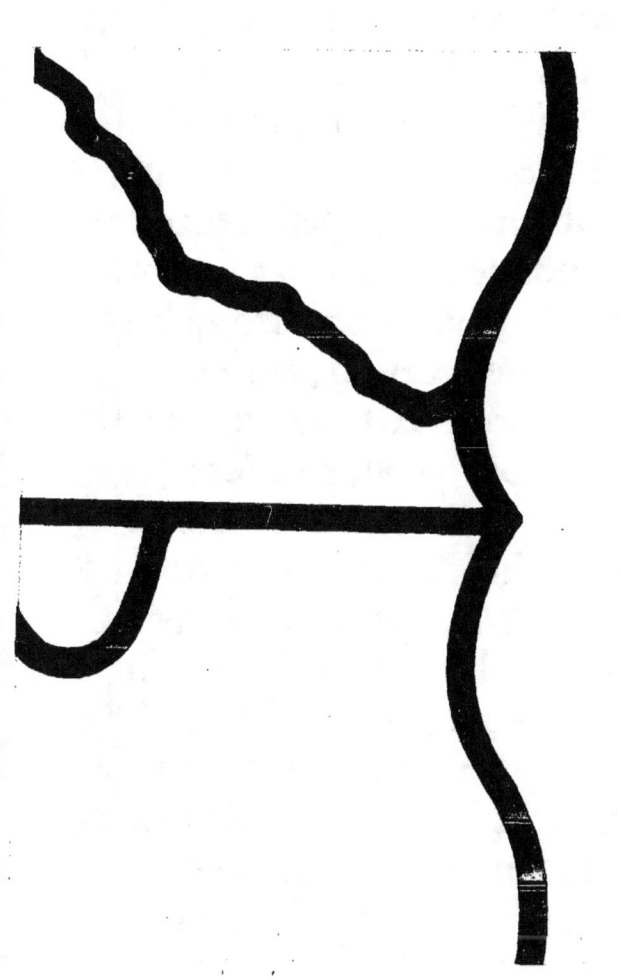

Texte détérioré — reliure défectueuse

NF Z 43-120-11

connoît dans Dieu une science qu'on appelle la science des choses conditionnelles, dont l'objet n'est pas toûjours ce qui arrivera, mais ce qui arriveroit en cas que telle ou telle autre chose se fît. C'est en vertu de cette science, que Dieu a dans les thresors infinis de ses connoissances une infinité de maniéres de bâtir des mondes, & des hypothéses sans nombre incomparablement plus belles encore que celle du monde de Descartes. Par cette science, il a pû connoître qu'un tel homme, en telle occasion, ensuite de telle pensée voudroit faire tel mouvement : par exemple, voudroit lever le bras. Surquoi il auroit pû tellement composer la machine & la proportionner de sorte à tous les corps qui l'environnent, que dans le même instant & la volonté de l'homme, & la loy de la Méchanique auroient exigé que ce mouvement se fist : & il en seroit ainsi de tous les autres mouvemens. Car la connoissance & la puissance de Dieu étant également infinies, celle-là lui représente toutes les combinaisons possibles, & celle-cy les peut exécuter sans nulle peine : & il n'en faudroit pas davantage pour accorder les loix du mouvement avec la liberté de l'homme. Faites réfléxion à cét expédient.

Car je vous l'ai déja dit, Monsieur, vous autres Cartésiens, vous ne faites les choses qu'à demi. En même tems que vous faites admirer dans la disposition merveilleuse de la machine de l'animal, où tout se fait si juste par les seules loix du mouvement, la puissance infinie de cet excellent ouvrier ; vous lui faites faire pour la machine de l'homme le personnage d'un horloger peu habile, qui ne pouvant faire aller son horloge par le moyen des seuls poids, est obligé de mettre à chaque moment les mains aux roües pour les faire tourner; sans quoi l'heure ne sonneroit jamais à propos : & un homme diroit, ou feroit à tout moment des extravagances en vertu de la composition de sa machine, si Dieu n'empêchoit les ressorts de joüer de la maniére qu'ils dévroient joüer naturellement.

Que si vous ne croiez pas que cette maniére de gouverner la machine de l'homme, soit indigne de Dieu, pourquoi ne voulez-vous pas qu'il en use à proportion de même pour la machine des Bêtes, & que sans avoir égard aux loix de la Méchanique, il détermine par lui-même, selon les différentes occurrences & les diverses impressions des autres corps, le cours des esprits animaux, pour produire quand il le faut tous les mouvemens que nous leur voions faire, & qui sont souvent si semblables aux nôtres?

Faites encor attention, Monsieur, je vous en prie, à ce que je vous propose icy. Cette idée n'a rien qui doive vous déplaire; & elle est tres-conforme à vôtre methode. Vous voulez que Dieu soit la cause unique & generale de tous les mouvemens qui se font dans le monde, & vous n'accordez aux Créatures tout au plus, que le pouvoir de déterminer ces mouvemens, selon certaines loix générales que Dieu s'est prescrites.

Suivant ce sistéme & une de ces loix générales, Dieu, à l'occasion de certaines pensées & de certaines volontez de l'homme produit dans son corps tels & tels mouvemens; par exemple, à l'occasion de la pensée & de la volonté qu'un homme a de marcher, Dieu produit dans ses jambes le mouvement requis pour marcher vers l'endroit où il doit aller; ce ne sont point les loix de la méchanique qui déterminent ce mouvement, c'est Dieu, à l'occasion de la volonté de l'homme. Supposons donc que

que Dieu se soit fait cette autre loy générale : *A l'occasion de la presence de tels & tels objets je produirai tels & tels mouvemens dans le corps de la bête.* Par exemple, à l'occasion de la presence du foin, je produirai dans le corps d'un Cheval le mouvement necessaire pour le faire aller vers le foin, pour lui faire lever la tête vers le ratelier, pour lui faire ouvrir & fermer les machoires, & ainsi du reste. Ce mouvement du cou & des machoires du Cheval se produiroit par le moien des esprits animaux qui couleroient dans les muscles du Cheval de la maniere requise pour le faire; & ce seroit Dieu qui le produiroit immediatement dans les esprits animaux, de même qu'il le produit dans le corps de l'homme à l'occasion de certaines pensées & de certaines volontez. De sorte que toute la difference qu'il y auroit, c'est que dans l'homme ce seroit la volonté qui seroit l'occasion déterminante du mouvement que Dieu produit dans le corps humain, & qu'à l'égard de la bête, ce seroit la presence d'un tel objet.

Supposée cette loy générale que Dieu se seroit prescrite à l'égard des bêtes; loy qui est tout à fait la même à proportion que celle qu'il s'est prescrite à l'égard de l'homme : Supposée, dis-je, cette loy, tout se feroit dans les bêtes de la maniere que nous voyons qu'il s'y fait, & je ne voy rien qui puisse mieux vous accommoder : car par là vôtre Systême général sera plus simple & plus uniforme ; vous serez délivré de l'embaras insurmontable d'expliquer tout par les loix de la Méchanique. Les bêtes seront, comme vous le voulez, de pures machines sans connoissance, que Dieu, appliqué continuellement, ainsi que dans la machine de l'homme, à en remuer à propos tous les ressorts, fera marcher, crier, sauter comme des marionnettes : & plusieurs Péripaticiens n'auront pas peut-être plus de peine à suivre ce sentiment, qu'à enseigner, comme ont fait quelques-uns d'entr'eux, que le flux & le reflux de la mer, où l'on imagine tant de finesse, se fait par le moyen d'un Ange, qui en balançant le globe de la terre, fait aller les eaux tantôt d'un côté, & tantôt d'un autre.

Mais revenons à nôtre question. Si les Péripatéticiens s'avisoient de vous dire que l'ame de l'homme remuë son corps par elle-même, mais d'une mamière que ni eux ni perſonne ne peuvent expliquer, & qu'il en eſt à proportion de l'ame de la bête : Cela vous feroit pitié, Monſieur, & il n'y a point de petit Carteſien, qui ne prît de là occaſion de railler ces bons Philoſophes, qui admettent des choſes qu'ils ne ſçauroient ni expliquer, ni concevoir. Mais peut-être ces bons Philoſophes riroient-ils à leur tour, quand ils prieroient les Carteſiens de leur répondre ſur deux ou trois articles.

Premierement, comment l'ame d'un païſan étant dans ſon corps, elle ne ſçait pas en quel endroit elle a ſon ſiége, & comment les ames de tous les hommes, qui ont vécu depuis Adam juſqu'à Deſcartes, ont ignoré qu'elles fuſſent placées dans la glande pinéale du cerveau du corps qu'elles animoient.

Secondement, l'ame étant une ſubſtance qui penſe, dont l'eſſence conſiſte à penſer, & qui par conſéquent penſe toûjours, pourquoi on ne ſçauroit perſuader à une infinité de perſonnes que leur ame penſe toûjours, & qu'elle ceſſeroit d'être, ſi elle ceſſoit de penſer.

En troiſiéme lieu, comment cette ame toûjours penſante ne ſçavoit pas avant que Deſcartes le lui eût appris, non seulement qu'elle pensoit toûjours, mais même comment elle pensoit. Comment les ames des plus subtils Philosophes s'étoient pour la plûpart trompées jusqu'alors, croiant produire en elles-mêmes les idées des choses ; quoi-que, si nous en croions les Cartésiens, elles ne fassent autre chose que de recevoir ces idées immédiatement de Dieu, comme le corps reçoit la figure. Comment elle ne peut pas décider par elle-même la dispute qui a été si long-tems entre le Pere Malbranche & Monsieur Arnauld, sçavoir si les pensées sont de pures modalitez, ou si l'ame voit tous les objets dans Dieu intimement uni à nôtre esprit. Il est certain que de deux choses l'une, ou qu'elle reçoit purement, ou qu'elle produit les idées. Cependant elle ne sçait lequel des deux, & puis qu'elle ignore des choses qui sont si intimes à sa substance, & puisque Dieu veut & fait qu'elle les ignore ; pourquoi ne pourroit-elle pas remuër le corps sans le sçavoir, & sans comprendre comment elle le fait? Que dis-je ? sans le sçavoir, elle l'a toûjours sçû, ou du moins elle l'a toûjours crû, & avant la Philosophie Cartésienne, elle étoit aussi sûre que c'étoit-elle qui remuoit ses jambes & ses bras, qu'elle étoit sûre qu'elle pensoit. Voilà dequoi exercer la subtilité des Cartésiens, & de belles matiéres de dissertations.

Les Cartésiens demandent encore si l'ame de l'animal est matiére, ou esprit? Les Péripatéticiens répondent qu'elle n'est ni l'un ni l'autre : que c'est une espéce d'être à qui on donne le nom de matériel, non point que ce soit de la matiére, mais parce que ce n'est point un esprit. C'est un être mitoyen entre les deux, qui ne sera pas capable de raisonnement ni de pensée, mais seulement de perception & de sensation ; c'est à dire, d'une impression des objets corporels pareille à celle que nous expérimentons, lorsque tout à coup l'on nous pique ou l'on nous brule. L'esprit, disent les Cartésiens, est une substance qui pense, qui raisonne. L'ame de la bête, diront les Péripatéticiens, est une substance qui a des sensations, ou des connoissances sensitives sans penser, & sans raisonner.

Mais, dira-t-on, la sensation ou la connoissance sensitive est une pensée. Je sçai bien que les Cartésiens le disent, & renferment l'une dans l'autre, comme une espéce dans son genre. Mais je demande par quel endroit ? Ce que tout le monde dans l'usage ordinaire appelle penser & raisonner en nous, est visiblement différent de ce que tout le monde dans le même usage appelle sensation ou connoissance sensitive. Voir du feu, sentir du feu, & penser à du feu, sont des choses très-différentes, & par conséquent très-séparables les unes des autres. Le prémier & le second conviendront à l'ame de la bête, & le troisiéme ne lui conviendra pas. La définition de l'ame de la bête, *une substance capable de sensation*; c'est à dire, de voir, d'entendre, &c. est aussi claire que la définition Cartésienne de l'esprit, *une substance qui pense & qui raisonne.*

Les Cartésiens nieront-ils la possibilité de cette espece d'être capable uniquement de sensation ? Et où est ce respect que leur maître a tâché de leur inspirer pour la toute-puissance d'un Dieu, qui peut faire selon lui, qu'un triangle n'ait pas trois angles, & que deux & deux ne fassent pas quatre; & qui cependant n'auroit pû faire un estre dont la nature fût de n'avoir que des sensations ? La division qu'ils font des estres en esprits & en corps, sans admettre nul milieu, suppose la vérité des idées qu'ils se font de l'esprit & du corps, & qu'ils prétendent être claires & essentielles. Mais que de difficultez ne leur a-t-on point faites à cette occasion? Combien leurs réponses en ont-elles fait naître de nouvelles qu'on n'a jamais resoluës d'une maniére à lever tous les scrupules des personnes qui cherchent le plus sincérement la vérité? Marque infaillible que ces idées ne sont pas telles qu'on les vante.

Dire que le corps est une substance étenduë, il est vrai que cette idée est claire. En entendant ces paroles, je conçois trés-distinctement ce qu'on me dit. Mais ce qui ne m'est pas clair, c'est que cette idée soit en effet l'idée de l'essence du corps & de la matiére. Et voilà ce que non seulement on ne prouve point, mais même ce qu'on peut détruire par des argumens tres-forts, & invincibles. Car la vérité ou la fausseté d'une idée essentielle, ne se prouve que par la liaison ou la répugnance qu'elle a avec tous les attributs de la chose, dont on veut qu'elle represente l'essence. Que si elle ne s'accorde pas avec quelque attribut, qui convienne certainement à la chose, ou qu'elle soit la source d'une propriété qui ne convienne nullement à cette même chose, dés-là elle est visiblement fausse.

Or c'est ce qui se vérifie trés-aisément de cette idée. Car puisque l'étenduë est l'essence de la matiére; que toute matiére est étenduë, & que toute étenduë est matiére; que l'étenduë, la matiére & l'espace sont la même chose sous divers noms; il s'ensuit que la matiére est éternelle & un estre nécessaire : parce que quelque création, ou quelque destruction qu'on suppose, on conçoit toûjours trés-distinctement de l'étenduë ou de l'espace, qui a été, qui est, & qui sera toûjours, & qui ne peut pas ne point être. Or être necessaire, être éternel, & avoir toûjours été, sont des attributs qui constamment ne conviennent point à la matiére.

De quelque maniére & par quelque voye que ce soit que la chose soit constante, il n'importe, pourvû qu'elle le soit, comme elle l'est en effet. Car la vérité est toûjours vérité, de quelque façon qu'on la connoisse. Donc l'idée Cartésienne fait trouver dans le corps, ou dans la matiére quelque attribut qui ne lui convient point; donc elle est fausse. Et remarquez que je connois aussi clairement que ces attributs, qui ne conviennent point à la matière, suivent de cette idée, & que cette conséquence m'est aussi claire, que je conçois distinctement ce qu'on me dit, quand on me dit que le corps est une substance étenduë. Donc la fausseté de cette idée en tant qu'essentielle, m'est aussi claire, que l'idée même l'est en me representant cet attribut d'étenduë, que les Péripatéticiens soûtiennent ne lui être pas essentiel. Et par conséquent le fondement des Cartésiens, pour assûrer que tout estre est ou esprit ou matière, n'est nullement solide; & les Péripatéticiens ont droit d'en suposer un entre deux : & c'est l'ame de la bête.

Mais enfin convenons, si l'on veut, que l'idée de l'ame que les Péripatéticiens donnent aux bêtes, est trés confusé, (ce qui est faux, comme je l'ai dit en passant, la sensation nous étant aussi connuë que la pensée) l'idée que les Cartésiens substituent en sa place, est-elle fort claire & fort distincte? Non assûrément, & c'est avec cette réfléxion que je finis.

Un païsan voit une montre, qui marque & qui sonne les heures, les quarts, les demi-heures : on lui dit que cela se fait par des ressorts cachez au dedans de la montre. Direz-vous que ce Païsan a une idée fort claire & fort distincte de cette montre ? On ne peut pas en avoir une plus générale & plus confuse. Mais un horloger, qui connoît toutes les piéces dont elle est composée, qui sçait leur arrangement, leur usage, la dépendance qu'elles ont les unes des autres : voilà ce qui s'appelle avoir une idée distincte ; & c'est en vertu de la clarté de cette idée qu'il rend raison de tous les mouvemens qu'on apperçoit dans cette machine ; de cette espece de battement continuel qu'on entend ; pourquoi elle sonne, pourquoi elle s'arrête quelquefois ; pourquoi on la monte de tems en temps, comment l'aiguille se remuë insensiblement, & marque les heures si à propos.

Jamais, Monsieur, comparaison ne fut plus juste que celle-cy. C'est presque la chose même. Quand vous nous parlez de la machine d'un chien, que nous apprenez-vous ? & qu'en sçavez-vous ? A peu prés autant que le Païsan en sçait de la montre, & qu'il en apprendroit aux gens de son village, qui n'auroient jamais vû d'horloge. Un chien, dites-vous, c'est une machine, qui se remuë par le moyen des muscles & des esprits animaux. Est-ce là tout ce que vous avez à nous dire ? Le Païsan croit, non pas par raison, mais sur l'autorité de celui qui lui parle, que ce ne sont que des ressorts qui font sonner l'horloge. Sans cela, il s'imagineroit qu'il y a un trou à la muraille contre laquelle il la voit attachée, & que par ce trou quelqu'un avec un marteau vient fraper sur le timbre.

Quelque estime que j'aye pour vous, Monsieur, je ne me sens pas assez de docilité pour vous en croire ainsi sur vôtre parole. Mais j'entens raison : Parlez-moi un peu comme l'horloger : apprenez-moi la proportion des pièces qui entrent dans la composition de la machine : rendez-moi compte en détail de tels & tels mouvemens, qui plus ils sont semblables à ceux que je remarque se faire en moi-même contre les loix de la Méchanique, plus ils me paroissent disproportionnez à la cause à laquelle vous les attribuez : & alors je me rendrai. En un mot, tous tant que vous estes de Cartésiens, vous n'en sçavez pas plus que nos Péripatéticiens, & à la place de nôtre idée prétenduë confuse de l'ame des bêtes, vous ne presentez au monde qu'une idée tres-certainement confuse d'une machine, que vous ne connoissez point du tout, & sur laquelle par conséquent vous avez tort de prononcer & d'entreprendre de détruire le préjugé général de tout le genre humain. Je suis,

MONSIEUR,

Vôtre très-humble, &c.

RÉPONSE DE L'AUTEUR
DU
VOYAGE DU MONDE
de Descartes à la lettre précédente, & son sentiment touchant les Livres Philosophiques de Monsieur Descartes.

IL faut enfin, Monsieur, que je vous ouvre mon cœur, que je vous convainque efficacement que je suis vôtre amy, & que je vous croy plus capable, que vous ne pensez, d'avoir part à ma confidence. Ne portez plus d'envie au bonheur que j'ay eu de faire connoissance avec Monsieur Descartes dans son nouveau monde. Ma fortune est ruinée de ce côté-là, & il y a long-temps que je fais le personnage de ces Courtisans secrétement disgraciez, qui trouvent des pretextes pour demeurer éloignez de la Cour, où ils ne seroient pas veus de bon œil ; qui font semblans d'y entretenir toûjours leur commerce ordinaire; & qui par la bonne contenance qu'ils font, persuadent aux gens de leur Province, qu'ils sont toûjours en possession de leur ancien crédit.

Il faut donc vous avoüer que depuis mon retour des espaces indéfinis je n'ay receû nulle nouvelle de M. Descartes, malgré les promesses qu'il m'avoit faites de m'en donner de temps en temps. Je n'ay revû ni le Pere Mersenne, ni le petit More. J'ay écrit depuis ce temps-là six lettres en province à mon vieillard, sans qu'il ait daigné me faire un mot de réponse. Enfin, ma disgrace m'est évidente. Je ne sçay pourtant à quoy l'attribuer, si ce n'est à la lettre que j'écrivis à Monsieur Descartes aprés mon retour, & qui a été imprimée avec la rélation de mon voyage. J'y joignois avec les marques d'estime & de respect que je lui donnois, quelques maniéres assez libres & assez franches qui peut-être ne luy auront pas plû. Je m'imagine de plus que le mémoire des Péripatéticiens, que je lui envoyay avec ma lettre, l'aura choqué. Il y avoit en effet certaines choses qui doivent luy déplaire: mais que je ne jugeai pas à propos de retrancher; & je crûs bonnement qu'en le prévenant là dessus, comme je fis dans la lettre, il ne me rendroit pas responsable des duretez & de l'incivilité de ces Messieurs. Quoy-qu'il en soit, l'affaire a mal reüssi pour moy, & je n'ay pas encore bien digéré tout le chagrin que ce revers m'a causé.

Pour ce qui est de la prise de tabac, dont vous m'avez offert deux cents loüis, & que vous me reprochez dans vôtre lettre de vous avoir tant de fois refusée, je vous diray que quand vous m'en eussiez voulu donner deux millions, vous ne l'auriez pas eûë. On m'a enlevé toute la provision que j'en avois faite : & c'est-là mon plus grand malheur. Car s'il m'en étoit resté seulement une prise, je m'en serois servi pour aller trouver Monsieur Descartes, & j'aurois immanquablement raccommodé mes affaires. Mais c'est par ce que je vas vous apprendre sur cet article, que vous connoîtrez que je n'ay point de secret pour vous.

Deux mois aprés mon retour du monde de Descartes, comme j'attendois de jour en jour des nouvelles de ce pays là, j'eus pendant toute une nuit une de ces insomnies, qui sont d'autant plus incommodes, qu'on n'est ni tout à fait endormi, ni tout à fait éveillé ; qu'on a assez de réflexion pour sentir son inquiétude, & pas assez pour prendre les moyens de s'en retirer. Mon imagination étoit occupée de cent idées confuses & embroüillées. Tout ce que j'avois de Philosophie dans la teste sembloit être en mouvement, & se presentoit à mon esprit dans un embaras effroyable. Les efforts qu'il faisoit en vain pour démeler quelque chose dans ce cahos furent si grands, & sa contention si extrême, que le matin en me levant j'en avois la teste cassée. Je ne fus pas plutôt habillé que j'allay à mon cabinet prendre du tabac ordinaire pour me décharger un peu le cerveau, car vous pouvez croire que je n'employois pas à cet usage celuy de Monsieur Descartes) mais comme je les avois mis l'un proche de l'autre, je m'apperçûs que la tabatiere, dont mon vieillard m'avoit fait présent, n'y étoit plus. Vous vous imaginez aisément quelle fût ma surprise & mon chagrin. Je regarday, & j'examinay la serrure de l'armoire, il ne me parut pas qu'on y eust touché. Je n'avois confié ma clef à personne, & je ne sçavois à qui m'en prendre.

Je fus encore deux mois dans cette incertitude, & sans pouvoir faire tomber mes soupçons sur qui que ce fust : mais enfin quand je vis quatre mois passez sans que j'entendisse parler de Mr Descartes, sans voir personne de sa part, & que ce vieillard Cartésien jusqu'alors mon intime amy ne faisoit nulle réponse à plusieurs lettres que je luy écrivis coup sur coup, où je luy apprenois mon malheur ; je connus qu'il étoit encore plus grand que je ne pensois & absolument sans remede. Je fis alors réfléxion sur mon insomnie extraordinaire : & je conclus que ce n'étoit que l'exécution de l'arrest porté contre moi dans le conseil secret de Monsieur Descartes ; qu'on ne m'y avoit pas jugé capable des mysteres qu'on m'avoit révelez, & que quelque bonne mine que m'eust fait ce Philosophe, il avoit toûjours conservé une partie de cette défiance qu'il eut d'abord de ma docilité.

Ainsi je ne doute point qu'on ne m'ait déclaré décheû de tous les priviléges dont on m'avoit gratifié, que quelque esprit Cartésien ne soit venu pendant cette fatale nuit changer les traces de mon cerveau, pour le remettre dans son ancienne disposition Péripatécienne, (ce qui me causa ce mal de teste extraordinaire) ; & enfin enlever ce précieux & merveilleux tabac, que je racheterois volontiers aux dépens de tout ce que j'ay vaillant.

Je croy, Monsieur, que cette confession que je vous fais, vous rendra beaucoup plus content de moy, que je ne le suis de M. Descartes, & de tous ses Conseillers d'Etat, qui m'ont traité avec tant de rigueur. Mais aprés tout il me semble qu'il me reste un avantage de tous ces divers changemens de mon cerveau, dont j'aurois crû d'ailleurs devoir apprehender un méchant effet. Cette vicissitude de mouvemens des esprits animaux par les traces Pésipatéticiennes, & par les traces Cartésiennes, me semble avoir mis mon esprit dans un certain équilibre, & dans une espéce de détachement des deux sectes opposées, qui le rendent capable de juger assez équitablement de l'une & de l'autre. Peut-estre en feray-je quelque jour le paralelle, mais en attendant vous ne serez pas fâché que je vous fasse part de quelque réflexions, quoy qu'assez générales, que j'ay faites sur les ouvrages philosophiques du Grand Descartes.

Prémierement, il s'en faut bien, à mon avis, que sa Métaphysique comprise principalement dans ſes Méditations, & dans les autres opuſcules qu'il a compoſez pour les défendre, ſoit un chef-d'œuvre. C'eſt ſelon moy le plus méchant & le plus inutile de ſes ouvrages. Il a voulu trop rafiner ſur la maniére de chercher la vérité. Car ce qu'il y dit d'abord qu'il faut douter de tout, ne veut rien dire au fonds, ſinon que pour reüſſir dans la recherche de la vérité, il faut ſe donner de garde des préjugez. Il ne falloit dire que cela ; cette propoſition eſt de tres-bon ſens, elle ſe fait recevoir d'elle-même, & on ne luy auroit pas fait là deſſus la moindre difficulté. Il a voulu la prouver en Sceptique, faire faire à l'eſprit humain des démarches, qui luy ſont impoſſibles en le faiſant douter de tout, même des premiers principes qu'il n'eſt pas en ſon pouvoir de rejetter ; & puis il a tâché de le ramener de ſes prétendus doutes à l'aſſeurance & à la certitude par des routes, par leſquelles il y auroit été impoſſible de revenir, ſuppoſé qu'on l'eût pû conduire juſqu'à ce premier état de ſuſpenſion & d'incertitude parfaite.

En un mot il ſçavoit le chemin le plus droit & le plus court, & il nous a montré le plus long & le plus difficile : pour avoir l'honneur & le plaisir d'y être nôtre guide. Mais nous nous sommes égarez ensemble. Plusieurs le luy ont reproché ; & quoy qu'il en dise, beaucoup ont été obligez de revenir sur leurs pas pour reprendre le chemin battu : & s'il n'avoit enhardi les autres à sauter des fossez fort larges, sans leur laisser trop réfléchir sur ce qu'ils faisoient, je croy qu'ils seroient encore fort éloignez du terme où ils prétendoient arriver, qui étoit de sçavoir enfin qu'il y avoit quelque chose de certain. Le cercle que luy ont reproché Monsieur Arnaud, le Pere Mersenne & Aristote, malgré toutes ses défaite, sera toûjours un cercle : & dèvant tous les hommes du monde il sera toûjours pitoyable & ridicule de vouloir se démontrer l'existence d'un Dieu bon & sage & non trompeur, afin de se convaincre, que *ce qu'on conçoit clairement est vray* : puisqu'il est autant impossible de se démontrer cette existence, sans s'estre auparavant convaincu de ce principe, qu'il est impossible d'arriver à une fin, sans user des moyens, qui seuls peuvent y conduire.

Ces essences des choses que Dieu peut changer en faisant, par exemple, *qu'un*

4. Objections contre les Medit. de Descartes 2. Objections. Voyage du monde de Descartes p. 129.

triangle n'ait pas trois côtez, que deux & trois ne soient pas cinq, &c. sont des paradoxes que la seule estime qu'on a d'ailleurs de l'esprit de Mr Descartes, empêche qu'on ne traite d'extravagances. Ses principales démonstrations de l'existence de Dieu n'ont rien de solide & sont de purs paraligismes déguisez adroitement en démonstrations, que leur autheur a pris plaisir & s'est accoûmé à regarder comme telles. Elles ne touchent & ne convainquent personne, à moins qu'on n'ait pris avant toutes choses une résolution déterminée de s'en laisser convaincre, & d'appaiser à quelque prix que ce soit l'inquiétude de son esprit, qui ne peut s'empêcher de sentir des scrupules ; jusqu'à ce que la volonté, si j'ose m'exprimer ainsi, luy ait fait avec le temps contracter une espece d'endurcissement là-dessus.

L'exposition qu'il fait du mystere de l'Eucharistie selon ses principes, ou n'a pas de sens tolérable, ou va droit à l'erreur en détruisant la Transsubstantiation. Enfin dans toute cette Métaphysique il y a beaucoup de choses à reprendre, & rien ou presque rien à apprendre.

Le peu de morale qu'il touche dans

son livre de la Méthode, & qui se réduit à quelques maximes de conduite qu'il se prescrit luy même, est fort raisonnable & fort sage : & on ne le peut assez loüer de la préférence qu'il y donne aux véritez de la Foy par dessus tout le reste. Mais si cette préférence a toute l'étenduë qu'elle doit & qu'elle semble avoir dans cet endroit des écrits du Maistre, les Disciples ont-ils assez de soin de s'y conformer ? Dire, comme on le dit tous les jours, qu'en philosophant on fait abstraction des choses de la Religion, & le dire pour toute réponse aux argumens par lesquels on démontre l'opposition de quelques principes essentiels du Cartésianisme avec la vérité de certains mysteres de nôtre foy ; est-ce assez observer cette loy de préférence, ou plûtost n'est-ce pas en effet l'éluder & refuser d'en subir le joug & l'obligation.

Pour moy je suis persuadé qu'il ne faut point laisser du tout ces Messieurs tranquilles sur ce point ; quoy qu'ils disent, & quelque mépris qu'ils affectent de faire paroître pour cette maniere d'attaquer leur philosophie. La chose a des conséquences trop dangereuses en faveur des hérétiques, des infidéles &

des libertins. Voir d'un côté poser comme un principe évident par luy-même, comme une vérité incontestable, une proposition; par exemple, *que l'essence du corps consiste dans l'étenduë déterminée*; & voir de l'autre qu'on démontre l'opposition de ce principe avec plusieurs articles de nôtre foy, sans qu'on se mette en peine de concilier l'un avec l'autre; cela ne me paroît pas édifiant.

Mais je dis de plus que les Cartésiens ne raisonnent pas sur ce sujet même en Philosophes. Il est bien vray que de mesler sans nécessité de la Théologie & de la Religion, dans des affaires de Physique, c'est pécher contre la méthode. Mais ce n'est pas les y faire entrer sans nécessité, que de montrer la fausseté d'une doctrine par l'opposition qu'elle a avec les véritez de la Foy; que de montrer que la définition Cartésienne de la matière n'est pas vraye, parce qu'elle ne peut s'accorder avec ce que la Relion nous enseigne touchant la création & la contingence de la matière, ny avec ce que nous sommes obligez de croire du mystère de l'Eucharistie.

Que cherche, ou que doit chercher

un Philosophe en étudiant la nature, sinon la vérité ? & à raisonner par les seules lumiéres de nôtre esprit, la vérité peut elle estre contraire à la plus seûre régle de vérité que nous puissions avoir ? Et la raison ne nous montre-t-elle pas elle-même que l'autorité de Dieu est cette régle ? Ne se mettre donc pas en peine d'avancer une chose qu'on démontre être incompatible avec ce que la révélation de Dieu nous apprend, c'est pécher contre la fin essentielle de la Philosophie, qui est de chercher & de trouver la vérité, ou du moins d'en approcher le plus prés qu'il est possible. Accoustumer l'esprit à regarder comme vray, comme évident, comme des idées claires, ce qui détruit nos mystéres, & d'où suit nécessairement le contraire de ce que nous croyons, c'est le disposer insensiblement à perdre sa Foy.

Pour ce qui est de la Physique, le plus beau de tous les ouvrages de Monsieur Descartes, c'est le Traité des Passions. C'est celui qui contente le plus l'esprit du Lecteur par la solidité des réfléxions, par la vrai-semblance des hypothéses, par la briéveté, la simplicité & la netteté de l'exposition, par le débroüillement de quantité de choses

trés

très-embarassées, par l'application plausible de sa doctrine à des expériences très-communes. Enfin c'est celui de tous ses Livres, qui doit avoir fait le plus de conquêtes à son parti.

J'estime aussi beaucoup, plusieurs endroits de ses Météores.

On trouve dans quelques-unes de ses Lettres, des explications fort naturelles de quelques difficultez de Physique : Ce qui dédommage de la peine qu'on s'est donnée d'en lire un bon nombre d'autres, où il y a peu de chose ; ou dans lesquelles il défend sa méchante Métaphysique, ou quelques endroits de l'hypothése générale de son monde, qui ne vaut guéres mieux.

Le Livre des Principes & celui du Monde, où cette hypothese est établie, renferment beaucoup de bonnes choses, & pour le moins autant de mauvaises. L'explication de la nature de quelques unes des qualitez sensibles, ce qu'il dit de la cause de la continuation du mouvement sont du premier genre. Il y a quelques hypothéses particuliéres, qui sont bien inventées, mais qui ne peuvent s'ajuster avec la générale, & c'est dommage. Telle est celle du Tourbillon ovale de la Terre, pour l'explication du flux &

du reflux de la mer. La maniére même d'expliquer la lumiére, à quelque chose de fort ingenieux, si elle pouvoit aussi quadrer avec tout le reste de la machine : mais l'assemblage des Tourbillons, & toute cette disposition universelle des choses celestes, la maniére dont le cahos de la matiére s'est débroüillé, les raisons par lesquelles toutes ces spheres liquides subsistent sans se confondre, sont des idées fort creuses, que M. Rohault n'a eû garde d'entreprendre de soûtenir ou d'expliquer; & quelque adresse qu'ait emploié Monsieur Régis à rendre plausible cette fable philosophique, par l'ordre admirable & la clarté extraordinaire avec laquelle il la développe, j'en appellerois volontiers à sa conscience, pour sçavoir si elle ne lui reproche rien touchant cette formation, & cette conservation des Tourbillons ; touchant le mouvement de parallélisme où la Planette se maintient dans tout le grand cercle qu'elle décrit autour de l'astre, touchant la figure elliptique du Tourbillon de la planette, principalement du côté que la matiére céleste du grand Tourbillon arrive continuellement vers le petit ; touchant le mouvement que le Satellite, ou la petite

Planette continuë d'avoir dans la circonférence du petit Tourbillon, sans s'enfuir vers l'extrémité du grand diamettre de l'ellipse, aprés avoir parcouru prés de la moitié de cét espace elliptique.

A mon avis, la pluspart des choses que vos Péripatéticiens ont proposées contre cette vision dans la lettre imprimée avec la Relation de mon Voyage, sont fort raisonnables & montrent trés-bien que cette principale partie de l'hypothése Cartésienne n'a rien de solide, & que pourtant, si elle ne subsiste pas, elle entraîne avec elle la ruïne de presque tout le reste.

Enfin touchant l'article des bêtes, surquoi vous m'écrivez la lettre à laquelle je répons, je suis fort de vôtre avis & trés-convaincu par vos raisons que les Cartésiens ne peuvent tenir leur doctrine sur ce point, ni comme une thése, ni comme une hypothése, ni comme vraye, ni comme vrai-semblable. Tant est confuse l'idée qu'ils ont d'une machine, qui feroit par les seules loix de la Méchanique tout ce que nous voyons faire aux bêtes. Tant sont foibles les fondemens de leur paradoxe contre la possession du sentiment contraire, où l'on a toûjours été depuis le commencement du monde jusqu'à present ?

Les Péripatéticiens ont aussi leurs difficultez à résoudre, on n'en peut pas douter : mais fussent-elles encore plus grandes de beaucoup qu'elles ne sont, tandis que les Cartésiens n'auront rien de meilleur ni de plus intelligible à nous dire, il faut s'en tenir là, & raisonner sur ce point particulier, comme fît sur toute la Philosophie un grand Ministre d'Etat (c'étoit feu Monsieur Colbert) il y a plusieurs années. On lui conseilloit de ne point faire apprendre à son Fils aîné, l'ancienne Philosophie ; parce, lui disoit-on, qu'il n'y a dans cette Philosophie que des niaiseries & des folies. On m'a dit aussi, répondit-il, qu'il y a bien des fadaises & des chimères dans la nouvelle ; ainsi continua-t-il, folie ancienne, folie nouvelle : Je croi qu'ayant à choisir, il faut préférer l'ancienne à la nouvelle.

Avant que de finir cette Lettre, je veux vous faire part d'une démonstration Physique, qui me paroit déconcerter absolument toute la machine Philosophique du monde de Monsieur Descartes, parce qu'elle en ruïne la principale roüe qui fait mouvoir toutes les autres, & d'où tout son systéme dépend. Je vais vous montrer l'impossibilité qu'il y a que ses Tourbillons se conservent un seul moment sans se confondre, & sans faire un plus grand chaos que celui que l'on suppose avoir été avant qu'ils fussent formez.

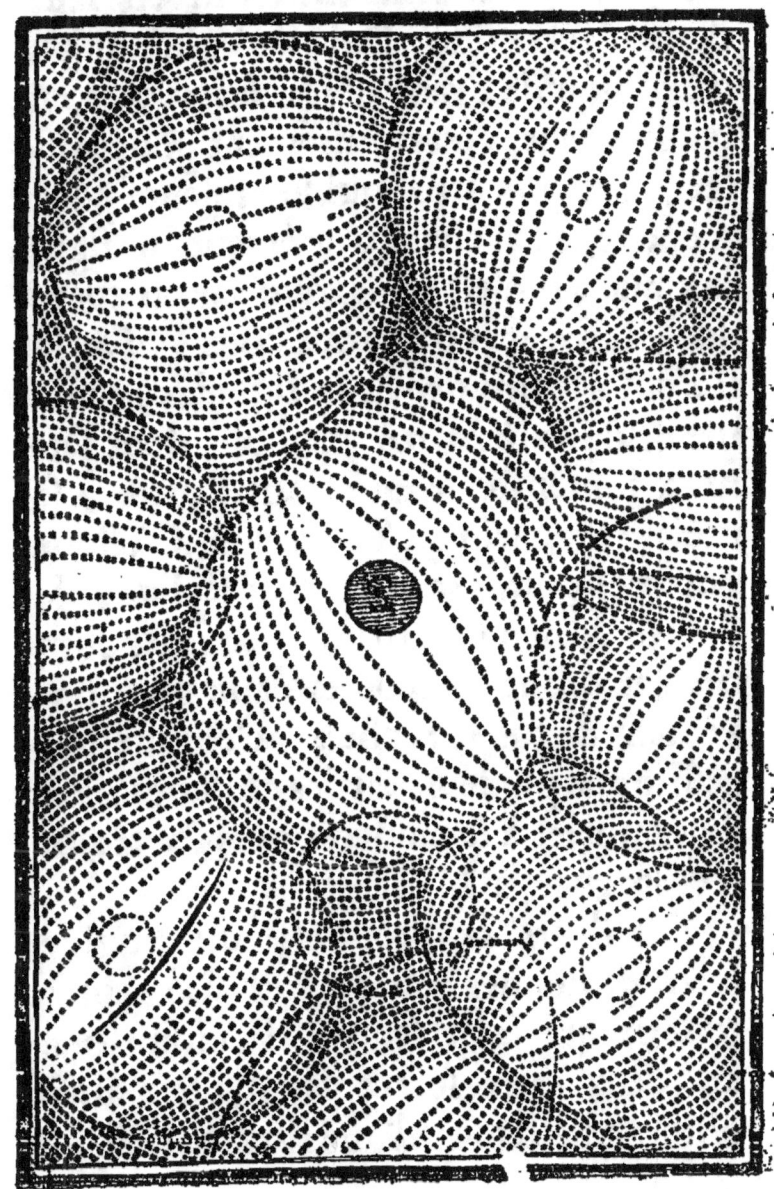

Je tire cette démonstration, de l'idée du corps fluide, telle que Descartes nous la donne lui-même.

Qu'est-ce qu'un corps fluide, selon Descartes ? c'est un corps composé de petites parties fort menuës, fort divisées, & qui se remuënt en divers sens & de divers côtez. Delà il s'ensuit qu'un corps liquide ayant toutes ses parties en mouvement, s'ouvre aisément pour laisser passer un corps, qui se presente pour y entrer, qu'il change aisément de figure ; que s'il n'est pas arrété par un corps dur, il se répand de tous côtez. De là il s'ensuit aussi que deux liquides, comme deux rivières, par exemple, dont l'une a son embouchure dans l'autre, se mêlent incontinent. Pourquoi ? C'est que commençant à couler à côté l'une de l'autre, & que les parties insensibles dont ces eaux sont composées étant en mouvement de tous les côtez, c'est une nécessité que plusieurs parties de l'une soient déterminées à se mouvoir vers l'autre, & réciproquement.

D'ailleurs la proprieté du liquide étant de donner passage fort aisément à tout ce qui se présente, il s'ensuit que ces deux eaux se reçoivent pour ainsi dire mutuellement l'une l'autre, c'est-à-dire qu'elles se mêlent. Et plus les corps sont fluides ; c'est-à-dire, plus leurs parties insensibles sont & menuës & en mouvement, plus ils se doivent aisément mêler. Or les Tourbillons de Descartes étant de véritables fleuves ou torrens infiniment fluides, c'est une nécessité qu'ils ayent ces propriétez, & s'ils les ont, c'est une chimére de se les imaginer en équilibre l'un contre l'autre, & d'attribuër à cét équilibre, la cause de ce qu'ils ne se confondent point.

Les mouvemens violens qu'ils ont autour de leur centre, qui leur font faire effort pour s'en éloigner, & s'approcher du centre de leurs voisins ; c'est-à-dire, pour entrer avec violence les uns dans les autres ; à quoi, dis-je, leur servent ces mouvemens, sinon à se faire encore plus aisément un passage, qu'ils se feroiét sans nulle difficulté, même indépendamment de cela, les parties insensibles des uns & des autres se déterminant & se cédant mutuellement sans presque aucune résistance ; & Descartes se mocque de tout le monde, & en particulier de tous les Philosophes, quand il leur fait imaginer ces corps liquides s'appuyant & se soûtenant les uns contre les autres, comme des corps à ressort que leur vertu élastique tiendroit bandez & tout prests à s'étendre dés que quelqu'un d'eux commenceroit le moins du monde à céder. J'ose appeller cecy une démonstration & & une démonstration évidente, sensible, facile à concevoir, & fondée sur mille expériences. Et je maintiens qu'on ne peut pas donner la moindre couleur & la moindre probabilité au contraire, & cependant la conséquence immédiate & naturelle de cette démonstration est encore un coup le renversement de toute la machine Cartésienne. Je suis,

MONSIEUR,

Vôtre tres-humble & tres-obeïssant Serviteur, &c.

FIN.

www.ingramcontent.com/pod-product-compliance
Lightning Source LLC
Chambersburg PA
CBHW060755230426
43667CB00010B/1580